高等职业教育
智能制造专业群
“德技并修 工学结合”
系列教材

智能机器人技术及应用

主 编 刘 坤 崔 宁 徐伟伟
副主编 陈丽娟 刘 敏 陈 治 尚 昊
主 审 汤晓华 曹小兵

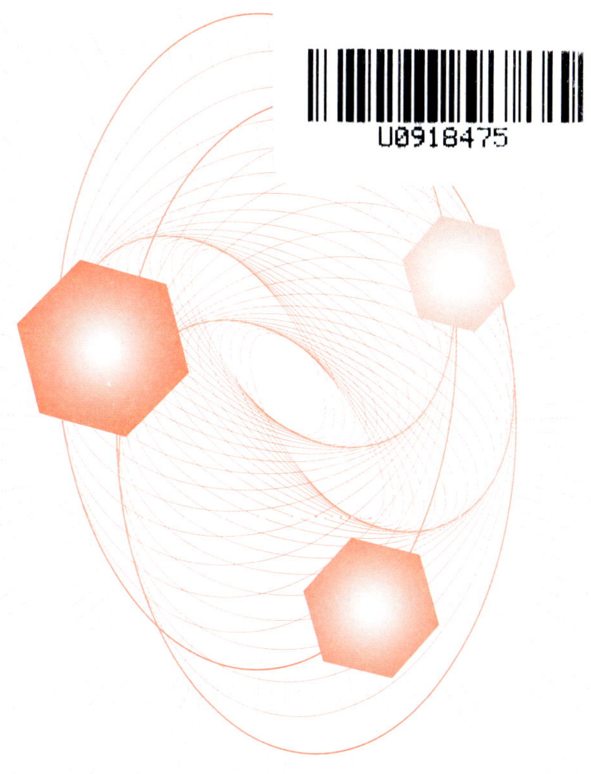

INTELLIGENT MANUFACTURING

中国教育出版传媒集团
高等教育出版社·北京

内容提要

本书为高等职业教育智能制造专业群“德技并修　工学结合”系列教材之一。

本书以越疆桌面级智能机器人为设备载体，立足于智能机器人领域的最新技术，强调工程实际应用，注重职业能力的培养，以典型任务为主线，既有普及性、趣味性，又有一定深度，图文并茂，可读性强。全书分为五个情境，19 个学习任务，包括智能机器人写字画画、智能机器人激光雕刻、智能机器人多米诺骨牌搭建、智能机器人乐曲弹奏、智能机器人 LED 灯闪烁控制等，通过具象化的小任务、小游戏实现做中学、学中做，注重将价值塑造、知识传授和能力培养三者融为一体。

为方便教学，本书配套提供电子课件、微视频（包括任务发布、任务实施、程序编写演示、实施效果演示、知识点讲解等）、资料包（包括源程序代码、拓展练习答案、安装包、库文件、设备使用手册等）等丰富的立体化教学资源。其中，部分资源以二维码形式在书中呈现，大部分资源可以通过配套的数字课程网站浏览。教师如需本书授课用电子课件等配套资源，请登录“高等教育出版社产品信息检索系统”（https://xuanshu.hep.com.cn）免费下载。

本书既可作为高等职业院校人工智能与机器人领域相关专业的教材，也可作为广大智能机器人爱好者的自学参考书。

图书在版编目（CIP）数据

智能机器人技术及应用 / 刘坤，崔宁，徐伟伟主编. 北京：高等教育出版社，2025. 1. -- ISBN 978-7-04-063412-9

Ⅰ. TP242.6

中国国家版本馆CIP数据核字第2024JH3964号

ZHINENG JIQIREN JISHU JI YINGYONG

策划编辑　郑期彤　　责任编辑　郑期彤　　封面设计　姜　磊　　版式设计　徐艳妮
责任绘图　邓　超　　责任校对　窦丽娜　　责任印制　赵义民

出版发行	高等教育出版社	网　　址	http://www.hep.edu.cn
社　　址	北京市西城区德外大街 4 号		http://www.hep.com.cn
邮政编码	100120	网上订购	http://www.hepmall.com.cn
印　　刷	三河市春园印刷有限公司		http://www.hepmall.com
开　　本	787 mm× 1092 mm　1/16		http://www.hepmall.cn
印　　张	17		
字　　数	390 千字	版　　次	2025年 1 月第 1 版
购书热线	010-58581118	印　　次	2025年 1 月第 1 次印刷
咨询电话	400-810-0598	定　　价	49.80 元

物 料 号　63412-00

“智慧职教”服务指南

“智慧职教”(www.icve.com.cn)是由高等教育出版社建设和运营的职业教育数字教学资源共建共享平台和在线课程教学服务平台,与教材配套课程相关的部分包括资源库平台、职教云平台和App等。用户通过平台注册,登录即可使用该平台。

- 资源库平台:为学习者提供本教材配套课程及资源的浏览服务。

登录“智慧职教”平台,在首页搜索框中搜索“智能机器人技术及应用”,找到对应作者主持的课程,加入课程参加学习,即可浏览课程资源。

- 职教云平台:帮助任课教师对本教材配套课程进行引用、修改,再发布为个性化课程(SPOC)。

1. 登录职教云平台,在首页单击“新增课程”按钮,根据提示设置要构建的个性化课程的基本信息。

2. 进入课程编辑页面设置教学班级后,在“教学管理”的“教学设计”中“导入”教材配套课程,可根据教学需要进行修改,再发布为个性化课程。

- App:帮助任课教师和学生基于新构建的个性化课程开展线上线下混合式、智能化教与学。

1. 在应用市场搜索“智慧职教 icve”App,下载安装。

2. 登录App,任课教师指导学生加入个性化课程,并利用App提供的各类功能,开展课前、课中、课后的教学互动,构建智慧课堂。

“智慧职教”使用帮助及常见问题解答请访问 help.icve.com.cn。

前言

党的二十大报告提出，要推进新型工业化，加快建设制造强国、数字中国。建设现代化经济体系，构筑美好生活新图景，迫切需要新兴产业和技术的强力支撑。当前，新一轮科技革命和产业变革加速演进，新一代信息技术、生物技术、新能源、新材料等与机器人技术深度融合，智能机器人产业迎来了升级换代、跨越发展的窗口期。为贯彻落实党的二十大报告关于制造强国建设的精神，更好地培养智能机器人领域高素质技能人才，本书在教学内容设计、教学资源建设等方面与产业对接，进行了数字化、智能化升级。

本书遵循“服务国家战略、创新内容设计、突出育人成效”的编写理念，对接新产业、新业态、新模式下智能机器人集成应用岗位新要求，对标《机器人工程技术人员国家职业标准》《机器视觉系统应用职业技能等级标准》，内容丰富新颖，适用于高职智能机器人技术、智能机电技术、工业机器人技术等专业“智能机器人技术及应用”及相关课程的教学。

在结构设计上，本书共包括5个学习情境、19个学习任务。全书内容按照岗位和技能要求进行组织和编排，采用“基础能力—专项能力—创新拓展”的阶梯式设计，构建了“情境—任务—职业能力”三级组织单元，实现职业能力递进培养。这5个学习情境分别如下：

情境一，小试牛刀——玩转智能机器人。通过设计智能机器人搭积木、堆叠叠杯、移动积木的小游戏，寓教于乐地介绍智能机器人的基本结构、坐标系、无线传输技术以及示教再现功能。

情境二，栩栩如生——艺术家智能机器人。通过科普体验智能机器人的写字画画、激光雕刻和3D打印功能，感受工业制造从解放双手到产能进化的跃迁。

情境三，轻而易举——程序编写来帮忙。设立循序渐进的5个任务，每个任务均采用图形化编程和Python编程两种编程方式实现，由浅入深，将编程语言的学习融入应用实例中。

情境四，事半功倍——智能机器人流水作业。使用智能机器人的扩展接口，外接LED灯、光电开关、蜂鸣器、颜色传感器、传送带等，体验智能机器人拓展模块更丰富的应用。

情境五，独具慧眼——智能机器人垃圾分拣。将机器视觉技术与智能机器人结合，让机器代替人眼做出识别与判断，提高生产的柔性和自动化程度。

在内容设计上，本书重构了跨学科、立体化、强实践的课程内容，将职业素养、绿色技能等融入学习目标、知识乐园、任务实施、考核评价等环节以及微视频中，建构了基于任务驱动的内容体系。情境一和情境二是智能机器人趣味应用，激发学习者兴趣，使其感受作为一名创客的新奇感；情境三是智能机器人编程应用，初步学习智能机器人的调试；情境四和情境五是智能机器人场景应用，夯实学习者对智能机器人的调试能力，初步具备二次开发能力。在创新拓展方面，书中设计了专创融合模块，学习者可以综合运用所学知识和技能，按照 CDIO 教学模式自主设计智能机器人应用场景，培养工程素养及创新能力。

在线上资源方面，本书配套在线课程中提供导学、微视频、课件、动画、习题和拓展知识等多样化教学资源，视频总时长近 3000 分钟；按照知识点结构及关系，构建了 120 余个知识点的知识图谱，并将其关联学习任务。在线课程可为教师运用线上线下混合式教学模式和合作探究等教学方法提供支撑，为学习者提供伴随式、个性化学习服务。如需使用线上资源，请联系本书主编（Email：10301@dzvc.edu.cn）获取在线课程学习平台链接。

本书由德州职业技术学院教师刘坤、崔宁、徐伟伟任主编；德州职业技术学院教师陈丽娟、刘敏，深圳市越疆科技股份有限公司工程师陈治、尚昊任副主编；深圳市物新智能科技有限公司汤晓华和无锡职业技术学院曹小兵任主审。

由于编者水平有限，对于书中的不足之处，热忱欢迎广大读者批评指正。

编者

2024 年 11 月

目　录

情境

小试牛刀——玩转智能机器人

你是否好奇，嫦娥六号那 3.7 m 长的机械臂是如何完成人类首次月背“挖土”的？在百米深的水域中，水下机器人是如何巡检三峡大坝安全的？还有“金蟾号”月球自主智能机器人、守护“人造太阳”的 10 自由度机械臂，这些国之重器的背后都凝聚着中国人掌握的智能控制、机器视觉、人机协同等核心技术。此刻，相信大家心中满是期待。那么，就让我们一同开启智能机器人技术的学习之旅，推开属于自己的智能机器人世界的大门吧！

任务 1 智能机器人初体验

【学习目标】

1. 熟悉机器人的基本结构及驱动方式；
2. 了解步进电动机和舵机的结构及工作原理；
3. 熟悉 DobotStudio 软件的界面及功能；
4. 学会吸盘套件的安装及使用方法；
5. 能正确选用机器人的两种坐标系控制模式；
6. 能熟练使用吸盘套件控制机器人完成吸取及放置物块的操作；
7. 激发中国道路自信和行业领域发展信心；
8. 自觉实践职业规范，增强职业责任感。

【重点难点】

1. 能正确选用机器人的两种坐标系控制模式；
2. 能熟练使用吸盘套件控制机器人完成吸取及放置物块的操作。

1.1 思维导图

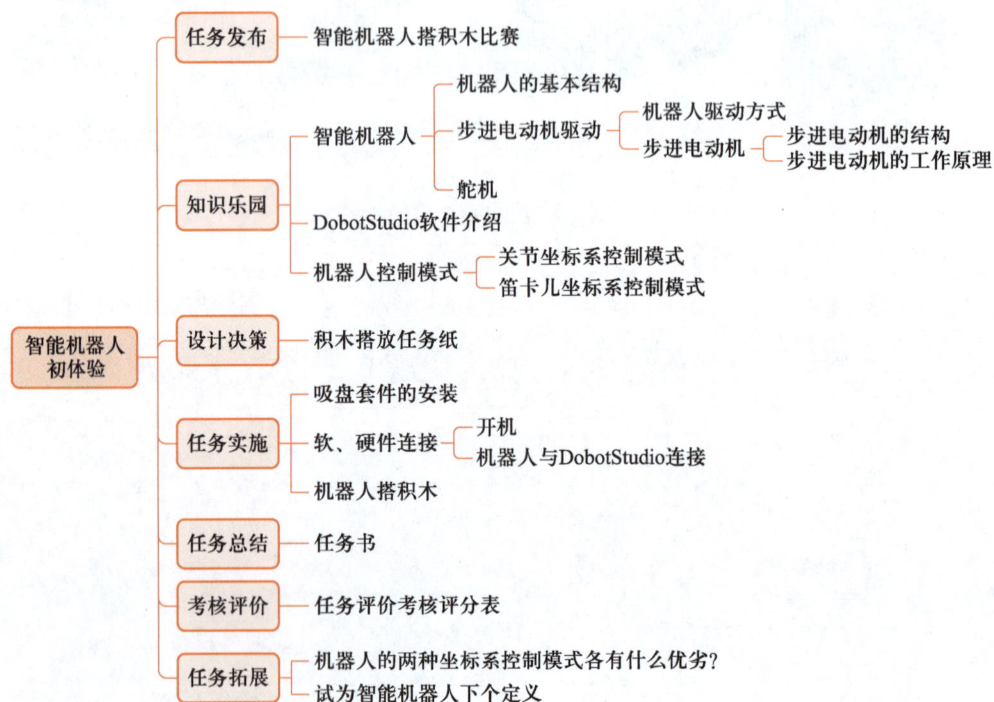

1.2　任务发布

任务名称	智能机器人搭积木比赛
任务内容	搭积木是儿时常伴我们左右的休闲益智小游戏，本任务中我们将和机器人一起重温童年的快乐，享受最欢乐的搭积木过程。要求分别使用机器人的关节坐标系控制模式和笛卡儿坐标系控制模式完成本任务
运行环境	

微视频：智能机器人搭积木比赛任务发布

1.3　知识乐园

一、智能机器人

（一）机器人的基本结构

机器人的主体结构从下到上主要由底座、回转主体、大臂、小臂和末端 5 个部分组成，对应的 4 个关节分别是关节 1、关节 2、关节 3、关节 4，如图 1–1 所示。每个关节可以根据接收的指令转动一定角度，其中关节 1～关节 3 由步进电动机驱动，关节 4 由舵机驱动。这是一款高精度 4 轴桌面级机器人，可完成夹取、书写、焊接、分拣、搬运、雕刻以及 3D 打印等工作，是典型的操作型机器人。

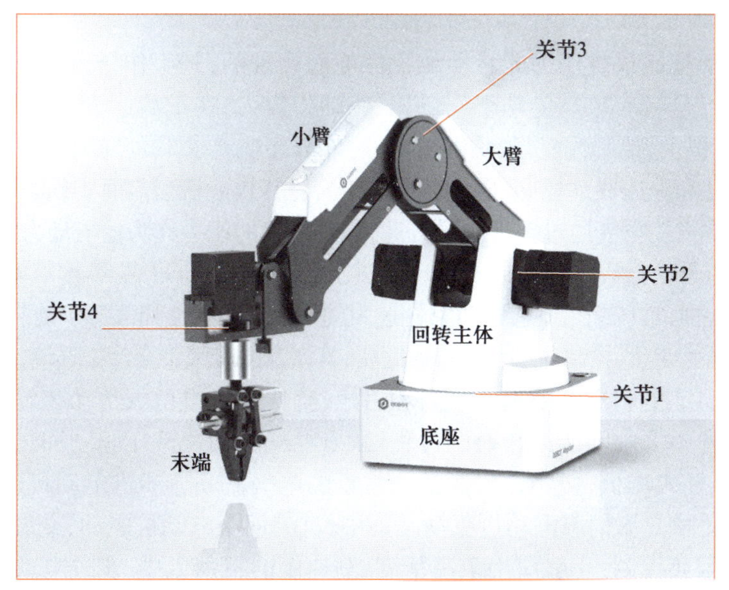

图 1–1　机器人的基本结构

微视频：智能机器人的基本结构

素养园地

深圳市越疆科技股份有限公司成立于2015年，由毕业于山东大学的刘培超创立，致力于智能机器人研发与应用创新。公司开发出全球首款桌面协作机器人，是首家拥有0.5~20 kg负载产品矩阵的机器人企业，拥有CRA、CR、CRS、MG400、M1Pro、Nova、Magician七大系列二十余款协作机器人。越疆机械臂曾作为唯一的中国科技企业产品亮相2017谷歌开发者大会、第23届韩国平昌冬奥会等国际性大型活动，多次登上央视与新华社等国家级权威官方媒体。公司与德国大众、腾讯、阿里巴巴等世界500强企业在智慧工厂、机器人和人工智能等领域达成深度合作，获得全球市场高度认可，品牌影响力持续扩大。

中国制造成就中国道路，中国智造蕴含中国智慧。通过了解制造企业的发展历程，我们应做到对中国智慧和中国道路的真听、真懂、真信。只有对中国道路有充分信心，对中国制造业转型发展有准确把握，才能将中国智慧转化为鼓舞自己立足行业、主动进步的不竭动力，立志投身于先进制造业学习，将个人的成才梦融入实现中华民族伟大复兴的中国梦中。

（二）步进电动机驱动

驱动系统是机器人结构中的重要部分。如果把机器人的臂部以及关节想象为机器人的骨骼，那么驱动系统就起到肌肉的作用。步进电动机驱动属于电气驱动，其速度和位移大小可由电气控制系统发出的脉冲数加以控制。由于步进电动机的位移量与脉冲数严格成正比，故步进电动机驱动可以达到较高的重复定位精度，但是步进电动机速度不能太高，控制系统也比较复杂。

微视频：机器人的驱动方式及步进电动机驱动

1. 机器人驱动方式

根据能量转换方式，可将机器人驱动方式分为液压驱动、气压驱动、电气驱动和新型驱动。

液压驱动是通过将压力能转换成机械能而实现的，其工作介质为液压油。该驱动方式的特点是具有较高的功率质量比，驱动力较大，在重载运输上具有较大优势；结构简单、体积小、控制性能好、精度较高；对外部环境要求不高，有很强的适应能力。

气压驱动和液压驱动相同，也是通过将压力能转换成机械能而实现力的传递，但其工作介质为空气。空气通过空气压缩机后，具有可控的压力作为输出动力源，实现能量的传递。气压驱动方式的特点是成本低、气源方便、系统安全可靠、结构简单；同时，因为空气的物理特性，被压缩后不会产生黏性过大的特征，因此，使用气压驱动装置可以实现执行动作的迅速变化，控制速度和执行速度快；其产生的废气不会污染环境，但精度较差。

电气驱动是指利用电动机产生力和力矩，直接或经过机械传动装置来驱动执行机构。因为省去了中间能量转换的过程，所以电气驱动比液压驱动和气压驱动效率高，使用方便且成本低，应用最为广泛。常见的电气驱动有步进电动机驱动、直流伺服电动机驱动和交流伺服电动机驱动。其中，直流伺服电动机驱动、交流伺服电动机驱动均采用闭环控制，一般应用于高精度、高速度的机器人中；步进电动机驱动多适用于对精度、速度要求不高的小型或简易型机器人开环系统中。

新型驱动又包括磁致伸缩驱动、压电驱动、光驱动、人工肌肉驱动等。

2. 步进电动机

微视频：步进电动机的结构及工作原理

步进电动机又称为脉冲电动机或阶跃电动机，是一种可把电脉冲信号变成直线位移或角位移的控制电动机，其位移速度与脉冲频率成正比，位移量与脉冲数成正比。步进电动机是一种开环数字控制系统，存在过载能力差、调速范围相对较小、低速运动有脉动、不平衡等缺点，一般只应用于小型或简易型机器人中。

（1）步进电动机的结构

步进电动机由定子和转子组成，可以对旋转角度和转动速度进行高精度控制，如图 1-2 所示。当电流流过定子绕组时，定子绕组产生矢量磁场，该矢量磁场会带动转子旋转一个角度，转子的磁场方向与定子的磁场方向一致。当定子的矢量磁场旋转一个角度时，转子也随着该磁场旋转一个角度。因此，控制电动机转子旋转实际上就是以一定的规律控制定子绕组的电流来产生旋转的磁场。

图 1-2　步进电动机的结构

（2）步进电动机的工作原理

步进电动机的工作就是步进转动，其功能是将脉冲电信号变换为相应的角位移或直线位移，就是每来一个脉冲信号，转子就旋转一个步距角，称为一步。步进电动机的角位移量与脉冲数成正比，角速度与脉冲频率成正比。在非超载的情况下，电动机的转速、停止的位置只取决于脉冲频率和脉冲数，而不受负载变化的影响，即给电动机加一个脉冲信号，电动机就会转过一个步距角。

图 1-3 所示为四相步进电动机工作原理示意图，其采用单极性直流电源供电。如果对步进电动机的各相绕组按时序供电，就能使步进电动机步进转动。

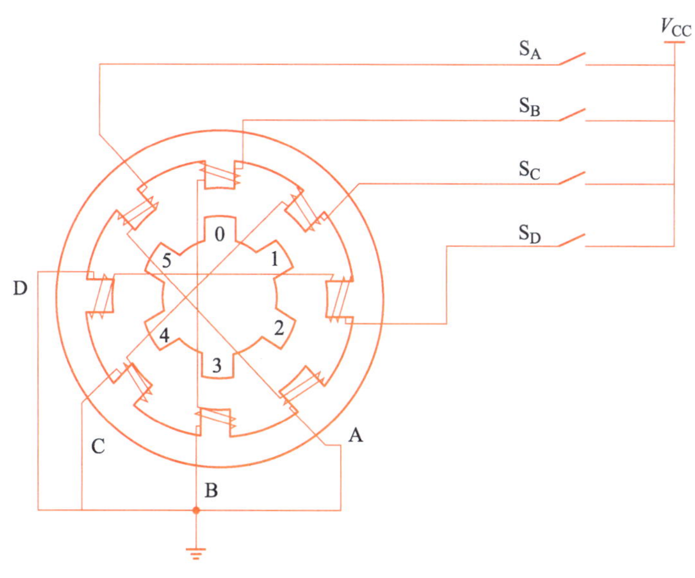

图 1-3　四相步进电动机工作原理示意图

微视频：舵机的定义、组成及工作原理

（三）舵机

根据控制方式，舵机应该称为微型伺服电动机。由于其早期在模型上使用最多，主要用于控制模型的舵面，因此俗称舵机。舵机接收一个简单的控制指令后就可以自动转动到一个比较精确的角度，且控制方便、容易实现、种类繁多，因此非常适合在关节型机器人产品中使用。

舵机的主要组成部分包括伺服电动机、电位器、减速齿轮组和控制电路等，如图 1-4 所示。它的工作原理是：控制电路接收信号源的控制信号，驱动伺服电动机转动；减速齿轮组将伺服电动机的速度成倍数缩减；电位器随减速齿轮组的末级一起转动，检测输出舵机轴转动角度；控制电路根据电位器的信息判断出舵机轴转动角度，并控制舵机转动至目标位置。

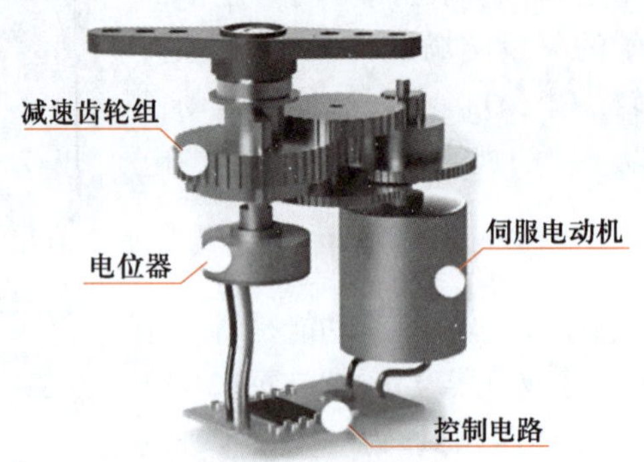

图 1-4　舵机的结构

拓展知识：伺服电动机

伺服电动机是指在伺服系统中控制机械元器件运转的电动机，是一种位置电动机。伺服电动机可使控制速度、位置精度非常准确，可以将电压信号转换为转矩和转速以驱动控制对象。

伺服电动机也称为执行电动机，其最大特点是：有控制电压时转子立即旋转，无控制电压时转子立即停止。伺服电动机的内部结构如图 1-5 所示。

图 1-5　伺服电动机的内部结构

二、DobotStudio 软件介绍

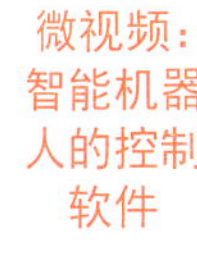

微视频：智能机器人的控制软件

DobotStudio 是智能机器人配套的官方控制软件，其主界面如图 1-6 所示，支持自由配置机器人的底层参数，省去烦琐的编程过程，界面直观并且容易操作。DobotStudio 主要包含九大功能模块，详细说明见表 1-1。

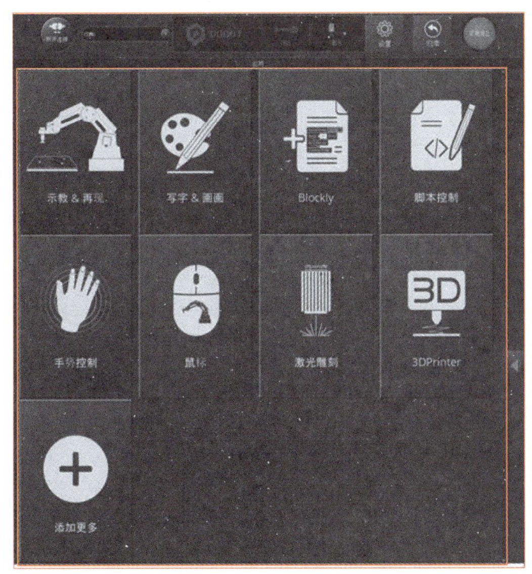

图 1-6　DobotStudio 的主界面

表 1-1　DobotStudio 九大功能模块说明

模块	功能
示教 & 再现	利用示教的方式记录机器人一系列动作后，让机器人重复操作记录的动作
写字 & 画画	控制机器人写字画画或者激光雕刻单线条图案
Blockly	利用图形化编程的方式控制机器人，用户可通过拼图的方式进行编程，直观易懂
脚本控制	利用 Python 脚本语言控制机器人
手势控制	通过手势控制机器人
鼠标	通过鼠标控制机器人
激光雕刻	控制机器人雕刻灰度位图
3DPrinter	使用机器人进行 3D 打印
添加更多	根据范例对机器人进行二次开发

微视频：机器人的控制模式

三、机器人控制模式

机器人的控制模式主要有两种，即关节坐标系控制模式和笛卡儿坐标系控制模式。

(一) 关节坐标系控制模式

关节坐标系是以各运动关节为参考确定的坐标系，关节坐标系控制模式是通过操纵各个关节的角度或位置来控制机器人的模式，如图 1-7 所示。安装带舵机的末端套件时，机器人有 4 个关节，即 J1、J2、J3、J4，分别对应于底座、大臂、小臂、头部舵机，均为旋转关节，逆时针为正。未安装末端套件时，则包含 3 个关节，即 J1、J2、J3。

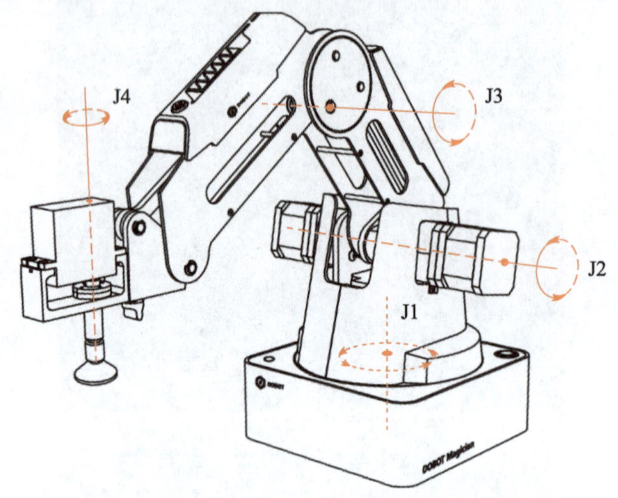

图 1-7　关节坐标系控制模式

(二) 笛卡儿坐标系控制模式

笛卡儿坐标系是以机器人底座为参照确定的坐标系，笛卡儿坐标系控制模式是另一种对机器人进行操纵的模式，如图 1-8 所示。坐标系原点为大臂、小臂以及底座 3 个电动机轴的交点，X 轴方向垂直于固定底座向前，Y 轴方向垂直于固定底座向左，Z 轴符合右手定则垂直向上，R 为末端舵机中心相对于坐标原点的姿态，逆时针为正。安装带舵机的末端套件时，才存在 R 轴，R 轴坐标为 J1 和 J4 轴坐标之和。

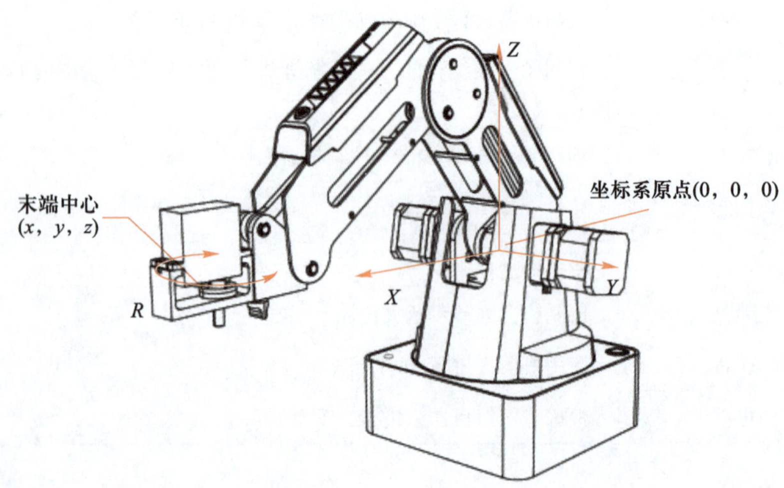

图 1-8　笛卡儿坐标系控制模式

1.4　设计决策

将不同颜色的积木块摆放在如图 1-9 所示积木搭放任务纸（见附录 1）的 A 区域，要求按照指定的积木搭放颜色顺序（见图 1-10），将积木块按规则搭放到 B 区域。本任务通过控制吸盘的开、闭，分别用机器人的关节坐标系控制模式和笛卡儿坐标系控制模式完成操作。

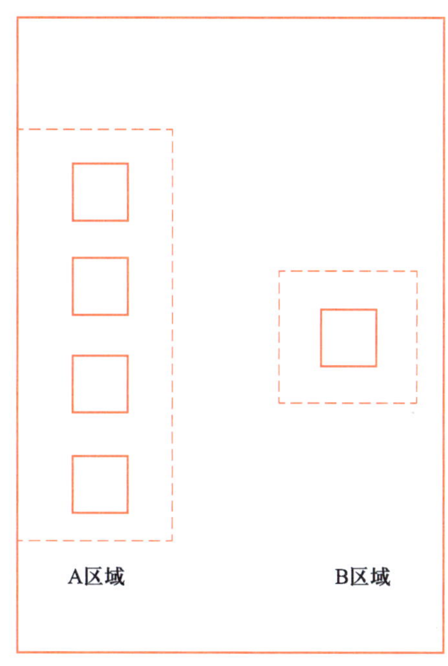

图 1-9　积木搭放任务纸

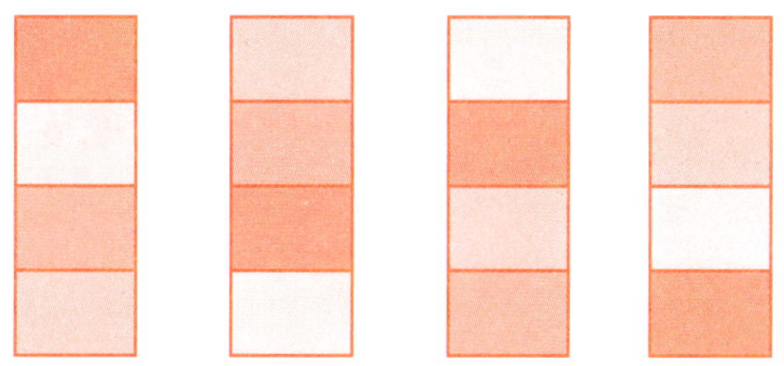

图 1-10　积木搭放颜色顺序

图片：积木搭放颜色顺序

1.5　任务实施

一、吸盘套件的安装

微视频：智能机器人搭积木比赛任务实施

吸盘套件需与气泵盒配套使用，如图 1-11 所示。

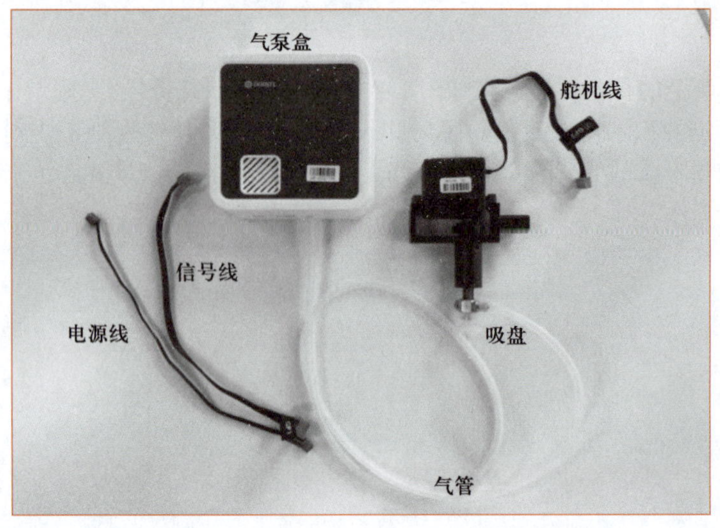

图 1–11 吸盘套件

吸盘套件的安装步骤如下。

① 将气泵盒电源线接在主控盒接口 SW1 上，信号线接在接口 GP1 上。

② 将吸盘套件通过蝶形螺母拧紧在机器人末端插口中。

③ 将气泵盒的气管连接在吸盘的气管接头上。

④ 将舵机线接在小臂接口 GP3 上。

吸盘套件安装完成效果如图 1–12 所示。

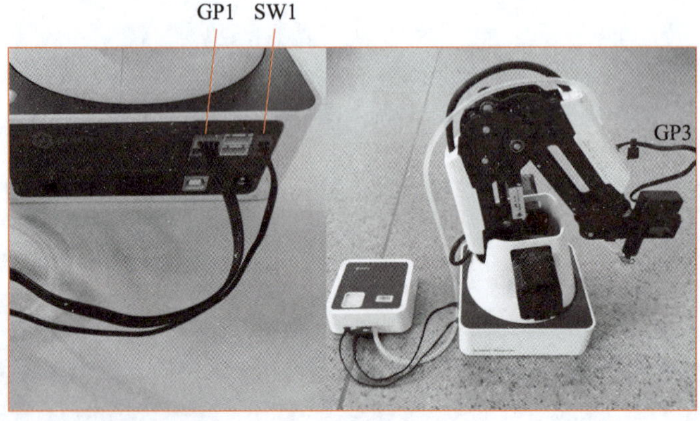

图 1–12 吸盘套件安装完成效果

拓展知识：气泵与压强原理

吸盘套件吸取物体是靠气泵来实现的，那么气泵的工作原理是怎样的？为什么它可以把物品吸起来？吸盘、气泵套件的结构如图 1–13 所示。

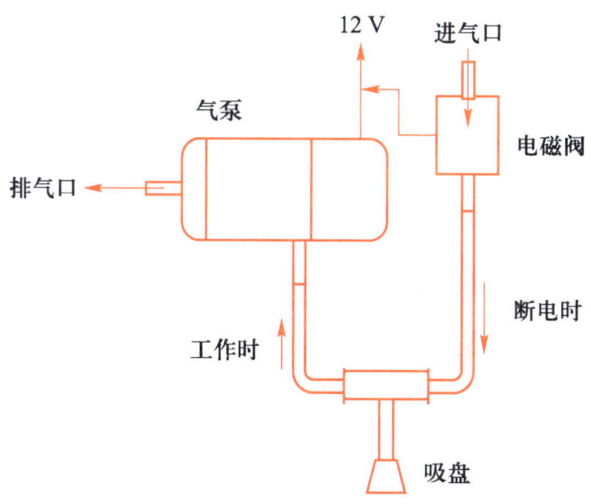

图 1-13　吸盘、气泵套件的结构

气泵吸取物品的原理如下：12 V 电源开启后，气泵电动机将吸盘处的空气抽到排气口排出，吸盘处形成真空，压强相对于外界大气压强较小，在外界大气压强作用下，物品被压紧在吸盘上，吸盘就可以把物品吸起来了，此时电磁阀处于关闭状态；断电后，电磁阀打开，气流从外部进入吸盘处快速破除真空，压强和外界大气压强相同，物体即被释放。电磁阀的主要作用是快速破真空，因为气泵本身破真空的速度很慢，导致释放物体的时间很长。

二、软、硬件连接

（一）开机

用手将机器人的大、小臂调整为呈 45° 的位置并按下机器人底座上的电源开关，如图 1-14 所示，此时所有电动机被锁定。等待约 5 s 后，可以听到一声短响，且机器人底座指示灯由黄色变为绿色，则表示机器人已正常开机。

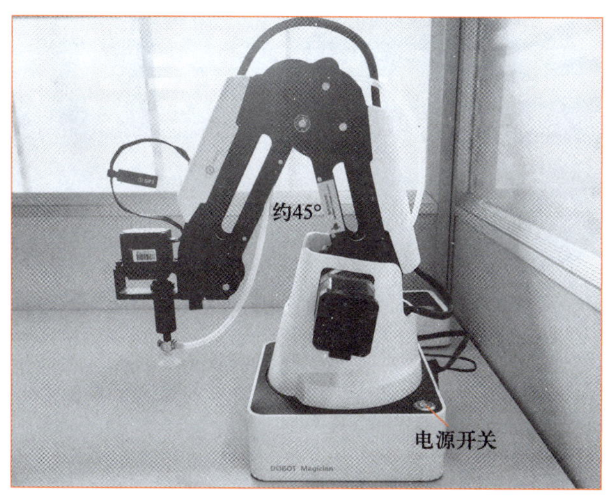

图 1-14　开机时机器人的状态

说明

1. 如果此时指示灯为红色，说明机器人处于限位状态，须确保大、小臂在机器人的正常运动范围内。

2. 当指示灯为绿色时，按下电源开关即可关机，机器人会自动、缓慢地收回大、小臂到指定位置。

注意：此时请注意安全，以防夹手！

3. 如果在使用过程中机器人的点位读数异常，可按下底座后面的“Reset”按键，此时机器人会断开与上位机的连接并复位，然后再重新连接即可。

（二）机器人与 DobotStudio 连接

将机器人的 USB 线插到计算机的 USB 端口，DobotStudio 主界面左上方“连接”按钮右侧的下拉列表框中会显示端口名称，单击“连接”按钮，若发现此按钮变为“断开连接”按钮，则表示机器人已连接成功，如图 1–15 所示。

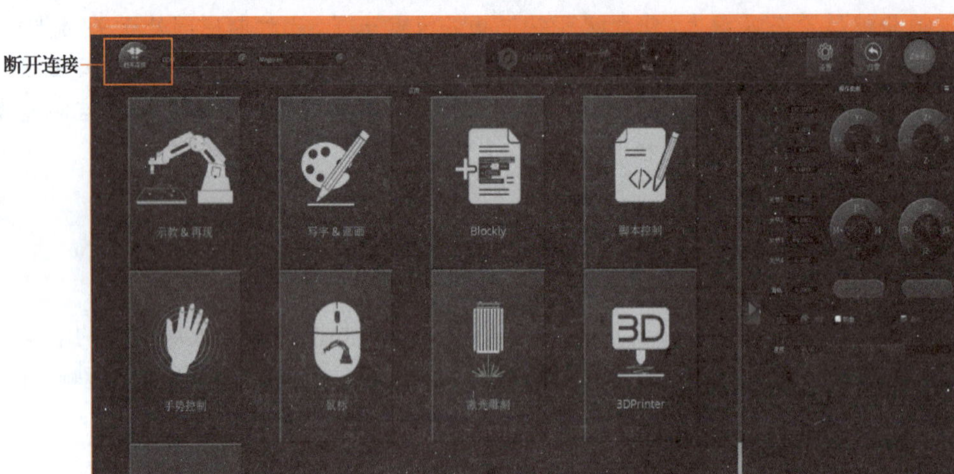

图 1–15　连接成功后的 DobotStudio 主界面

三、机器人搭积木

在 DobotStudio 软件主界面选择末端套件为“吸盘”，在右侧的操作面板处可选择笛卡儿坐标系或关节坐标系控制模式，如图 1–16 所示。

点动笛卡儿坐标系或关节坐标系，将吸盘移动到 A 区域的积木块上方，直至挨着积木块，勾选“吸盘”打开气泵，吸盘会吸住积木块，如图 1–17 所示。点动笛卡儿坐标系或关节坐标系，将积木块移动到 B 区域，取消勾选“吸盘”关闭气泵，吸盘会放开积木块。如此重复进行 4 次，即可完成机器人搭积木任务。

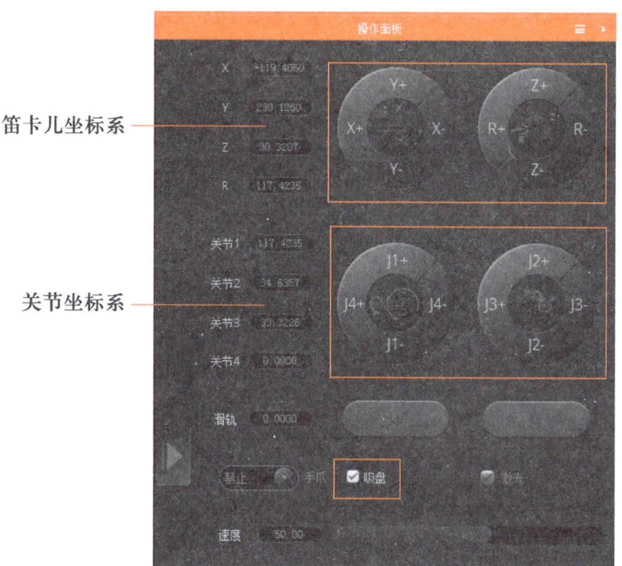

图 1-16　操作面板

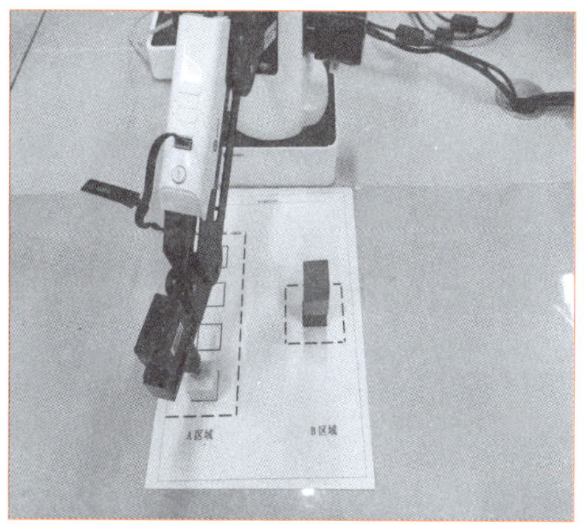

图 1-17　机器人搭积木

微视频：智能机器人搭积木比赛任务实施效果演示

1.6 任务总结

任　务　书

<table>
<tr><td>情境一</td><td colspan="2">小试牛刀——玩转智能机器人</td><td>任务名称</td><td colspan="2">智能机器人搭积木比赛</td></tr>
<tr><td>班级</td><td></td><td>姓名</td><td></td><td>学号</td><td></td></tr>
<tr><td>日期</td><td></td><td>地点</td><td></td><td>指导教师</td><td></td></tr>
<tr><td>任务目标</td><td colspan="5"></td></tr>
<tr><td rowspan="5">主要设备、仪器、工具清单</td><td colspan="2">名称</td><td colspan="2">型号</td><td>数量</td></tr>
<tr><td colspan="2"></td><td colspan="2"></td><td></td></tr>
<tr><td colspan="2"></td><td colspan="2"></td><td></td></tr>
<tr><td colspan="2"></td><td colspan="2"></td><td></td></tr>
<tr><td colspan="2"></td><td colspan="2"></td><td></td></tr>
<tr><td>实施过程</td><td colspan="5"></td></tr>
<tr><td>成果展示与分析</td><td colspan="5"></td></tr>
<tr><td>总结反思</td><td colspan="5"></td></tr>
</table>

1.7 考核评价

任务评价考核评分表				
姓名		任务名称	智能机器人搭积木比赛	
序号	考核项目	评分标准	扣分及扣分依据	得分
1	机器人规范操作（40分）	1. 机器人与计算机硬件正确连接（10分）		
		2. 吸盘套件正确安装（10分）		
		3. 机器人开机、关机规范操作（10分）		
		4. 根据实际情况酌情扣分（10分）		
2	搭积木（50分）	1. 机器人与 DobotStudio 软件正确连接（10分）		
		2. 能用关节坐标系控制模式实现机器人吸取、放置积木操作（15分）		
		3. 能用笛卡儿坐标系控制模式实现机器人吸取、放置积木操作（15分）		
		4. 能完整完成工作任务（10分）		
3	职业素养（10分）	1. 遵守课堂纪律，无安全事故（4分）		
		2. 工位保持清洁，物品整齐（2分）		
		3. 操作规范，爱护设备（2分）		
		4. 自觉服从指导教师安排（2分）		
4	违规扣分	1. 机器人与其他设备碰撞（每次扣5分）		
		2. 设备损坏（扣20分）		
总分				

素养园地

考核评价中强调职业素养，是因为职业素养对于个人职业生涯的发展至关重要。它不仅是一种行为准则，而且是一种品质，可指导个人在职业生涯中做出正确选择。职业素养可以帮助个人获得更多机会，提升自身价值，从而获得更好的职业发展。任务评价考核评分表起到引领学生经历完整工作过程的作用，有助于学生自觉实践职业规范，形成良好的职业道德和职业意识。

1.8 任务拓展

1. 机器人的两种坐标系控制模式各有什么优劣？

2. 试为智能机器人下个定义。

任务 2 无线连接智能机器人

【学习目标】

1. 了解蓝牙技术、Wi-Fi 技术；
2. 熟悉机器人的工作空间及规格参数；
3. 能使用手柄控制机器人完成叠叠杯游戏；
4. 能通过蓝牙连接手机 App 与机器人；
5. 学会将机器人接入局域网；
6. 培养勇于探索的科学精神，激发创造、创新活力。

【重点难点】

能使用手柄控制机器人完成叠叠杯游戏。

2.1 思维导图

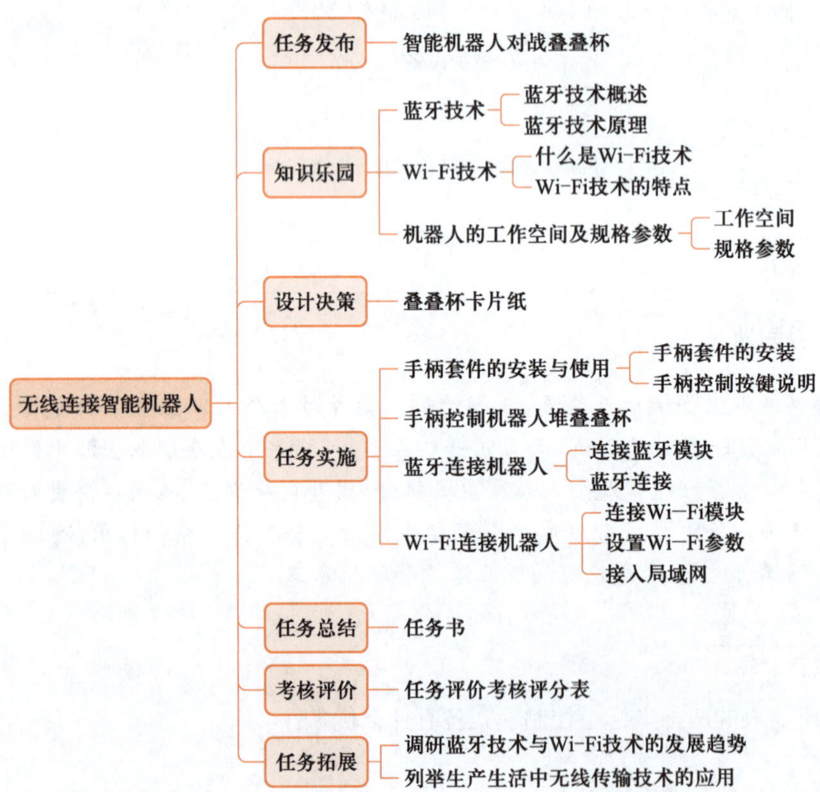

2.2　任务发布

微视频：智能机器人对战叠叠杯任务发布

任务名称	智能机器人对战叠叠杯
任务内容	益智类经典游戏叠叠杯你玩过吗？手柄控制机器人你体验过吗？本任务要求使用手柄无线控制机器人完成叠叠杯的排列（操作过程中机器人不能超出其工作空间）
运行环境	

2.3　知识乐园

微视频：蓝牙技术概述及原理

一、蓝牙技术

（一）蓝牙技术概述

蓝牙（Bluetooth）是一种大容量的短距离无线数字通信技术标准，最初由爱立信公司于 1994 年创制，其图标如图 2-1 所示。该技术使用全球通用频带（2.4 GHz），以确保通信能在世界各地畅通无阻。

图 2-1　蓝牙图标

蓝牙技术是一种低成本、低功耗、兼容性好的通信技术，能够在短距离范围内无线连接计算机、手机、打印机、数码相机、耳麦、键盘、鼠标等多个设备，实现设备信息共享及交换，从而克服了数据同步的难题。简而言之，蓝牙技术使得各种数码设备之间能够无线沟通，让布满各种连线的桌面成为历史。

（二）蓝牙技术原理

蓝牙设备是蓝牙技术应用的主要载体，它能够通过蓝牙芯片发送短程无线信号，以与其他蓝牙设备进行无线通信。蓝牙设备互相连接时必须在一定范围内进行配对，这种配对称为短程临时网络模式，也称微微网，可以容纳的设备最多不超过 8 台，主设备只有 1 台，从设备可以有多台。蓝牙设备连接成功后，主设备就可以与从设备进行双向的数据或语音通信。

蓝牙技术具备射频特性，采用时分多址（TDMA）帧结构与网络多层次结构，应用跳频技术，具有传输效率高、抗干扰能力好等优势。它采用开放的技术标准，使各种蓝牙设备可以相互兼容。蓝牙芯片具有低功耗、高集成度、低成本的特点，增加了蓝牙技术的应用领域。此外，蓝牙技术还采用签权和加密等措施提高了通信的安全性。

拓展知识：蓝牙名字的起源

蓝牙的名字来源于10世纪丹麦国王哈拉尔德•布美塔特（Harald Blatand）。传说他酷爱吃蓝莓，以至于牙齿都被染成了蓝色，人称蓝牙国王。爱立信公司自创制了短距离无线数字通信技术标准以来，便一直想要寻找一个极具表现力的名字来命名这项高新技术。行业组织人员在经过关于欧洲历史和未来无线技术发展的讨论后，认为用哈拉尔德国王的称呼命名再合适不过了。哈拉尔德国王口齿伶俐，善于交际，在有生之年将挪威、瑞典和丹麦统一起来，就如同这项即将问世的技术，将推动不同工业领域之间的良好交流，促进各行业协调合作。于是蓝牙的名字就这么确定了下来。

微视频：Wi-Fi技术概述及特点

二、Wi-Fi技术

（一）什么是Wi-Fi技术

Wi-Fi（Wireless Fidelity，无线保真，图2-2）是一种允许电子设备连接到一个无线局域网（WLAN）的通信技术，通常使用2.4 GHz UHF（特高频）或5 GHz SHF（超高频）ISM（工业、科学和医疗频带）射频频段进行数据传输，适用IEEE 802.11系列协议。其中，2.4 GHz Wi-Fi每个信道的有效宽度是20 MHz，另外还有2 MHz的强制隔离频带；5 GHz频段与军用频段重合，我国只开启149、153、157、161、165这5个信道。

图2-2　Wi-Fi

Wi-Fi技术的组网方式非常简单。组建时仅需要一块无线网卡和一个网络桥接器（AP），工作原理是网络桥接器负责向外发射信号，而无线网卡负责接收信号（终端）。只要在Wi-Fi电波覆盖的有效范围内，手机、电视、计算机等设备的终端均能够以无线方式进行联网，从而借助“互联网”实现更多的功能。

（二）Wi-Fi技术的特点

1. 覆盖范围广

Wi-Fi技术的网络覆盖直径可达200 m，在技术进步的推动之下，这一范围还呈现出不断扩大的趋势。同时，与传统有线网络的运行方式不同，Wi-Fi技术的应用具有移动便捷性，即在Wi-Fi网络覆盖范围之内，无论移动到什么地方都可以使用这一无线网络，大大提高了上网的便捷性。

2. 传输速率快

通过加大功率和提高接收灵敏度，Wi-Fi网络传输效果更好，速度更快，其最高速率可达9.6 Gbit/s，并且可在信号弱及干扰大的情况下自动调节网络速率，保障网络的稳定性。随着网络技术的进步，Wi-Fi技术的功能将进一步增强。

3. 成本低廉

Wi-Fi技术不需要网线接入，而是通过无线技术标准使用户终端和互联网实现联通，只需建立相应的接入口即可。这个优势不仅极大地降低了布线造成的成本，节省了安装时间，而且减少了网线连接过程中因防火墙、协议不匹配或系统设置等原因造成的连接不畅，节约了技术成本，更好地满足了人们的需求。

4. 安全可靠

Wi-Fi 对人体造成的辐射远远低于手机以及对讲机等电子设备，而且就 Wi-Fi 的适用特点来讲，其无须与人体直接接触，因而不会对人体健康造成较大的恶劣影响。

素养园地

当前，全球移动用户数已超过 80 亿，移动通信网络发展真正成为全球趋势。未来，移动通信将与水、电一样逐步成为人类社会的基本需求。第 6 代移动通信将基于通信、数据、算力和智能等构建新一代软、硬件基础设施，形成一个以地面蜂窝网络为基础的多域立体超密集异构覆盖通信网络，实现不同高度网络节点间的互联互通、全场景的泛在覆盖。与当前的 5G 相比，6G 正朝着应用场景和系统性能指标以数量级增强的方向发展，有望实现极致的连接性能，具有 Tbit/s 级数据速率、kbit/s/Hz 级频谱效率和μs级时延。

在科学上没有平坦的大道，只有不畏劳苦、沿着陡峭山路攀登的人，才有希望到达光辉的顶点。科技创新日新月异，莘莘学子如早上八九点钟的太阳，应奋力拼搏，锲而不舍，勇攀科技高峰，为祖国的繁荣发展增光添彩！

三、机器人的工作空间及规格参数

（一）工作空间

微视频：机器人的工作空间及规格参数

机器人的工作空间如图 2-3 和图 2-4 所示。

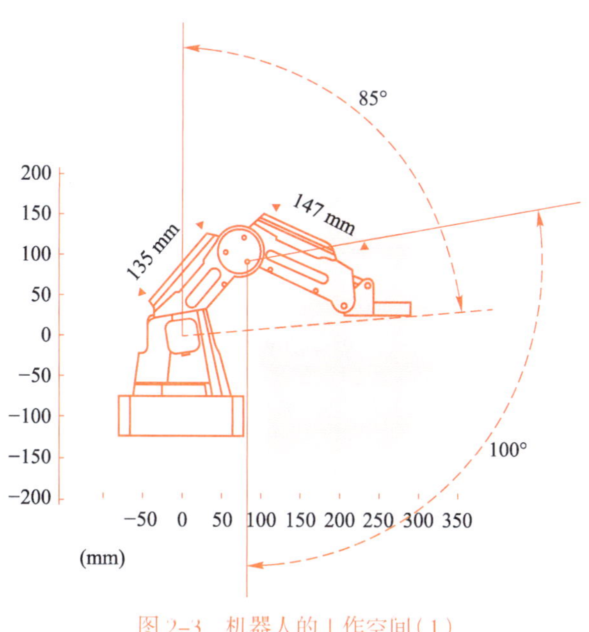

图 2-3　机器人的工作空间（1）

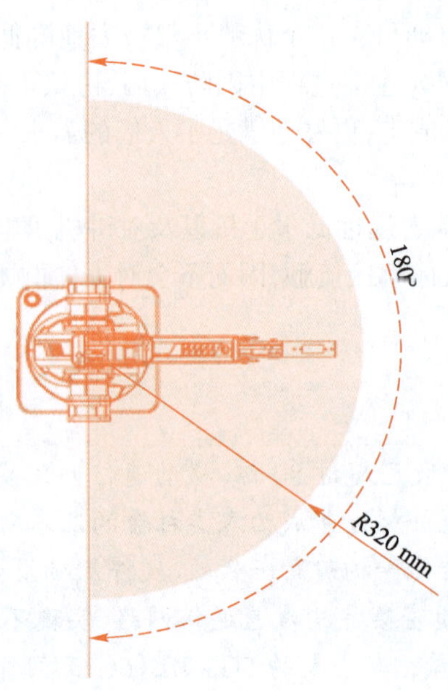

图 2-4　机器人的工作空间（2）

（二）规格参数

机器人的规格参数见表 2-1。

表 2-1　机器人的规格参数

规格参数		
最大负载	500 g	
最大伸展距离	320 mm	
重复定位精度	0.2 mm	
电源电压	AC 100 ~ 240 V，50/60 Hz	
电源输入	DC 12 V/7 A	
通信方式	USB、Wi-Fi、蓝牙	
最大功率	60 W	
工作环境	-10 ~ +60 ℃	
轴运动参数		
轴	**工作范围 /(°)**	**最大速度 /(°/s)（250 g 负载）**
轴 1 底座	-90 ~ +90	320
轴 2 大臂	0 ~ +85	320
轴 3 小臂	-10 ~ +95	320
轴 4 旋转	-90 ~ +90	480

2.4　设计决策

桌面上摆放有不同颜色的叠叠杯，要求按照图 2-5 所示叠叠杯卡片纸指定的颜色和图案对叠叠杯进行排列。本任务通过手柄套件控制吸盘的开、闭，分别用机器人的关节坐标系控制模式和笛卡儿坐标系控制模式完成叠叠杯的摆放。

图 2-5　叠叠杯卡片纸

图片：叠叠杯卡片纸

2.5　任务实施

微视频：智能机器人对战叠叠杯任务实施

一、手柄套件的安装与使用

（一）手柄套件的安装

机器人可以通过手柄套件来控制。手柄套件如图 2-6 所示，从左至右依次为手柄、USB Host 模块、充电线（用于手柄充电）和无线接收器。

图 2-6　手柄套件

将无线接收器插入 USB Host 模块后接入机器人底座的 UART 接口，如图 2-7 所示，并接通电源，此时 USB Host 模块的蓝色指示灯常亮。随后机器人发出 4 声短响，继而 USB Host 模块的绿色指示灯常亮。

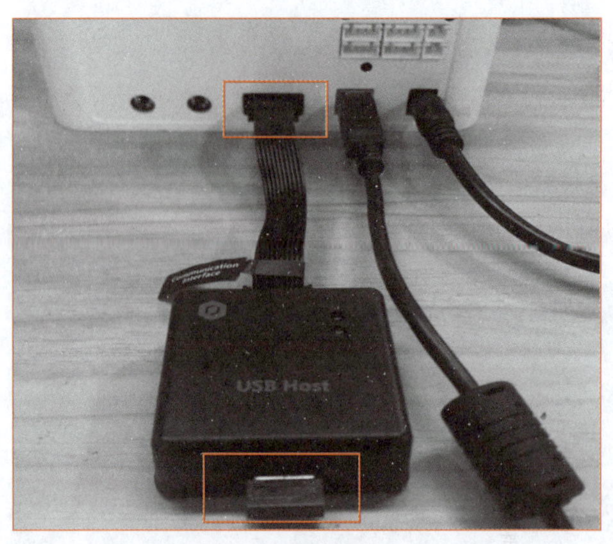

图 2-7　连接手柄套件

（二）手柄控制按键说明

开启手柄，手柄遥感中间的红色指示灯常亮，此时可通过手柄控制机器人，如图 2-8 所示。手柄按键说明见表 2-2。

图 2-8　开启手柄

表 2-2　手柄按键说明

按键	功能
开关按键	开启手柄
LT	控制外部电动机开
RT	控制外部电动机关
RB	切换为笛卡儿坐标系控制模式
LB	切换为关节坐标系控制模式
X	控制气泵吹气
Y	控制气泵吸气
B	关闭气泵
左遥感前 / 后移动	笛卡儿坐标系控制模式:机器人沿 X 轴 +/– 移动 关节坐标系控制模式:机器人沿 J1+/– 转动
左遥感左 / 右移动	笛卡儿坐标系控制模式:机器人沿 Y 轴 +/– 移动 关节坐标系控制模式:机器人沿 J2+/– 转动
右遥感前 / 后移动	笛卡儿坐标系控制模式:机器人沿 Z 轴 +/– 移动 关节坐标系控制模式:机器人沿 J3+/– 转动
右遥感左 / 右移动	笛卡儿坐标系控制模式:机器人沿 R 轴 +/– 移动 关节坐标系控制模式:机器人沿 J4+/– 转动

二、手柄控制机器人堆叠叠杯

按开关按键,开启手柄。选择 RB 笛卡儿坐标系控制模式或 LB 关节坐标系控制模式,通过移动手柄摇杆,将吸盘移动到叠叠杯上方,直至挨着叠叠杯。按 Y 键控制气泵吸气,吸盘会吸住叠叠杯,如图 2-9 所示。通过移动摇杆,将叠叠杯移动到叠放区域,按 X 键控制气泵吹气,吸盘放开叠叠杯,如图 2-10 所示。如此重复进行,即可完成机器人堆叠叠杯任务。

图 2-9　吸取第一个叠叠杯

微视频:智能机器人对战叠叠杯任务实施效果演示

图 2-10　摆放第一个叠叠杯

微视频：蓝牙连接机器人任务实施

三、蓝牙连接机器人

(一) 连接蓝牙模块

将蓝牙模块接入机器人底座的 UART 接口后，开启电源。上电后机器人会发出 3 声短响，且蓝牙模块的蓝色指示灯常亮，绿色指示灯闪烁，表示蓝牙模块连接成功，如图 2-11 所示。

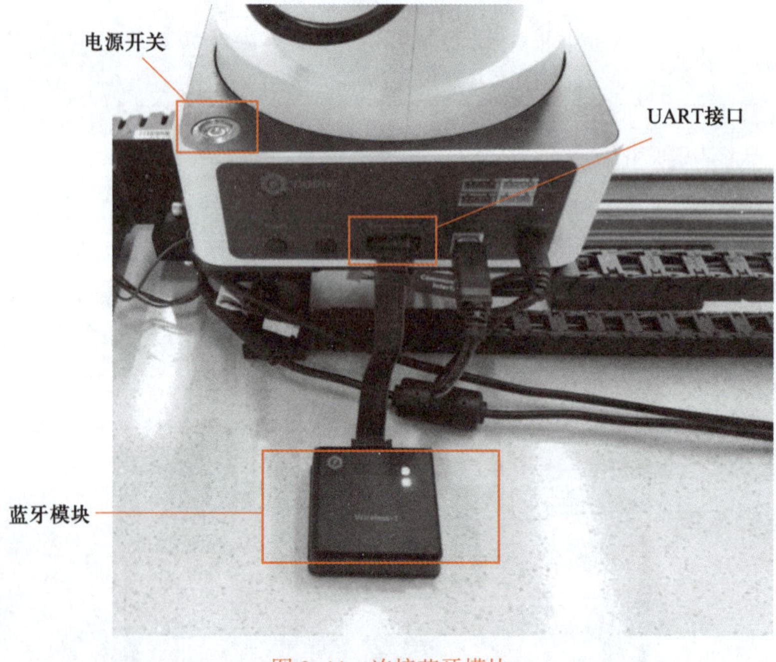

图 2-11　连接蓝牙模块

注意

请在机器人完全断电的情况下连接外部设备，否则容易损坏机器人。

（二）蓝牙连接

打开手机蓝牙和 DobotStudio App（仅支持 IOS 系统），单击 “Connect”，即可实现手机与机器人的蓝牙连接，可控制机器人进行写字画画、灰度雕刻等，如图 2-12 所示。

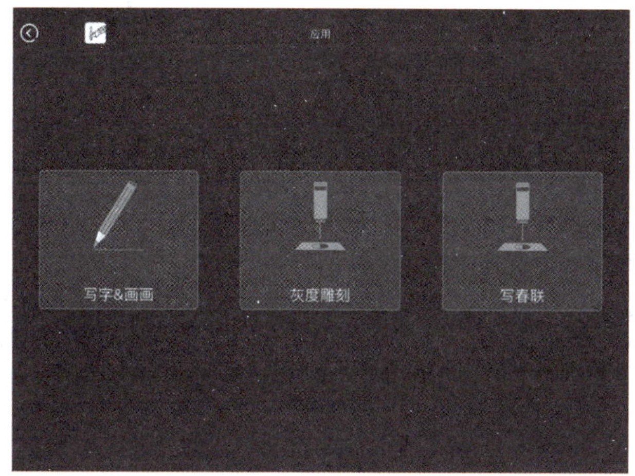

图 2-12　手机 App 控制机器人

四、Wi-Fi 连接机器人

微视频：Wi-Fi 连接机器人任务实施

除 USB 连接外，智能机器人还可以通过 Wi-Fi 模块与 PC 无线连接。只要在同一无线局域网内，即可实现 PC 通过 Wi-Fi 连接机器人，从而摆脱 USB 连接线的束缚。

（一）连接 Wi-Fi 模块

将 Wi-Fi 模块接入机器人底座的 UART 接口，开启电源，蓝色指示灯亮。上电后机器人发出两声短响，Wi-Fi 模块的蓝色和绿色指示灯均常亮，如图 2-13 所示。

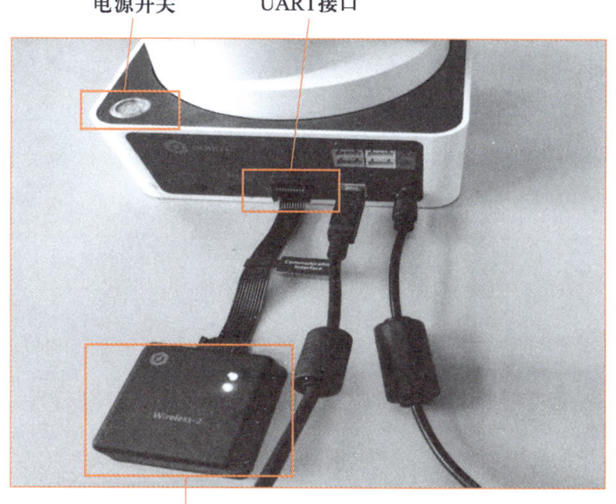

图 2-13　连接 Wi-Fi 模块

(二) 设置 Wi-Fi 参数

在 DobotStudio 界面选择对应串口通过 USB 连接 PC 后,在 “设置” → “Wi-Fi” 界面设置 Wi-Fi 相关参数,如图 2-14 所示。Wi-Fi 参数说明见表 2-3。

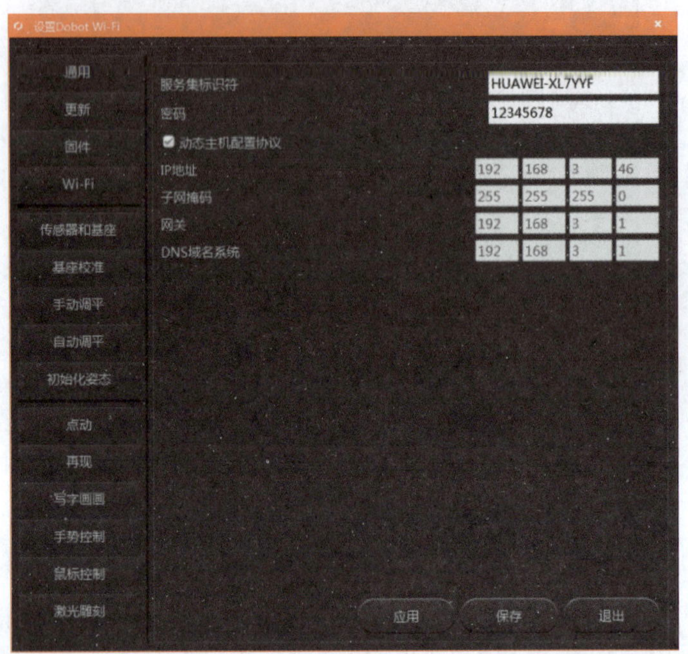

图 2-14　Wi-Fi 设置

表 2-3　Wi-Fi 参数说明

参数	说明
服务集标识符	Wi-Fi 名称
密码	Wi-Fi 密码
动态主机配置协议	勾选:只需设置 “服务集标识符” 和 “密码” 取消勾选:只需设置 “IP 地址” “子网掩码” “网关” “DNS 域名系统”
IP 地址	设置机器人 IP 地址,需与 PC 在同一无线局域网内,且不冲突
子网掩码	设置子网掩码
网关	设置网关
DNS 域名系统	设置 DNS

说明

1. 进行参数的设置,需要机器人已通过 USB 连接到 PC。
2. 机器人使用的 Wi-Fi 名称、密码,需与 PC 使用的 Wi-Fi 相同。

（三）接入局域网

参数设置完成后大约 5 s，Wi-Fi 模块的绿色指示灯闪烁后常亮，说明机器人已接入局域网。在 DobotStudio 界面左上方单击“断开连接”按钮，2 s 左右后，在串口处会显示 IP 地址，连接此 IP 地址，即可完成连接，如图 2-15 所示。

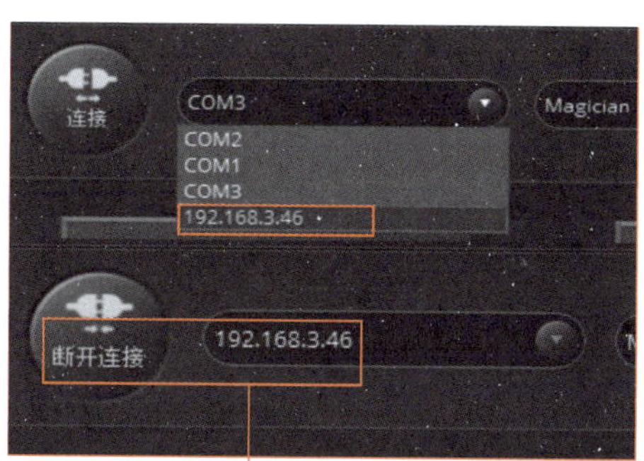

图 2-15　接入局域网

2.6 任务总结

任务书

<table>
<tr><td>情境一</td><td colspan="2">小试牛刀——玩转智能机器人</td><td>任务名称</td><td colspan="2">智能机器人对战叠叠杯</td></tr>
<tr><td>班级</td><td></td><td>姓名</td><td></td><td>学号</td><td></td></tr>
<tr><td>日期</td><td></td><td>地点</td><td></td><td>指导教师</td><td></td></tr>
<tr><td>任务
目标</td><td colspan="5"></td></tr>
<tr><td rowspan="5">主要设备、仪器、工具清单</td><td colspan="2">名称</td><td colspan="2">型号</td><td>数量</td></tr>
<tr><td colspan="2"></td><td colspan="2"></td><td></td></tr>
<tr><td colspan="2"></td><td colspan="2"></td><td></td></tr>
<tr><td colspan="2"></td><td colspan="2"></td><td></td></tr>
<tr><td colspan="2"></td><td colspan="2"></td><td></td></tr>
<tr><td>实施
过程</td><td colspan="5"></td></tr>
<tr><td>成果
展示与
分析</td><td colspan="5"></td></tr>
<tr><td>总结
反思</td><td colspan="5"></td></tr>
</table>

2.7　考核评价

任务评价考核评分表				
姓名		任务名称	智能机器人对战叠叠杯	
序号	考核项目	评分标准	扣分及扣分依据	得分
1	无线连接机器人（40分）	1. 机器人与手机 App 通过蓝牙正确连接（10分）		
		2. 手机 App 可控制机器人写字画画（10分）		
		3. 机器人通过 Wi-Fi 正确接入局域网（10分）		
		4. 机器人超出工作空间时酌情扣分（10分）		
2	叠叠杯游戏（50分）	1. 手柄套件安装成功（10分）		
		2. 在关节坐标系控制模式下，手柄控制机器人完成叠叠杯游戏（20分）		
		3. 在笛卡儿坐标系控制模式下，手柄控制机器人完成叠叠杯游戏（20分）		
3	职业素养（10分）	1. 遵守课堂纪律，无安全事故（4分）		
		2. 工位保持清洁，物品整齐（2分）		
		3. 操作规范，爱护设备（2分）		
		4. 自觉服从指导教师安排（2分）		
4	违规扣分	1. 机器人与其他设备碰撞（每次扣5分）		
		2. 设备损坏（扣20分）		
总分				

2.8　任务拓展

1. 调研蓝牙技术与 Wi-Fi 技术的发展趋势。

2. 列举生产生活中无线传输技术的应用。

任务 3 手持示教智能机器人

【学习目标】

1. 了解机器人的“示教 & 再现”功能；
2. 学会手爪套件的安装与使用方法；
3. 学会机器人回零的两种方法；
4. 能正确选用机器人的 3 种运动模式；
5. 能运用“示教 & 再现”功能实现机器人移动积木；
6. 培养学思结合、知行统一、善于解决问题的实践能力。

【重点难点】

1. 能正确选用机器人的 3 种运动模式；
2. 能运用“示教 & 再现”功能实现机器人移动积木。

3.1 思维导图

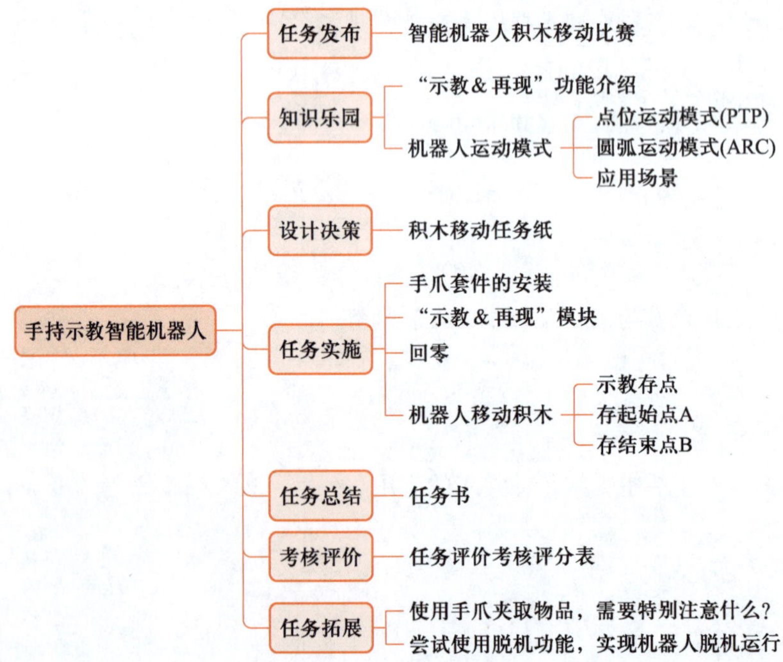

3.2　任务发布

任务名称	智能机器人积木移动比赛
任务内容	对机器人手把手进行示教，机器人会将动作顺序、运动速度、位置等信息自动地记录下来，当进行再现操作时，就会重放出其记录的操作。本任务要求运用机器人的“示教 & 再现”功能，结合手爪套件完成积木的移动
运行环境	

微视频：智能机器人积木移动比赛任务发布

3.3　知识乐园

微视频：“示教 & 再现”功能介绍

一、“示教 & 再现”功能介绍

机器人的操作环境集成了非常强大的“示教 & 再现”模块。“示教 & 再现”功能的核心是只要手持机器人进行示教，它就会重复执行同样的动作序列，并且可以自由设置重复执行的次数，无须另外编程。

“示教 & 再现”功能的特点如下。

① 操作直观，学习成本低，可以配合其他功能一起使用。

② 重现的点有微小偏差，精度要求不高时适用。

③ 示教点不宜过多，适合简单情境。

二、机器人运动模式

微视频：机器人运动模式及应用场景

机器人运动模式包括点位运动模式（PTP）和圆弧运动模式（ARC）。点位运动模式和圆弧运动模式又可总称为存点再现运动模式。

（一）点位运动模式

点位运动模式可实现点到点的运动，又分为 MOVJ、MOVL 以及 JUMP 3 种运动模式。不同的运动模式，示教后存点回放的运动轨迹不同。

① MOVJ：关节运动，由 A 点运动到 B 点，各个关节从 A 点对应的关节角运行至 B

点对应的关节角。关节运动过程中,各个关节轴的运行时间需一致,且同时到达终点。

② MOVL:直线运动,A 点到 B 点的运动路径为直线。

MOVJ 和 MOVL 运动模式如图 3-1 所示。

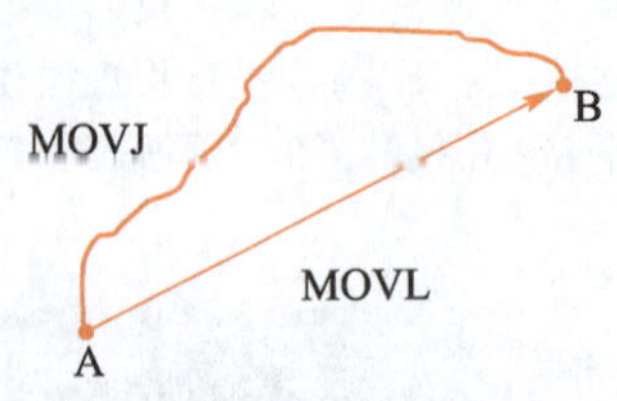

图 3-1　MOVJ 和 MOVL 运动模式

③ JUMP:门形轨迹,A 点到 B 点以 MOVJ 运动模式移动,即以 MOVJ 运动模式由 A 点上升一定高度(Height),再以 MOVJ 运动模式平移到 B 点正上方,最后以 MOVJ 运动模式下降到 B 点所在位置,如图 3-2 所示。

图 3-2　JUMP 运动模式

(二) 圆弧运动模式

圆弧运动模式即示教后存点回放的运动轨迹为圆弧,如图 3-3 所示。圆弧轨迹是空间的圆弧,由当前点、圆弧上任一点和结束点 3 点共同确定。圆弧总是从当前点经过圆弧上任一点再到结束点。

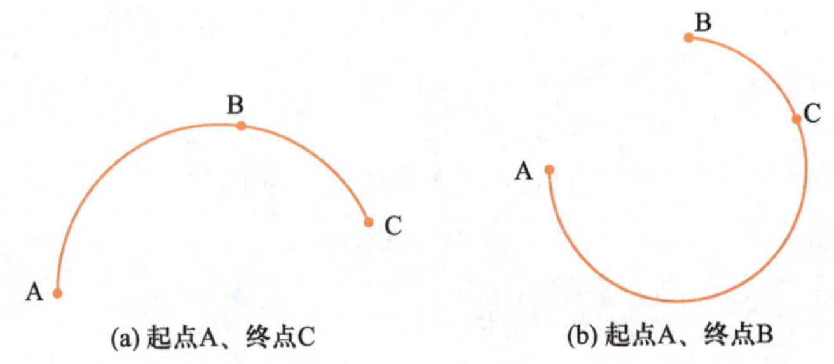

图 3-3　圆弧运动模式

注意

使用圆弧运动模式时,需结合其他运动模式确认圆弧上的 3 点,且 3 点不能在同一条直线上。

（三）应用场景

机器人存点回放时，采用不同的运动模式，机器人运动轨迹不同，其应用场景也不同，见表 3-1。

表 3-1　应 用 场 景

运动模式	应用场景
MOVJ	当应用场景中不要求存点回放的运动轨迹，但要求运动速度快时，可采用 MOVJ 运动模式
MOVL	当应用场景中要求存点回放的运动轨迹为直线时，可采用 MOVL 运动模式
JUMP	当应用场景中两点运动时需抬升一定的高度，如抓取、吸取等场景时，可采用 JUMP 运动模式
ARC	当应用场景中要求存点回放的运动轨迹为圆弧，如点胶等场景时，可采用 ARC 运动模式

3.4　设计决策

将积木按照图 3-4 所示积木移动任务纸（见附录 2）的位置摆放，A 区域为积木摆放初始位置，B 区域为积木摆放目标位置。本任务利用机器人的手持示教、存点复现功能，通过控制手爪的张开和闭合，由机器人自动将所有积木从 A 区域移动到 B 区域。其间不能用手操作积木的摆放，积木不可出界和压边。

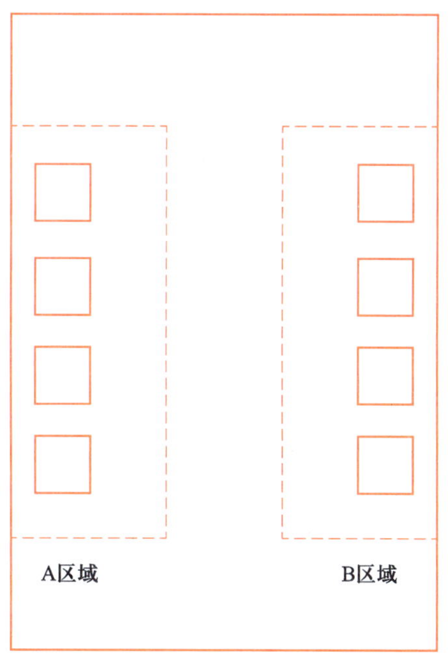

图 3-4　积木移动任务纸

3.5 任务实施

微视频：智能机器人积木移动比赛任务实施

一、手爪套件的安装

手爪也是在物品搬运任务中常用到的一个机械套件，当物品质量较大、运用吸盘套件不能很好地完成任务时，就可以用手爪套件来完成物品的夹取任务。和吸盘套件一样，手爪套件也需要配合气泵盒一起使用。手爪套件如图 3-5 所示。

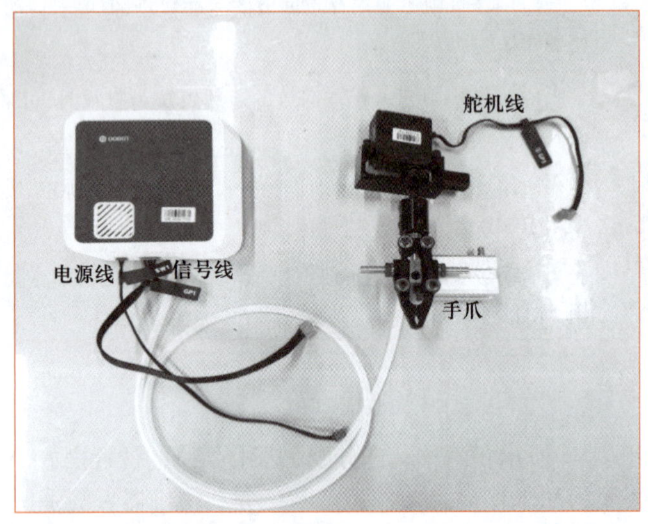

图 3-5　手爪套件

手爪套件的安装步骤如下。

① 将气泵盒电源线接在主控盒接口 SW1 上，信号线接在接口 GP1 上。

② 将手爪套件通过蝶形螺母拧紧在机器人末端插口中。

③ 将气泵盒的气管连接在手爪的气管接头上。

④ 将舵机线接在小臂接口 GP3 上。

手爪套件安装完成效果如图 3-6 所示。

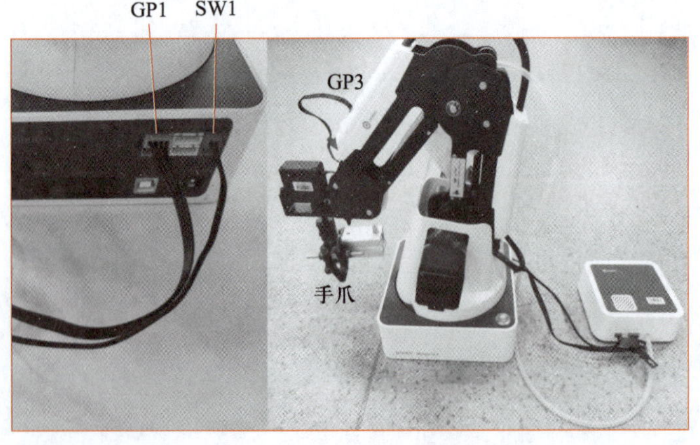

图 3-6　手爪套件安装完成效果

二、“示教 & 再现”模块

在 DobotStudio 主界面上单击“示教 & 再现”模块，弹出“示教 & 再现”界面，默认为普通（Easy）模式，如图 3-7 所示。普通模式下可设置循环次数、速度和加速度百分比等，可以对示教点进行存点，设置回放的运动模式以及每条存点运行后的暂停时间，详细功能见表 3-2。

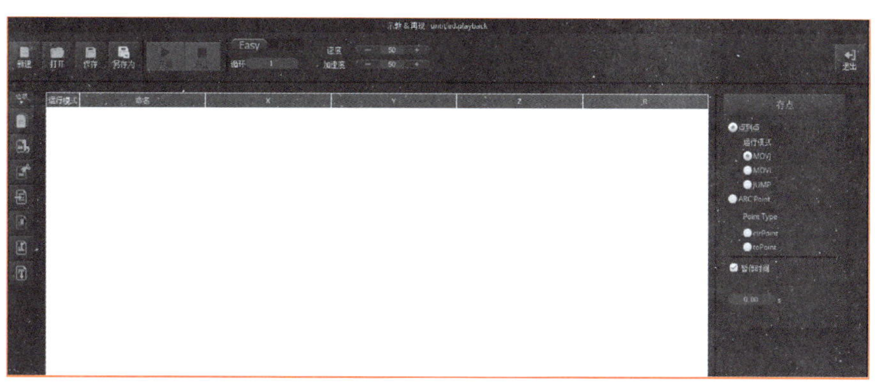

图 3-7　“示教 & 再现”普通模式界面

表 3-2　“示教 & 再现”普通模式功能

功能	说明
Easy/Pro	单击该滑块在普通（Easy）模式和高级（Pro）模式之间切换，默认为普通模式
循环	设置存点回放的循环次数。默认值：1；取值范围：1 ~ 999 999
速度	设置存点回放的速度百分比。默认值：50%；取值范围：0 ~ 100%
加速度	设置存点回放的加速度百分比。默认值：50%；取值范围：0 ~ 100%
退出	退出当前的“示教 & 再现”模块，返回 DobotStudio 主界面
存点	单击“存点”按钮，在存点列表区域创建一条新的存点
运行模式（运动模式）	选择“点到点”（点位运动模式）或“ARC Point”（圆弧运动模式）。其中，“点到点”下可以进一步选择 MOVJ、MOVL 或 JUMP 运动模式，“ARC Point”下可以进一步选择“cirPoint”（中间点）或“toPoint”（结束点）
暂停时间	设置执行完某个存点后的暂停时间

拓展知识

单击“Easy/Pro”滑块从当前的普通（Easy）模式切换至高级（Pro）模式，如图 3-8 所示。高级模式下除了可以实现普通模式下的功能外，还可以执行单步运行、下载

(脱机运行)、丢步检测和 I/O 复用等功能，见表 3-3。

图 3-8 “示教 & 再现”高级模式界面

表 3-3 “示教 & 再现”高级模式功能

功能	说明
单步运行	可实现单步运行存点列表中的存点。单击“单步运行”前，须先选中某一个存点
下载	将存点列表下载到机器人中实现脱机运行功能
丢步检测 （Check Lost Step）	检测机器人运行过程中电动机是否丢步。如果不勾选，则不检测；勾选后，当检测到有丢步后，机器人停止运行，同时指示灯变成红色，此时须对机器人进行回零操作
I/O 复用	通过 I/O 接口控制机器人，比如控制气泵开启或关闭

三、回零

机器人运行过程中如果发生碰撞或丢步，导致数据异常，则需要对机器人进行回零操作，以提高定位精度。

在 DobotStudio 主界面单击“归零”按钮，如图 3-9 所示，机器人会自动顺时针旋转到极限位置后再回到系统默认的回零点，底座指示灯变为蓝色闪烁。回零成功后，机器人会发出一声短响，底座指示灯变为绿色。

图 3-9 “归零”按钮

也可在“示教 & 再现”界面选中某一存点，右击后选择“设置为回零位置”，将该存点设置为回零点，如图 3-10 所示。

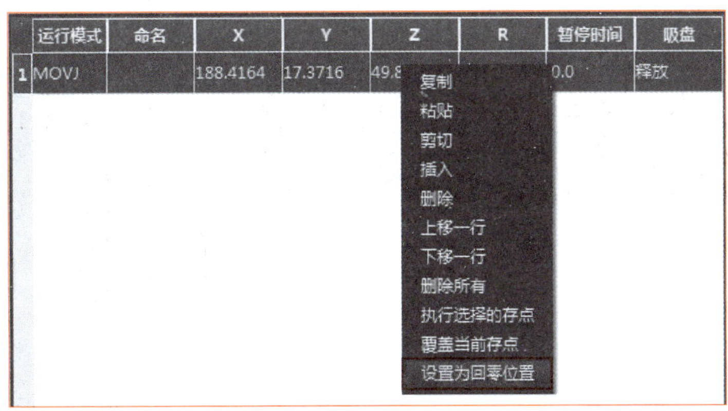

图 3-10　设置回零点

四、机器人移动积木

当需要使用手爪对物块进行移动或夹取放置操作时，常采用 JUMP 运动模式完成。

（一）示教存点

在“示教 & 再现”界面右侧的“存点”区域选择存点回放的运动模式，按住机器人小臂上的圆形解锁按钮，如图 3-11 所示，拖动机器人到任意位置，再松开圆形解锁按钮即可自动保存该点的位置坐标。

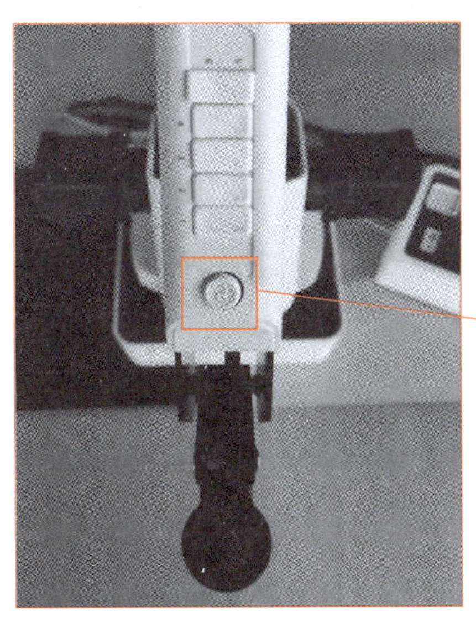

图 3-11　圆形解锁按钮

除了手持示教外，还可以通过点动坐标系来实现示教功能，如图 3-12 所示。

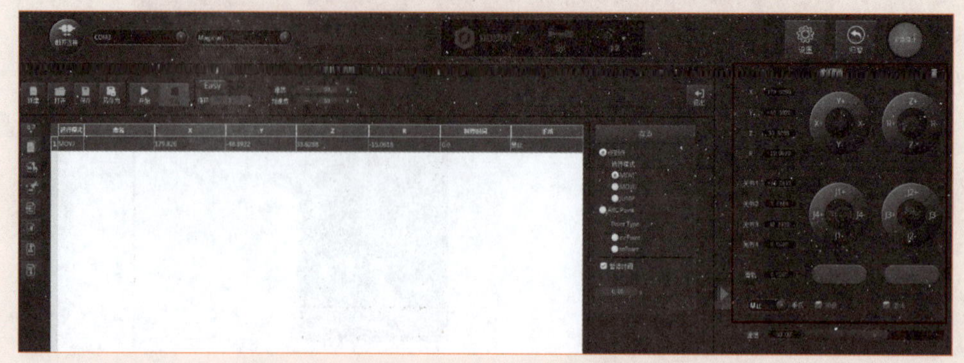

图 3-12　通过点动坐标系实现示教功能

（二）存起始点 A

选择 MOVJ 运动模式将手爪移动到积木块上方，选择“张开”打开气泵，手爪张开。在“存点”区域设置“暂停时间”为 1 s，并保存此点对应的坐标信息。

选择 MOVL 运动模式将手爪沿 Z- 方向移动到积木块中间，选择“闭合”，手爪闭合，抓住积木块，如图 3-13 所示。此时手爪的位置为起始点 A，用同样的方法存点并设置暂停时间，如图 3-14 所示。

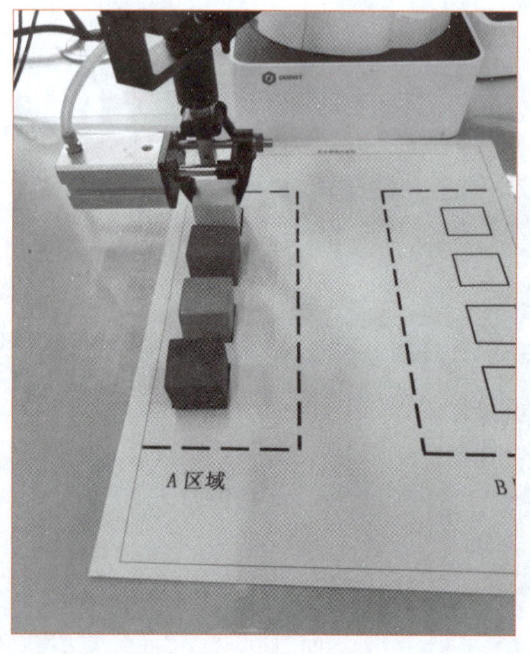

图 3-13　抓取第一个积木块

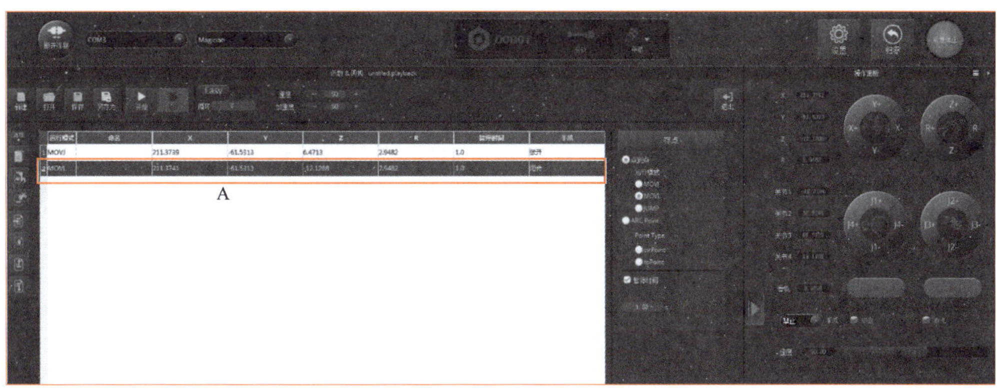

图 3-14　存起始点 A

（三）存结束点 B

选择 JUMP 运动模式，点动笛卡儿坐标系或关节坐标系，将积木块移动到想要的结束点 B，选择“张开”，手爪张开，放下积木块，保存此点对应的坐标信息并设置暂停时间，如图 3-15 所示。

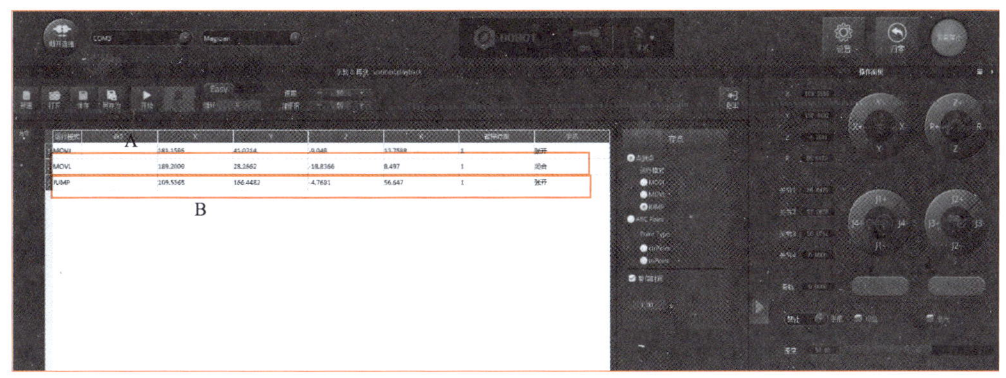

图 3-15　存结束点 B

选择 MOVL 运动模式将手爪沿 Z+ 方向移动到积木块上方，选择“闭合”，手爪闭合，如图 3-16 所示，保存此点坐标并设置暂停时间。

重复同样的操作 3 次，即可实现将 4 个积木块从 A 区域移动到 B 区域的操作。

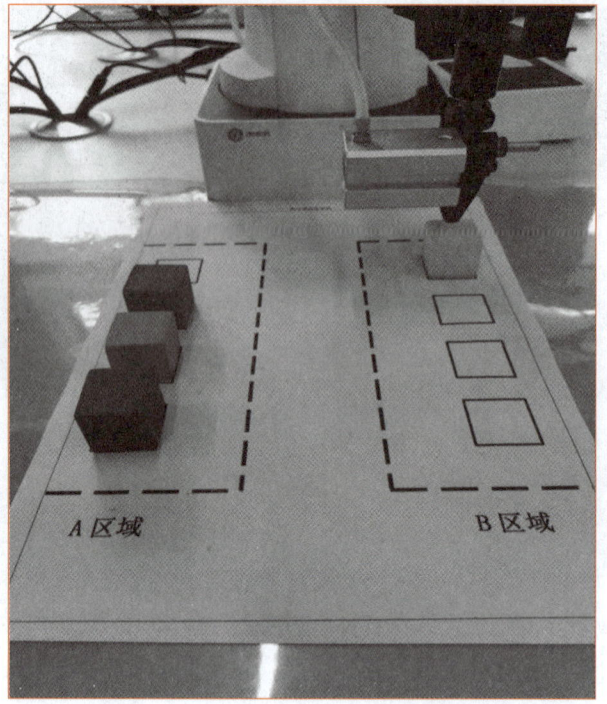

微视频：智能机器人积木移动比赛任务实施效果演示

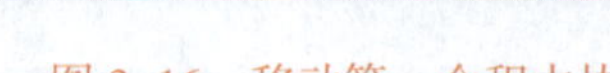

图 3-16　移动第一个积木块后

说明

如果要改变抬升高度（Jump 高度），可在“设置”→“再现”→“Jump 参数”界面进行设置，如图 3-17 所示。

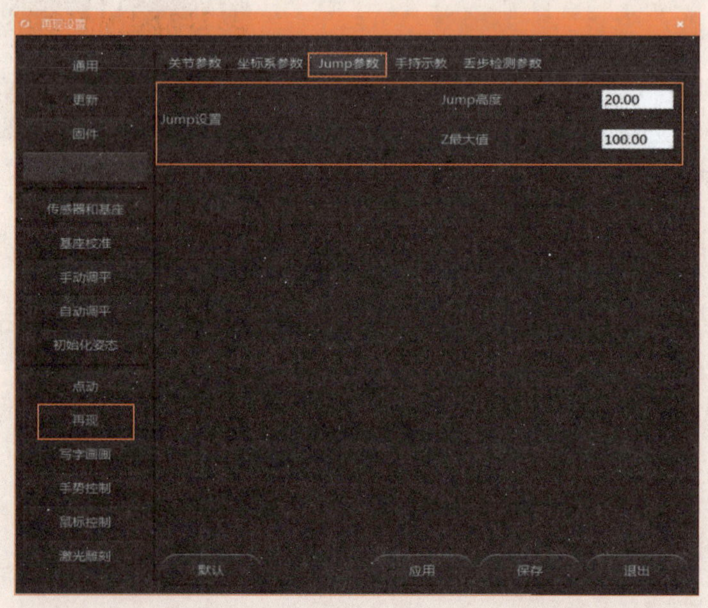

图 3-17　设置 Jump 参数

3.6　任务总结

任　务　书

<table>
<tr><td>情境一</td><td colspan="2">小试牛刀——玩转智能机器人</td><td>任务名称</td><td colspan="2">智能机器人积木移动比赛</td></tr>
<tr><td>班级</td><td></td><td>姓名</td><td></td><td>学号</td><td></td></tr>
<tr><td>日期</td><td></td><td>地点</td><td></td><td>指导教师</td><td></td></tr>
<tr><td>任务
目标</td><td colspan="5"></td></tr>
<tr><td rowspan="5">主要设备、
仪器、工具
清单</td><td colspan="2">名称</td><td>型号</td><td colspan="2">数量</td></tr>
<tr><td colspan="2"></td><td></td><td colspan="2"></td></tr>
<tr><td colspan="2"></td><td></td><td colspan="2"></td></tr>
<tr><td colspan="2"></td><td></td><td colspan="2"></td></tr>
<tr><td colspan="2"></td><td></td><td colspan="2"></td></tr>
<tr><td>实施
过程</td><td colspan="5"></td></tr>
<tr><td>成果
展示与
分析</td><td colspan="5"></td></tr>
<tr><td>总结
反思</td><td colspan="5"></td></tr>
</table>

3.7 考核评价

任务评价考核评分表				
姓名		任务名称	智能机器人积木移动比赛	
序号	考核项目	评分标准	扣分及扣分依据	得分
1	示教存点再现（40分）	1．正确完成MOVJ运动模式示教存点再现（10分）		
		2．正确完成ARC运动模式示教存点再现（10分）		
		3．正确完成JUMP运动模式示教存点再现（10分）		
		4．根据实际情况酌情扣分（10分）		
2	积木移动（50分）	1．机器人夹取、放置成功1个积木块（10分）		
		2．机器人夹取、放置成功2个积木块（10分）		
		3．机器人夹取、放置成功3个积木块（10分）		
		4．机器人夹取、放置成功全部积木块（10分）		
		5．完整完成工作任务（10分）		
3	职业素养（10分）	1．遵守课堂纪律，无安全事故（4分）		
		2．工位保持清洁，物品整齐（2分）		
		3．操作规范，爱护设备（2分）		
		4．自觉服从指导教师安排（2分）		
4	违规扣分	1．机器人与其他设备碰撞（每次扣5分）		
		2．设备损坏（扣20分）		
总分				

3.8 任务拓展

1. 使用手爪夹取物品，需要特别注意什么？

2. 尝试使用脱机功能，实现机器人脱机运行。

情境 二

栩栩如生——艺术家智能机器人

任务4 智能机器人写字画画

【学习目标】

1. 了解人工智能的概念；
2. 了解人工智能与机器人；
3. 了解人工智能与 ChatGPT；
4. 学会写字套件的安装与使用方法；
5. 能实现机器人智能书写“士不可以不弘毅”；
6. 激发科技报国的家国情怀和使命担当；
7. 培养创新精神，把创新理念融入课程学习中。

【重点难点】

能实现机器人智能书写“士不可以不弘毅”。

4.1 思维导图

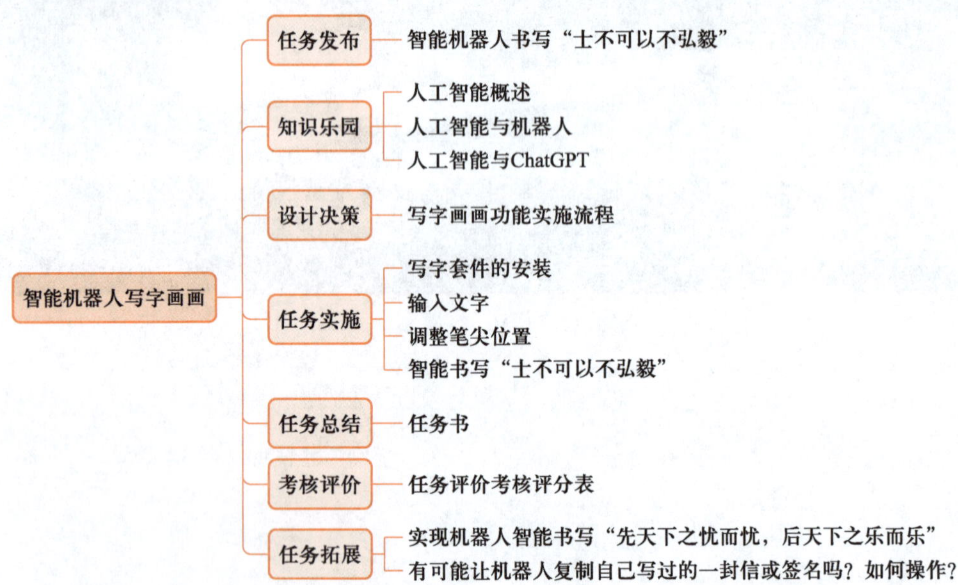

4.2　任务发布

任务名称	智能机器人书写“士不可以不弘毅”
任务内容	机器人不仅可以完成重复枯燥的体力劳动，还能用笔尖进行细腻的创作。本任务要求通过 DobotStudio 的“写字 & 画画”模块控制机器人进行写字画画，完成智能书写“士不可以不弘毅”
运行环境	

微视频：智能机器人书写“士不可以不弘毅”任务发布

素养园地

曾子曰：“士不可以不弘毅，任重而道远。仁以为己任，不亦重乎？死而后已，不亦远乎？”这句名言在我国文化史上影响深远，后世无数的仁人君子无不以此言激励自己，投身到治国平天下的伟大追求中。尽管曾子已经故去了两千多年，但这种精神已经融入中华儿女的血脉里，成为中华民族奋发向上的不竭动力。青年学生应承担起历史使命，投身到专业研究和科学探索中，抓住国家快速发展的战略机遇期，将个人理想和中华民族伟大复兴的中国梦结合起来，积极寻找实现个人价值与才华抱负的成长舞台和发展机遇，尽早树立远大理想信念。

4.3　知识乐园

微视频：人工智能概述

一、人工智能概述

人工智能（图 4-1）是在计算机科学、控制论、信息论、神经心理学、哲学、语言学等多个学科的研究成果基础上发展起来的综合性很强的交叉学科，是一门新思想、新观念、新理论、新技术不断出现的新兴学科以及正在迅速发展的前沿学科。自 1956 年著名的达特茅斯会议正式提出人工智能这个概念并把它作为一门新兴学科的名称以来，人工智能得到了迅速发展，并取得了惊人的成就，引起了人们的高度重视，受到了很高的评价。它与空间技术、原子能技术一起被誉为 20 世纪三大科学技术成就。有人称它为继三次工业革命后的又一次工业革命，认为前三次工业革命主要扩展了人手的功能，把人类从繁重的体力劳动中解放出来，而人工智能则拓展了人脑的功能，实现了脑力劳动的自动化。

图 4-1 人工智能

所谓人工智能（Artificial Intelligence，AI），就是用人工的方法在机器（计算机）上实现的智能，也称为机器智能（Machine Intelligence，MI）。简单地说，人工智能的目标是用机器实现人类的部分智能。

人工智能是一门研究如何构造智能机器（智能计算机）或智能系统，使它能模拟、延伸、扩展人类智能的学科。通俗地说，人工智能研究如何使机器能听、能说、能看、能写、能思维、能学习、能适应环境变化、能解决人类面临的各种实际问题等。

素养园地

拓展阅读：人工智能将把人类带向何方

在 2024 搜狐科技年度论坛上，多位院士、科学家与产业界领袖齐聚一堂，畅谈人工智能、深空宇宙、脑机接口等前沿科技，奔赴科技的星辰大海。论坛上，大家解读了人工智能这把“双刃剑”。从国内外科技巨头开启“百模大战”到 Sora 横空出世、GPT-4o 发布，人工智能一路高歌猛进。人工智能飞速发展给社会带来利好的同时，其弊端也同样不容忽视，隐私保护、伦理道德、人类威胁等都是其发展中的约束力。

微视频：人工智能与机器人

二、人工智能与机器人

将机器人与人工智能相结合，由人工智能程序控制的机器人称为智能机器人。智能机器人类似于人，它具有感知环境的能力，配备了视觉、听觉、触觉、嗅觉等感觉器官，能从外部环境中获取有关信息；具有思维能力，能对感知的信息进行处理，以控制自己的行为；具有作用于环境的行为能力，能通过传动机构使自己的“手”“脚”等肢体行动起来，正确、灵巧地执行思维机构下达的命令。目前研制的机器人大都只具有部分智能，真正的智能机器人还处于研究之中，但智能机器人已经迅速发展为高新技术产业。

智能机器人是在传统机械机器人的基础上，应用人工智能技术，使得机器人具备一些与人或生物相似的智能能力，如感知、规划、协同能力等，如图 4-2 所示。

图 4-2　智能机器人

近几十年里，智能机器人获得了迅猛的发展。例如，1988 年，日本东京电力公司研制了具有自动越障能力的巡检机器人；1994 年，中国科学院沈阳自动化研究所等单位研制了我国第一台无缆水下机器人“探索者”；1999 年，美国直觉外科公司研制了达·芬奇机器人手术系统；2000 年，日本本田技研公司研制了第一代仿人机器人阿西莫（ASIMO）；从 2005 年开始，美国波士公司陆续研制了四足机器人大狗、双足机器人阿特拉斯（Atlas）、两轮人形机器人 Handle；2008 年，深圳大疆公司研制了无人机，德国FESTO公司研制了机器鸟、机器蚂蚁、机器蝴蝶等；2015 年，日本软银集团制造的情感机器人派博（Pepper）问世。各种智能机器人模型如图 4-3 所示。

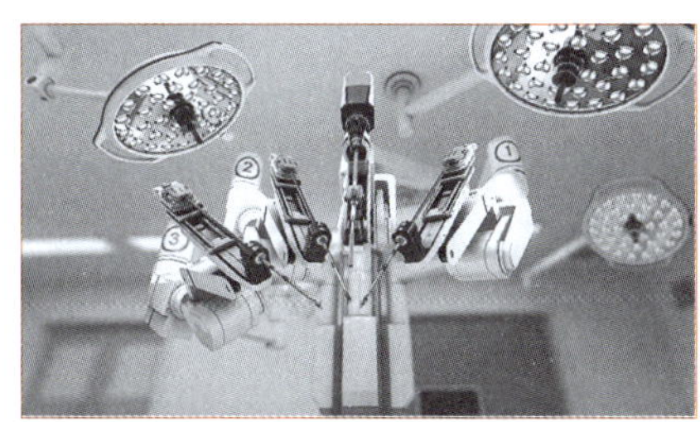

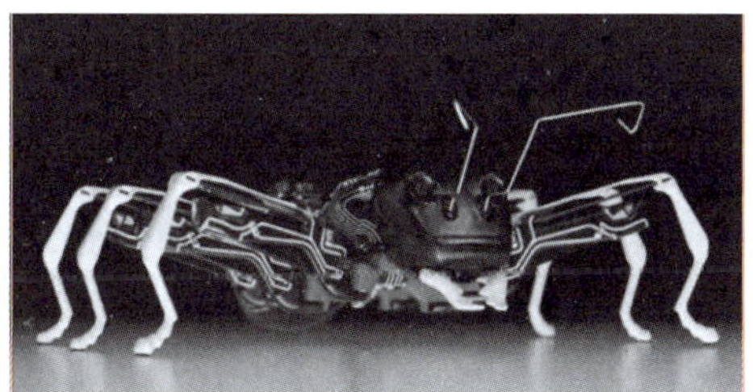

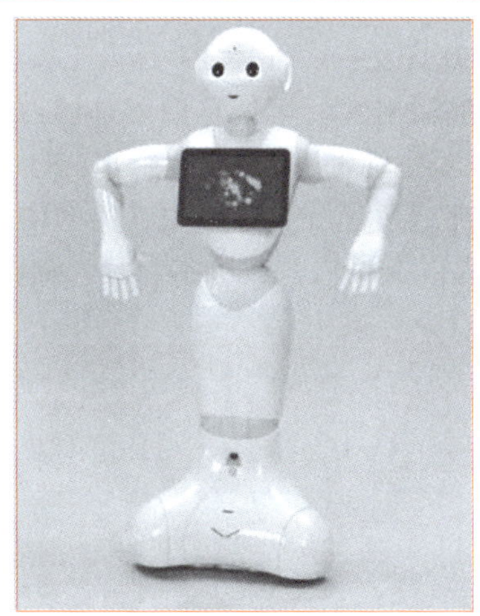

图 4-3　各种智能机器人模型

伴随着人工智能、物联网、大数据、云计算等信息技术与计算机技术的快速发展，智能机器人技术的发展也越来越快，应用领域不断扩大，并在智能化、多样化的道路上越走越远。

素养园地

阿尔法围棋（AlphaGo）是第一个击败人类职业围棋选手、第一个战胜围棋世界冠军的人工智能程序，由谷歌（Google）旗下 DeepMind 公司戴密斯•哈萨比斯领衔的团队开发。其主要工作原理是基于神经网络的深度学习：模拟人脑神经网络，通过大量数据分析学习了 3 000 万步的职业棋手棋谱，再通过增强学习的方法自我博弈，寻找比基础棋谱更多的打点来击败人类。2016 年 3 月，阿尔法围棋与围棋世界冠军、职业九段棋手李世石进行围棋人机大战，以 4 ∶ 1 的总比分获胜；2016 年末 2017 年初，该程序在中国棋类网站上以“大师”（Master）为注册账号与中、日、韩数十位围棋高手进行快棋对决，连续 60 局无一败绩；2017 年 5 月，在中国乌镇围棋峰会上，它与排名世界第一的世界围棋冠军柯洁对战，以 3 ∶ 0 的总比分获胜。围棋界公认阿尔法围棋的棋力已经超过人类职业围棋顶尖水平，在围棋世界排名统计网站（GoRatings）公布的世界职业围棋排名中，其等级分曾超过排名人类第一的棋手柯洁。

通过“人机大战”的新闻实例可以认识到，不管未来机器人是与人类和平共处还是逐渐取代人类，我们每个人必然将经历这场历史性的变革。当越来越多的行业被机器人取代，我们要为适应这样的变革做好准备，那就是培养和发展创新精神。

微视频：人工智能与ChatGPT

三、人工智能与 ChatGPT

ChatGPT（Chat Generative Pre-trained Transformer，聊天生成预训练转换器，图 4-4）是由美国开放人工智能研究中心（OpenAI）研发的一款聊天机器人程序，于 2022 年 11 月 30 日发布。ChatGPT 是人工智能技术驱动的自然语言处理工具，它综合了语言智能的各种技术，集信息搜索、机器翻译和对话生成等功能于一体，以强大的生成能力给人类生活带来了颠覆性的影响。在人机共生时代，ChatGPT 不仅上知天文下知地理，还能通过理解和学习用人类的语言与用户对话，并根据聊天的上下文互动，甚至能完成撰写邮件、视频脚本、文案、翻译、代码、论文等任务。

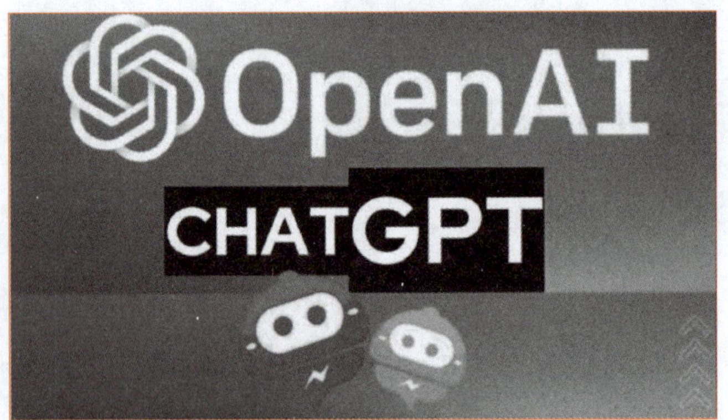

图 4-4　ChatGPT

ChatGPT 的核心在于其预训练和微调过程。在预训练阶段，模型在大规模文本数据集上学习语言的统计规律，而微调阶段则通过特定任务的数据来优化模型的表现。ChatGPT 采用了 Transformer 架构，这是一种用于处理序列数据的模型，拥有语言理解和文本生成能力，尤其是会通过连接大量的语料库来训练模型。此外，ChatGPT 还引入了基于人类反馈的强化学习（RLHF），通过标注人员对模型输出的质量进行评分，从而引导模型生成更符合人类偏好的回答。

作为一个现象级的技术产品，ChatGPT 的应用领域非常广泛，包括客户服务、教育辅导、内容创作、编程辅助等。在客户服务方面，ChatGPT 可以作为虚拟助手，提供全天候的咨询服务；在教育辅导方面，它可以作为学习辅助工具，及时解答学生提出的问题；在内容创作方面，ChatGPT 能够协助撰写文章、生成创意文案；在编程辅助方面，它甚至能够提供代码示例和调试建议。以 ChatGPT 为代表的大语言模型已经成为互联网时代语言智能的技术领跑者。

4.4　设计决策

将一张白纸摆放到机器人前方合适的位置，保证在完成写字画画的过程中不要超出机器人的正常工作范围。同时使用美纹纸固定住纸张，防止写字画画的过程中纸张滑动导致创作失败。写字画画功能实施流程如图 4-5 所示。

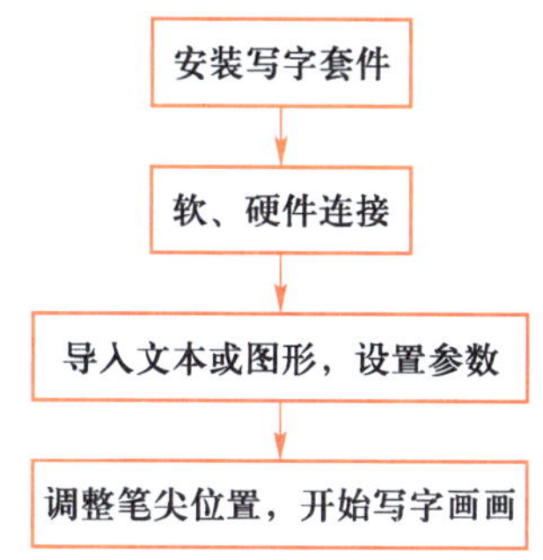

图 4-5　写字画画功能实施流程

4.5　任务实施

一、写字套件的安装

写字套件包含笔和夹笔器，默认已将笔安装在夹笔器中，用蝶形螺母将夹笔器锁紧在机器人末端插口中，如图 4-6 所示。

微视频：智能机器人书写“士不可以不弘毅”任务实施

二、输入文字

在 DobotStudio 主界面选择“写字 & 画画”模块，进入“写字 & 画画”界面，选择机器人末端夹具为“笔”，“写字 & 画画”界面的环形区域显示机器人的正常操作范围，如图 4-7 所示。

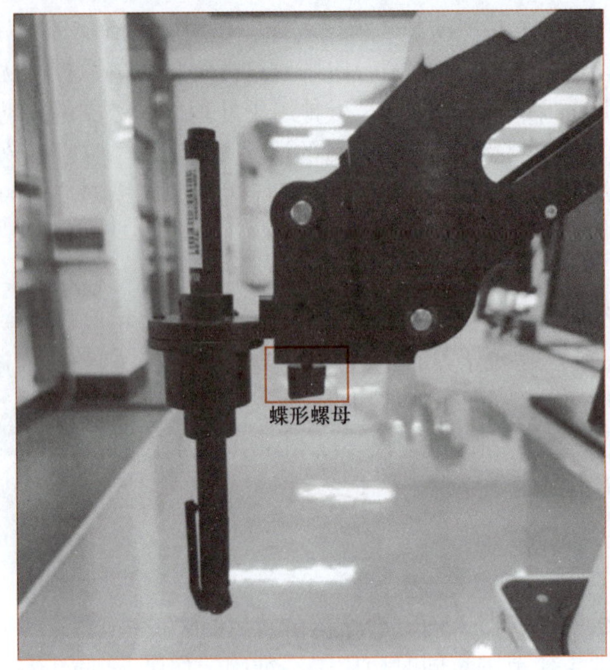

图 4-6　写字套件的安装

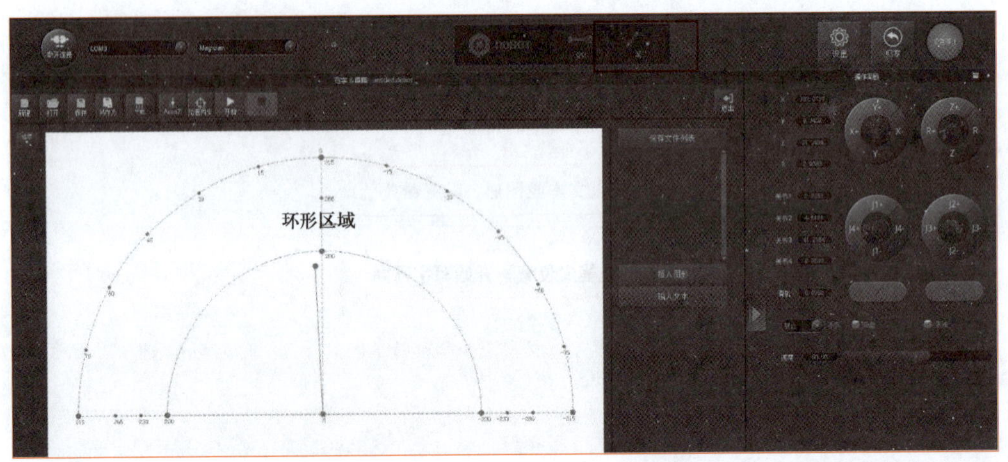

图 4-7　“写字 & 画画”界面

在“写字 & 画画”界面右下方的“输入文本”区域手动输入文字“士不可以不弘毅”，设置文字样式后单击“OK”按钮，即可导入文本，如图 4-8 所示。

注意

导入的文本或图形需要放在环形区域内，超出范围会导致机器人限位而无法正常写字画画，超出范围时导入的文本或图形会以红色高亮进行显示。

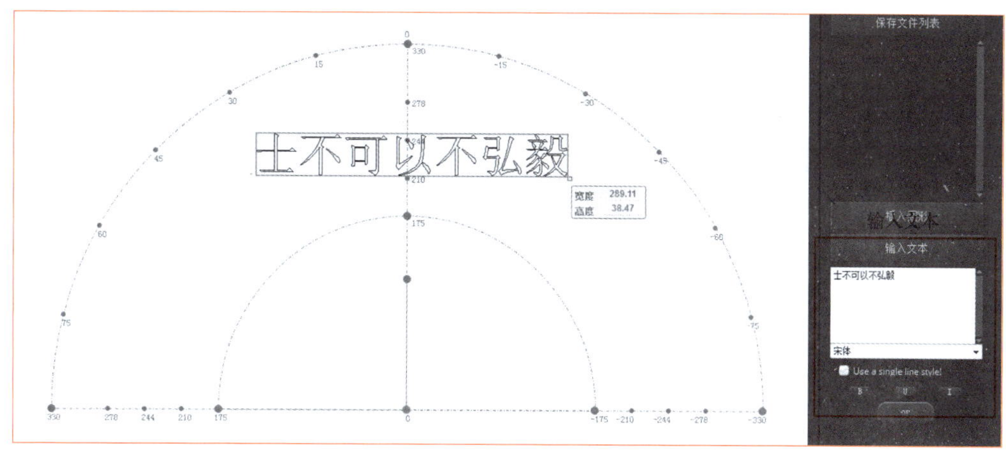

图 4-8　导入文本

三、调整笔尖位置

笔尖位置是否合适是决定写字画画能否成功的关键。夹笔器内部自带伸缩弹簧,但笔尖的最佳状态是轻微压住纸张,不能压得太紧,否则机器人移动受阻,写字画画的精度就会大受影响。刚开始学习用机器人写字画画时,可以多次尝试寻找到最佳的笔尖位置。

调整笔尖位置的方法为:机器人回零后,按住小臂上的圆形解锁按钮,手持机器人下降到接近纸面的高度,然后通过操作面板微调机器人的 Z 轴位置,到达纸面后单击"AutoZ"按钮,即可获取并保存当前的 Z 值,如图 4-9 所示,再次写字画画时无须重复调整笔尖位置。

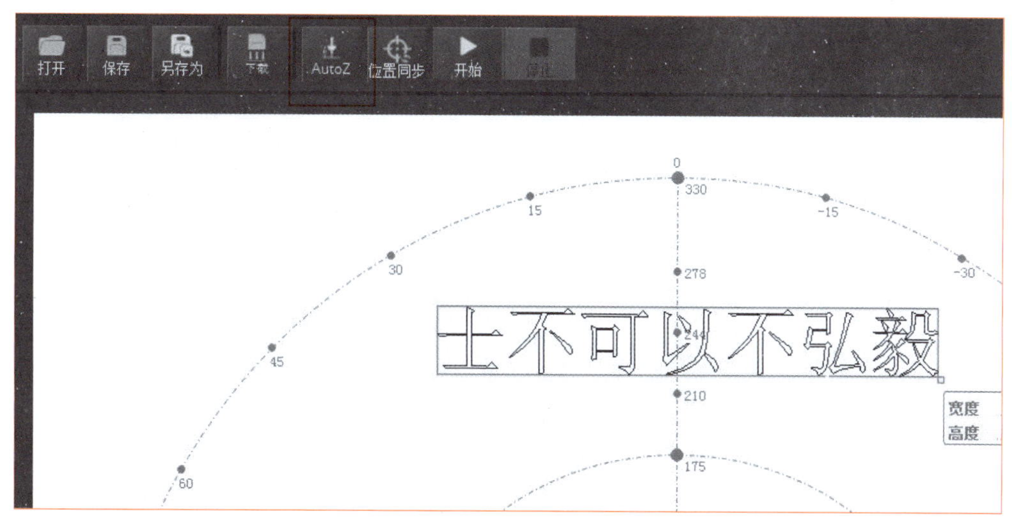

图 4-9　调整笔尖位置

说明

1. 图 4–10 所示矩形框中的点为机器人所在位置，移动机器人时，该点的位置也随之变化，须确保其在环形区域内移动。

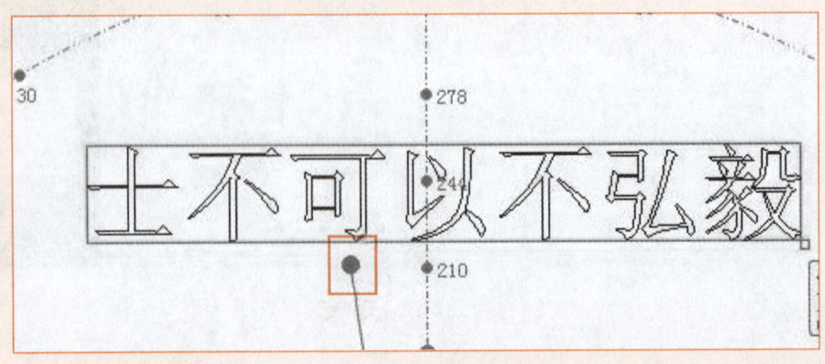

图 4–10　机器人末端笔对应界面上的点

2. 保存的 Z 值可以在“设置”对话框中查看，如图 4–11 所示，同时也可以在“设置”对话框里设置机器人移动的速度、加速度、抬笔高度等参数。

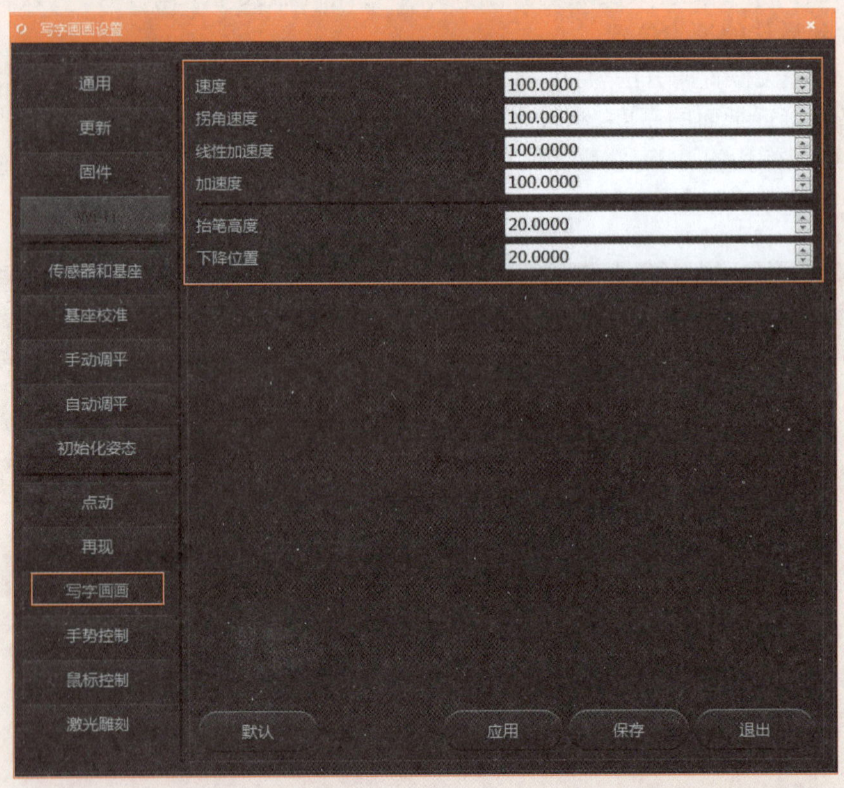

图 4–11　设置写字画画参数

四、智能书写“士不可以不弘毅”

单击“位置同步”按钮，机器人会自动移动到写字起点正上方（抬笔高度）的位置，此时要注意观察纸张摆放位置并进行适当的调整，以使纸张位于写字区域内。单击“开始”按钮，机器人即开始写字，如图 4–12 所示。写字过程中可以单击“暂停”按钮暂停写字，也可以单击“停止”按钮停止写字。智能书写效果如图 4–13 所示。

微视频：智能机器人书写“士不可以不弘毅”任务实施效果演示

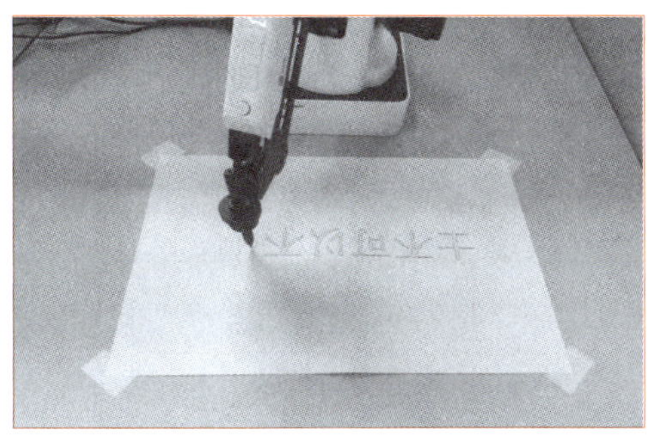

图 4–12　机器人智能书写

图 4–13　智能书写效果

拓展知识：机器人智能绘画

机器人画画支持 PLT、SVG 格式的文件，提前准备好此类格式的文件，单击“打开”按钮直接导入环形区域内，如图 4–14 所示，机器人就可以实现智能绘画了。

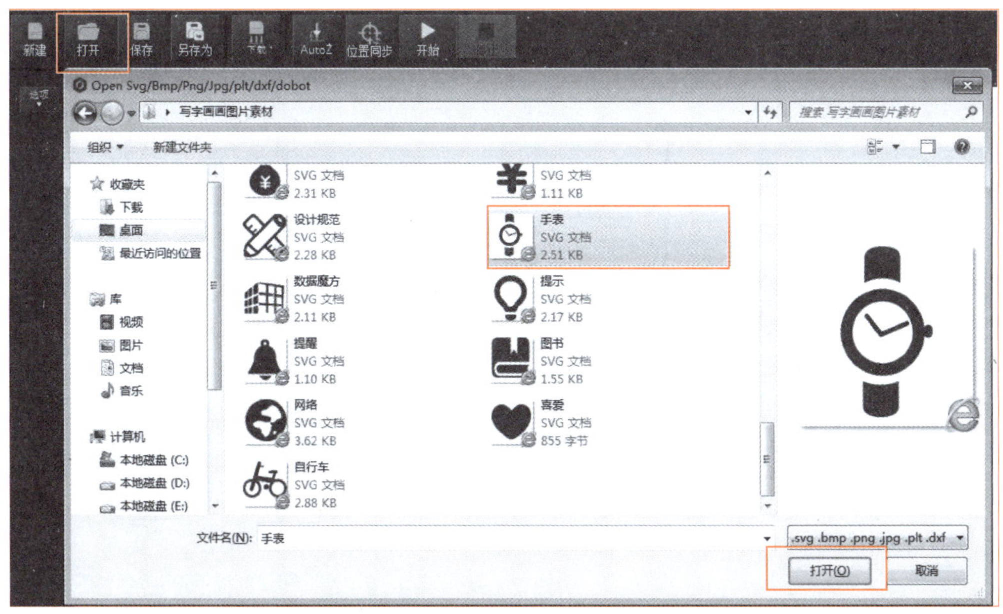

图 4–14　导入 SVG 格式文件

也可以直接导入其他格式的图片(如 BMP/JPEG/JPG/PNG 等),机器人会自动将其转换成可以识别的 SVG 文件。打开图片后,设置合适的灰度比例,单击“将位图转换成 SVG”按钮,会自动生成 SVG 路径文件,接着单击“置入主界面”按钮,即可将生成的轨迹载入“写字 & 画画”界面,如图 4–15 所示。

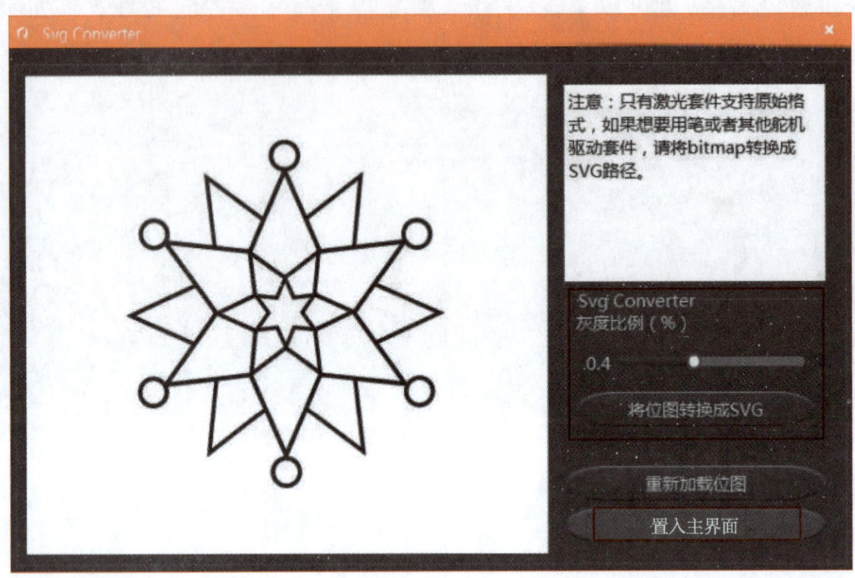

图 4–15　将其他格式图片自动生成 SVG 文件

4.6　任务总结

任　务　书

<table>
<tr><td>情境二</td><td colspan="2">栩栩如生——艺术家智能机器人</td><td>任务名称</td><td colspan="2">智能机器人书写“士不可以不弘毅”</td></tr>
<tr><td>班级</td><td></td><td>姓名</td><td></td><td>学号</td><td></td></tr>
<tr><td>日期</td><td></td><td>地点</td><td></td><td>指导教师</td><td></td></tr>
<tr><td>任务
目标</td><td colspan="5"></td></tr>
<tr><td rowspan="5">主要设备、
仪器、工具
清单</td><td colspan="2">名称</td><td colspan="2">型号</td><td>数量</td></tr>
<tr><td colspan="2"></td><td colspan="2"></td><td></td></tr>
<tr><td colspan="2"></td><td colspan="2"></td><td></td></tr>
<tr><td colspan="2"></td><td colspan="2"></td><td></td></tr>
<tr><td colspan="2"></td><td colspan="2"></td><td></td></tr>
<tr><td>实施
过程</td><td colspan="5"></td></tr>
<tr><td>成果
展示与
分析</td><td colspan="5"></td></tr>
<tr><td>总结
反思</td><td colspan="5"></td></tr>
</table>

4.7 考核评价

任务评价考核评分表				
姓名		任务名称	智能机器人书写“士不可以不弘毅”	
序号	考核项目	评分标准	扣分及扣分依据	得分
1	智能书写（90 分）	1. 正确安装写字套件（10 分）		
		2. 正确导入文本或图形（10 分）		
		3. 正确设置写字画画参数（10 分）		
		4. 合理调整笔尖位置（10 分）		
		5. 实现机器人智能书写（20 分）		
		6. 个性化设计作品并实现（20 分）		
		7. 根据实际情况酌情扣分（10 分）		
2	职业素养（10 分）	1. 遵守课堂纪律，无安全事故（4 分）		
		2. 工位保持清洁，物品整齐（2 分）		
		3. 操作规范，爱护设备（2 分）		
		4. 自觉服从指导教师安排（2 分）		
3	违规扣分	1. 机器人与其他设备碰撞（每次扣 5 分）		
		2. 设备损坏（扣 20 分）		
总分				

4.8 任务拓展

1. 实现机器人智能书写“先天下之忧而忧，后天下之乐而乐”。

素养园地

“先天下之忧而忧，后天下之乐而乐”这句脍炙人口的千古佳句，出自宋代文学家范仲淹的《岳阳楼记》，意思指应当在天下人忧愁之前先忧愁，在天下人都享乐之后再享乐。用现在的话说，就是吃苦在前、享乐在后。范仲淹在这句话中寄托着以天下为己任的政治抱负，也是他一生爱国的写照。他那勤奋、正直、为国为民的精神激励了一代又一代中国人，而“先天下之忧而忧，后天下之乐而乐”的思想也已经熔铸成为中华民族的传统美德，影响了千千万万人，是中华民族乃至世界人民的宝贵精神财富。

2. 有可能让机器人复制自己写过的一封信或签名吗？如何操作？

任务 5
智能机器人激光雕刻

【学习目标】

1. 了解激光雕刻技术；
2. 了解激光雕刻工艺的原理、特点；
3. 了解灰度图像；
4. 学会激光雕刻套件的安装与使用方法；
5. 能实现机器人激光雕刻大熊猫；
6. 增强民族自尊心和自豪感。

【重点难点】

能实现机器人激光雕刻大熊猫。

5.1　思维导图

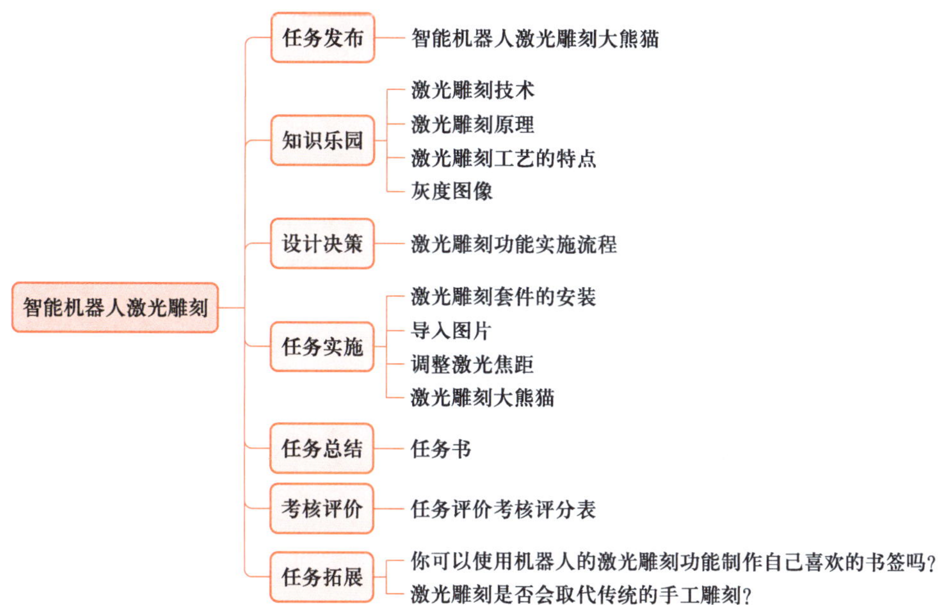

5.2 任务发布

微视频：智能机器人激光雕刻大熊猫任务发布

任务名称	智能机器人激光雕刻大熊猫
任务内容	雕刻是一门古老的艺术。在技术飞速发展的今天，奇异的激光雕刻通过激光素描 5 min 即可还原图片原貌，快工也能出细活！本任务要求通过 DobotStudio 软件中的“激光雕刻”模块雕刻出我国的国宝——大熊猫
运行环境	

素养园地

大熊猫（图 5–1）是世界上最珍贵的动物之一，已在地球上生存了至少 800 万年，成为活化石，被誉为“中国国宝”。

图 5–1　大熊猫

大熊猫的形象不仅被世界野生动物协会选为会标，而且还成为 2022 年北京冬奥会和 2008 年北京第 29 届奥运会的吉祥物。其卡通形象设计应用了中国传统艺术的表现方式，展现了中国的灿烂文化，向世界各地人民传递友谊、和平、积极进取的精神和人与自然和谐相处的美好愿望。

大熊猫还常常担负和平大使的任务，它带着我国人民的友谊远渡重洋，到国外交朋友，深受全世界人民的欢迎。

5.3 知识乐园

微视频：激光雕刻技术及原理

一、激光雕刻技术

随着科学技术的飞速发展，激光技术应运而生，20世纪以来，激光作为继核能、计算机和半导体之后的又一项重大科学技术发明，被称为“最快的刀”“最准的尺”和“最亮的光”。激光技术以高能量的激光束作为工具，通过激发原子或分子的能级跃迁来产生高浓度、高纯度的光束，如图5-2所示。凭借其独特性，激光技术被广泛应用于医疗、通信、制造和科学研究等领域。在激光技术的发展过程中，人们逐渐发现了激光在材料加工方面的巨大潜力。

图5-2　激光雕刻光束

激光束具有聚焦能力强、功率密度高、非接触加工等特点，它是一种理想的切割和雕刻工具。激光雕刻技术的应用越来越广泛，雕刻精度极为精密，这是过去的加工技术所不能达到的。

二、激光雕刻原理

激光雕刻利用高能量的激光束对材料进行精细的刻蚀，实现各种图案、文字和设计的雕刻效果。它不仅可以在硬质材料如金属、玻璃和陶瓷上进行刻蚀，还可以在软性材料如皮革、纸张和织物上实现精细的纹理和图案。

激光雕刻和激光切割都是基于激光灼烧原理进行的加工过程，其加工机理主要是基于热效应。激光雕刻与激光切割不同，激光雕刻时激光头功率设置较小，聚焦形成的光斑不能将工件切割成两段，而是在工件表面灼烧处形成切口，通过移动激光头在工件上留下烧灼印迹，从而在工件表面加工出预设的图案，实现雕刻，如图5-3所示。

微视频：激光雕刻工艺的特点

三、激光雕刻工艺的特点

激光雕刻工艺作为一种高精度、高效率的加工方法，在各个工业领域中得到了越来越广泛的应用，如图5-4所示。相较于手工雕刻、机械雕刻、喷砂雕刻等其他雕刻工艺,激光雕刻工艺具有以下特点。

图 5-3 激光雕刻

图 5-4 激光雕刻工艺

① 无接触雕刻。激光加工作用于物体时,激光器不会与物体发生接触,切口处不产生机械应力。

② 加工灵活度高。激光雕刻设备可以通过调节激光能量的数值和移动速度,实现对雕刻过程中深度、速度、精度和角度的灵活控制。

③ 低损耗性。激光雕刻过程中不接触物体,对被雕刻材料没有力的作用,材料自身损耗更低。

④ 热影响性小。激光雕刻时,物体被激光束照射到的部位产生极高的温度,通过调节激光的移动速度,可使激光快速通过加工区域,对未被激光照射到的区域影响较小。

微视频:激光雕刻的灰度图像

⑤ 微区加工。激光雕刻工艺使用小而高能量的光斑对微区进行加工,可以实现切口宽度窄、加工精度高、变形小的特点。

四、灰度图像

灰度级指黑白显示器中显示像素点的亮暗差别,在彩色显示器中表现为颜色的不同,灰度级越多,图像层次越清楚逼真。灰度级取决于每个像素对应的存储单元的位数和显示器本身的性能。黑白之间的差距分级量化，如量化为 0 ~ 255，即表示共 256 个灰度级，其中白为 255，黑为 0，其他数值表示不同的灰度。灰度图像就是每个像素用黑白之间的灰度级表示的图像。一般用于激光雕刻的灰度图像，其要求的灰度级并不是很高。目前，很多用于激光雕刻的灰度图像是只有 2 个灰度级的二值图像，因此雕刻出的都是黑白图像。这种灰度级不是很高的激光雕刻图像主要用于刻章、刻字以及刻绘一些基本的线条图形和图像。

5.4　设计决策

将激光雕刻需要的牛皮纸摆放到机器人前方合适的位置，保证在完成激光雕刻的过程中不要超出机器人的正常工作范围。同时使用美纹纸固定住牛皮纸，防止激光雕刻的过程中牛皮纸滑动导致雕刻失败。激光雕刻功能实施流程如图 5–5 所示。

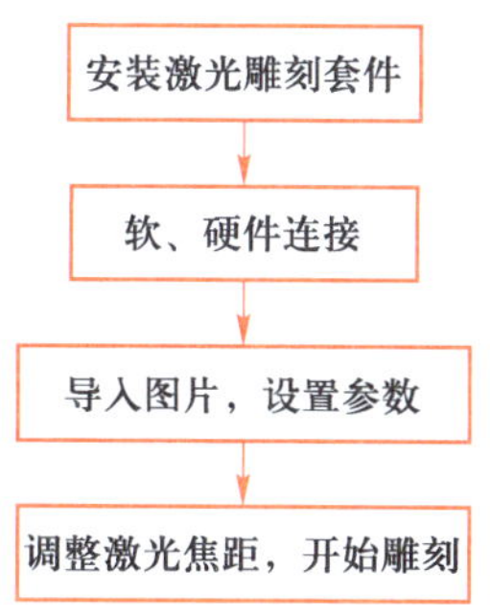

图 5–5　激光雕刻功能实施流程

5.5　任务实施

一、激光雕刻套件的安装

微视频：智能机器人激光雕刻大熊猫任务实施

激光雕刻套件包含激光头，用蝶形螺母将激光头锁紧在机器人末端，将电源线接入小臂的 SW4 接口，TTL 控制线接入 GP5 接口，如图 5–6 所示。

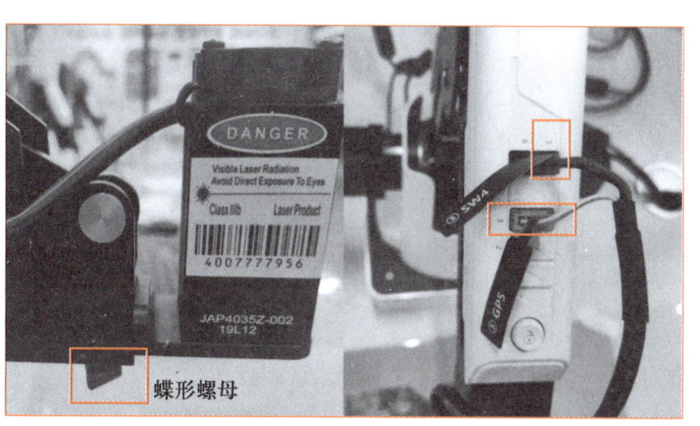

图 5–6　激光雕刻套件的安装

二、导入图片

在 DobotStudio 主界面选择“激光雕刻”模块，进入“激光雕刻”界面，选择机器人末端夹具为“激光”，“激光雕刻”界面的环形区域显示机器人的正常操作范围，如图 5-7 所示。

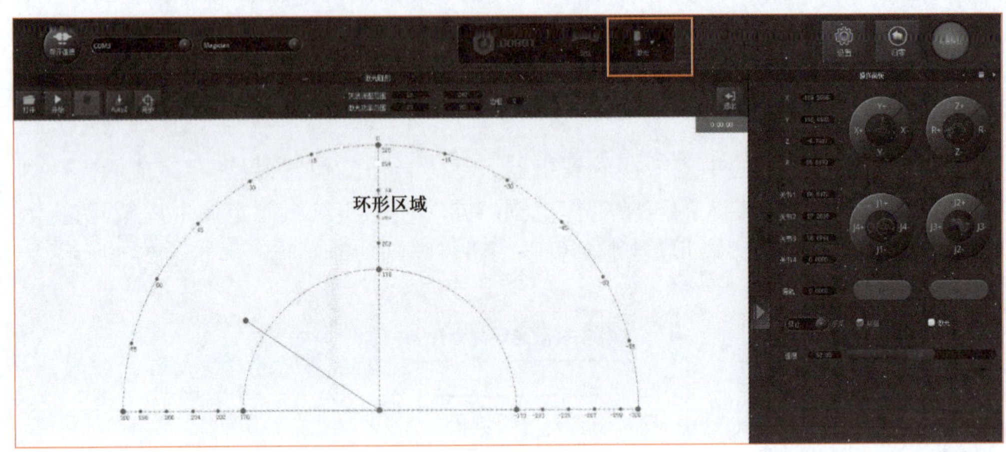

图 5-7 “激光雕刻”界面

在“激光雕刻”界面单击“打开”按钮，导入图片，根据实际情况设置灰度调整范围、激光功率范围和边框，如图 5-8 所示。

图 5-8 导入图片

在“激光雕刻”界面单击“设置”，可以设置雕刻拐角速度、线性加速度和加速度等参数，如图 5-9 所示。

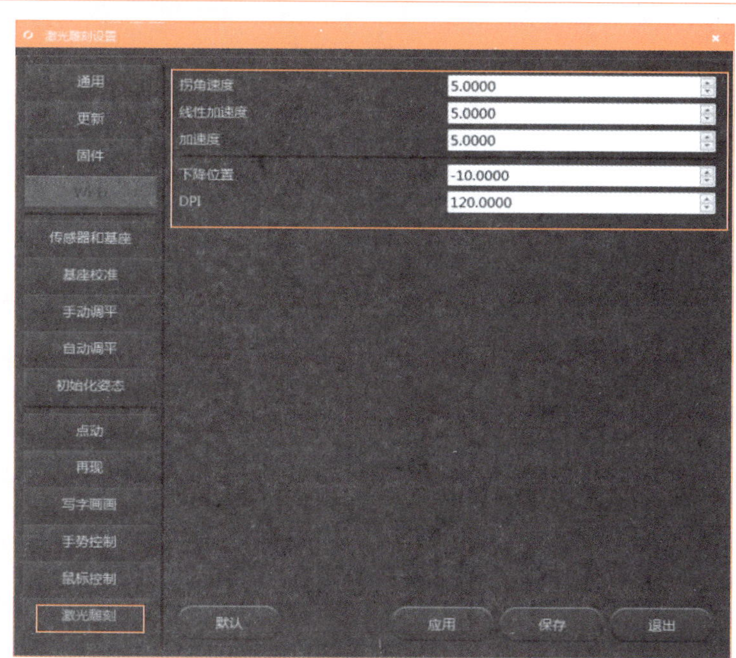

图 5-9　设置激光雕刻参数

三、调整激光焦距

按住机器人的圆形解锁按钮不放，同时拖动小臂调节激光头到纸张表面的高度，直至激光的光斑最小且最明亮。如果激光始终无法聚焦，可能是激光头的焦距过长，可以旋转激光头底部的金属旋钮进行聚焦，如图 5-10 所示。激光功率足够时，可以看到纸张表面有灼烧的痕迹。调整完激光焦距后可在操作面板右下角取消勾选“激光”来关闭激光。

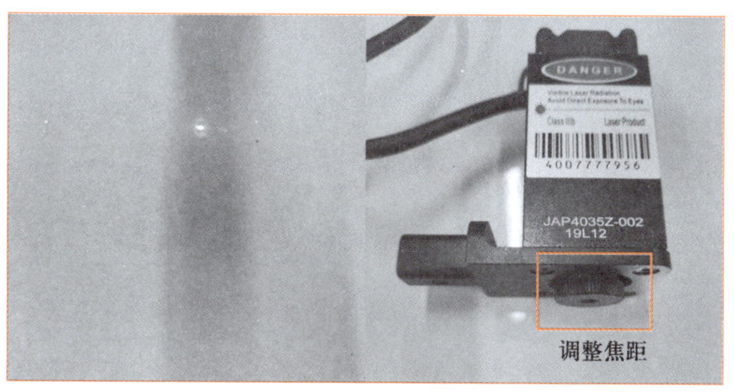

图 5-10　调整激光焦距

注意

- 使用激光雕刻时，请佩戴防护眼镜，严禁照射眼睛及衣物。

- 激光在聚焦状态下会产生高温，可以灼烧纸张、木板等。
- 切勿向身体、衣物等进行聚焦。
- 机器人运行过程中必须有旁人监控，运行完成后请及时关闭。

四、激光雕刻大熊猫

在“激光雕刻”界面单击“AutoZ”按钮，获取并保存当前的 Z 值。执行此操作后，再次雕刻时无须手动调整激光套件位置，直接导入图片文件，单击“同步”按钮，再单击“开始”按钮即开始雕刻，如图 5-11 所示。雕刻过程中可以单击“暂停”按钮暂停雕刻，也可以单击“停止”按钮停止雕刻。激光雕刻效果如图 5-12 所示。

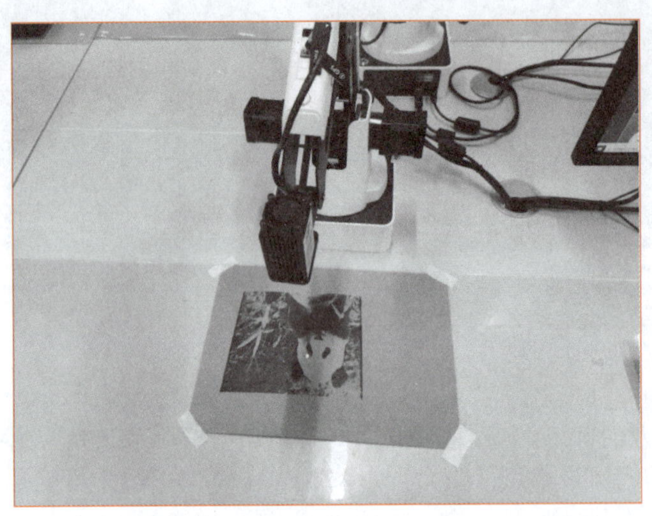

图 5-11　机器人激光雕刻

图 5-12　激光雕刻效果

微视频：智能机器人激光雕刻大熊猫任务实施效果演示

5.6 任务总结

任　务　书

<table>
<tr><td>情境二</td><td colspan="2">栩栩如生——艺术家智能机器人</td><td>任务名称</td><td colspan="2">智能机器人激光雕刻大熊猫</td></tr>
<tr><td>班级</td><td></td><td>姓名</td><td></td><td>学号</td><td></td></tr>
<tr><td>日期</td><td></td><td>地点</td><td></td><td>指导教师</td><td></td></tr>
<tr><td>任务
目标</td><td colspan="5"></td></tr>
<tr><td rowspan="5">主要设备、
仪器、工具
清单</td><td colspan="2">名称</td><td colspan="2">型号</td><td>数量</td></tr>
<tr><td colspan="2"></td><td colspan="2"></td><td></td></tr>
<tr><td colspan="2"></td><td colspan="2"></td><td></td></tr>
<tr><td colspan="2"></td><td colspan="2"></td><td></td></tr>
<tr><td colspan="2"></td><td colspan="2"></td><td></td></tr>
<tr><td>实施
过程</td><td colspan="5"></td></tr>
<tr><td>成果
展示与
分析</td><td colspan="5"></td></tr>
<tr><td>总结
反思</td><td colspan="5"></td></tr>
</table>

5.7 考核评价

任务评价考核评分表				
姓名		任务名称	智能机器人激光雕刻大熊猫	
序号	考核项目	评分标准	扣分及扣分依据	得分
1	激光雕刻大熊猫（90分）	1. 正确安装激光雕刻套件（10分）		
		2. 正确设置激光雕刻参数（10分）		
		3. 根据实际情况正确设置灰度调整范围、激光功率范围和边框（20分）		
		4. 正确调整焦距（20分）		
		5. 实现机器人激光雕刻大熊猫（20分）		
		6. 根据实际情况酌情扣分（10分）		
2	职业素养（10分）	1. 遵守课堂纪律，无安全事故（4分）		
		2. 工位保持清洁，物品整齐（2分）		
		3. 操作规范，爱护设备（2分）		
		4. 自觉服从指导教师安排（2分）		
3	违规扣分	1. 机器人与其他设备碰撞（每次扣5分）		
		2. 设备损坏（扣20分）		
总分				

5.8 任务拓展

1. 你可以使用机器人的激光雕刻功能制作自己喜欢的书签吗？

2. 激光雕刻是否会取代传统的手工雕刻？

任务 6

智能机器人 3D 打印

【学习目标】

1. 了解 3D 打印概念、技术原理；
2. 了解典型的 3D 打印技术；
3. 学会 3D 打印套件的安装与使用方法；
4. 能实现机器人 3D 打印长城模型；
5. 培养坚韧不拔、自强不息的长城精神，以及执着专注、追求卓越的工匠精神。

【重点难点】

能实现机器人 3D 打印长城模型。

6.1　思维导图

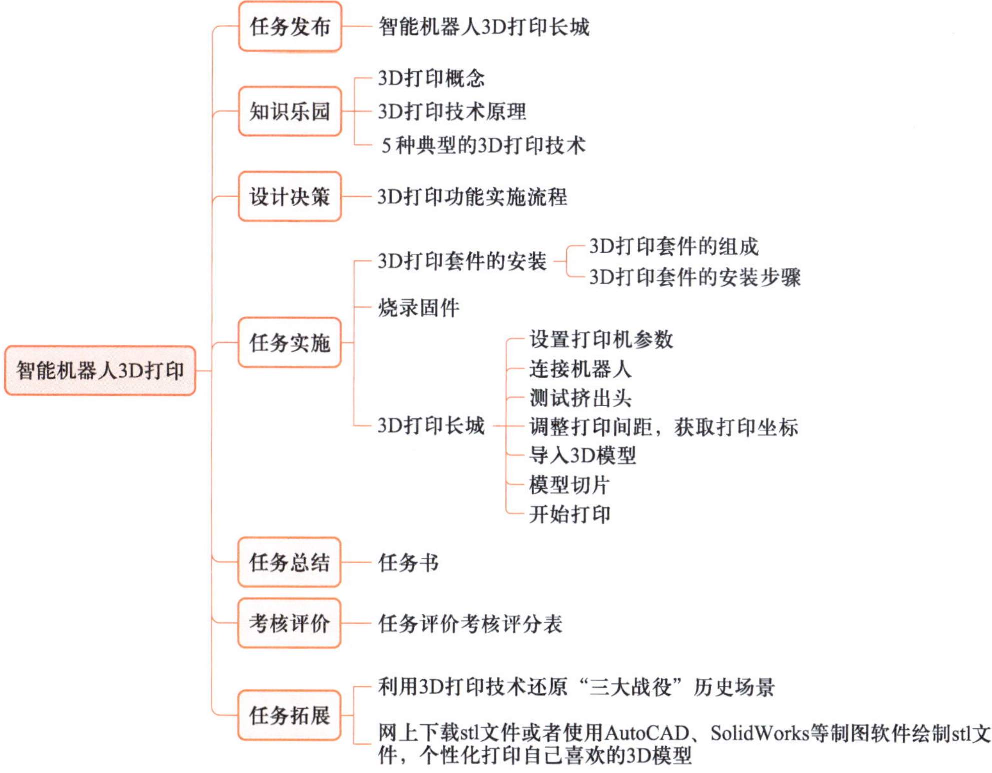

6.2 任务发布

微视频：智能机器人 3D 打印长城任务发布

任务名称	智能机器人 3D 打印长城
任务内容	机器人不但可以智能写字画画、激光雕刻图案和文字，还可以通过连接 3D 打印套件，摇身一变成为一台小型桌面 3D 打印机。本任务要求通过 DobotStudio 的“3DPrinter”模块导入长城模型，体验机器人炫酷的 3D 打印功能
运行环境	

素养园地

拓展阅读：像守护家园一样守护好长城

长城（图 6-1）是中华民族的代表性符号和中华文明的重要象征，凝聚着中华民族自强不息的奋斗精神和众志成城、坚韧不屈的爱国情怀。长城对中国人来说，是意志、勇气和力量的标志，象征着中华民族伟大意志和力量。长城的修筑过程淋漓尽致地展现了劳动人民务实肯干、坚持不懈、精雕细琢的工匠精神。古今中外，凡到过长城的人无不惊叹于它的磅礴气势、宏伟规模、艰巨工程与防患意义。

图 6-1　长城

6.3　知识乐园

近年来，3D 打印技术依靠独特的快速制造能力在众多不同领域得到广泛应用和发展。3D 打印是一种以数字模型为基础的增材制造工艺，只需输入产品数字模型便可由 3D 打印设备快速制造出结构复杂的产品，简化了生产过程，节省了制造时间、存储空间和运输成本等。这无与伦比的技术优势颠覆了传统加工制造技术，为各种制造行业带来了创新与发展。

一、3D 打印概念

微视频：3D 打印概念及技术原理

快速成型（Rapid Prototyping，RP）技术，俗称 3D 打印技术，是一种逐层制造技术，而不是传统的减法制造工艺。其无须刀具、夹具和机床，而是根据零件的 3D 模型数据通过分层加工和堆叠材料来创建三维实体，快速地构建物理原型、工具和模型，如图 6-2 所示。3D 打印的应用十分广泛，常在模具制造、工业设计等领域被用于制造模型，后逐渐用于一些产品的直接制造。该技术在珠宝、鞋类、工业设计、建筑、汽车、航空航天、医疗、教育、地理信息系统、土木工程等多个领域都有所应用。

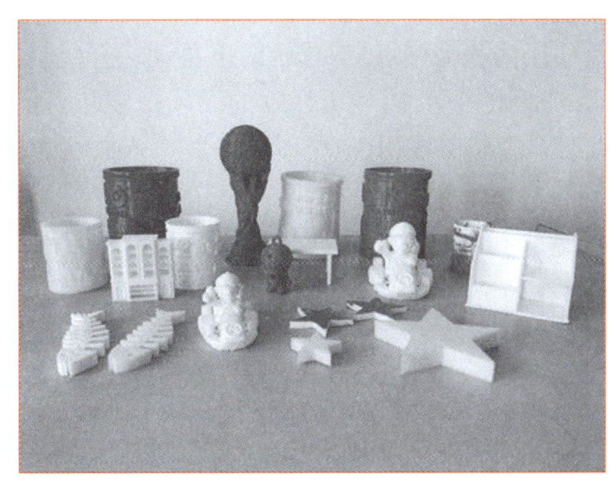

图 6-2　3D 打印模型

二、3D 打印技术原理

3D 打印技术原理有别于传统加工制造技术原理。传统加工制造技术通常是在原材料的基础上，采用切割、磨削、腐蚀、熔融等办法，去除原材料的多余部分，得到零部件，再以拼装、焊接等方法组合成最终产品。而 3D 打印技术采用的是分层加工和叠加成型原理，通过计算机软件设计 3D 数字模型，利用分层切片软件将模型进行切片，得到每层小切片的数字模型，再按照小切片模型逐层加工，层层叠加生成 3D 打印实物。3D 打印机如图 6-3 所示。

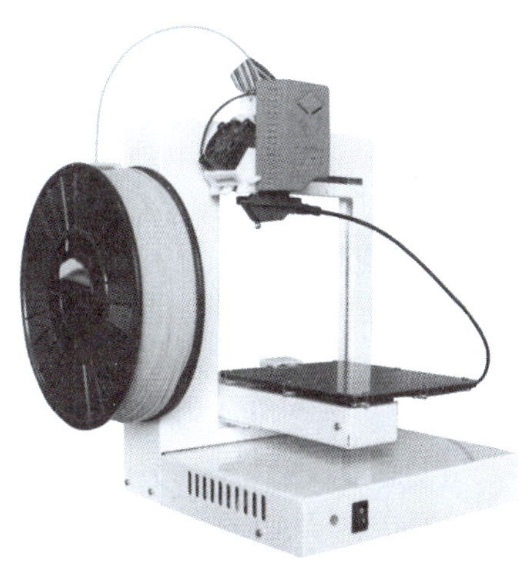

图 6-3　3D 打印机

3D 打印技术原理与传统加工制造技术原理的对比体现出 3D 打印制造程序的简便与快捷。3D 打印能够通过叠加打印材料的方式直接生成任意形状的物体,无须原胚与模具,节省了原材料的不同工序处理过程,缩短了产品的生产周期,提高了生产效率。

微视频:5 种典型的 3D 打印技术

三、5 种典型的 3D 打印技术

下面介绍 5 种典型的 3D 打印技术。

(一) 选择性激光烧结(SLS)技术

此技术采用激光束,按计算机输出的产品模型的分层轮廓及指定路径,在选择区域内扫描和熔融工作台上已经均匀铺层的材料粉末,位于扫描区域内的材料粉末被激光束照射熔融后形成一层烧结层。逐层烧结后,再将多余的材料粉末去掉便可获得最终的产品模型。

(二) 光固化成型(SLA)技术

此技术以光敏树脂作为原料,在计算机控制下,紫外激光束按各分层截面轮廓的轨迹进行逐点扫描,被扫描区域内的树脂薄层原料将产生光聚合反应并固化,形成制件的一个薄层截面。一层固化完毕后,工作台向下移动一个层厚,在刚刚固化好的树脂表面又铺上一层新的光敏树脂,以利于后续的循环扫描和固化。新固化的层牢牢地粘在前一层上,如此重复,层层堆积,最终形成整个产品原型。

(三) 熔融沉积制造(FDM)技术

此技术采用热熔喷头装置,使得熔融状态的丝材按模型生成的分层数据以控制的路径从喷头挤出,并在指定的精确位置沉积和凝固成型,经过逐层沉积和凝固,最终形成整个产品模型。

(四) 三维打印(3DP)技术

此技术与现代喷墨打印机原理相似,首先将粉末材料均匀地铺设在工作仓中,然后在指定区域将液态的黏结剂用喷头按指定路径喷涂在粉层上,等待黏结剂固化后,去除多余的粉尘材料,便可获得所需的应用产品原型。此技术也可直接用于逐层喷涂陶瓷或其他粉浆材料,固化后获得所需产品原型。

(五) 分层实体制造(LOM)技术

此技术采用激光器和加热辊,按照二维 CAD 模型所获得的分层数据,将单面涂有热熔胶的纸、塑料薄膜、金属箔等材料按产品模型切割成内外轮廓,同时加热这些涂有热熔胶的薄层材料,使得刚切好的一层和下面的已切割层黏结在一起。如此循环,逐层反复地切割并黏合,最终叠加成整个产品原型。

6.4 设计决策

提前准备好 3D 打印模型文件,再将导入的三维模型“分割”成逐层的截面,即切片,从而指导打印机逐层打印(就像制作蛋糕一样,一层一层堆积起来),最终把模型变成实物。3D 打印功能实施流程如图 6-4 所示。

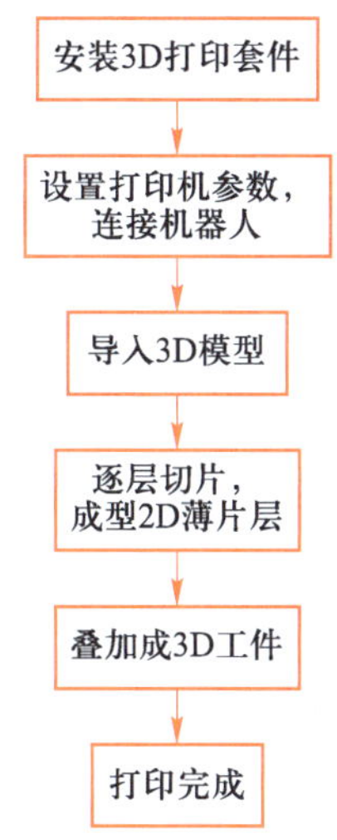

图 6-4　3D 打印功能实施流程

6.5　任务实施

微视频：智能机器人 3D 打印长城任务实施

一、3D 打印套件的安装

（一）3D 打印套件的组成

3D 打印套件包含热端和进料管、挤出机、电机线、耗材和耗材支架，如图 6-5 所示。

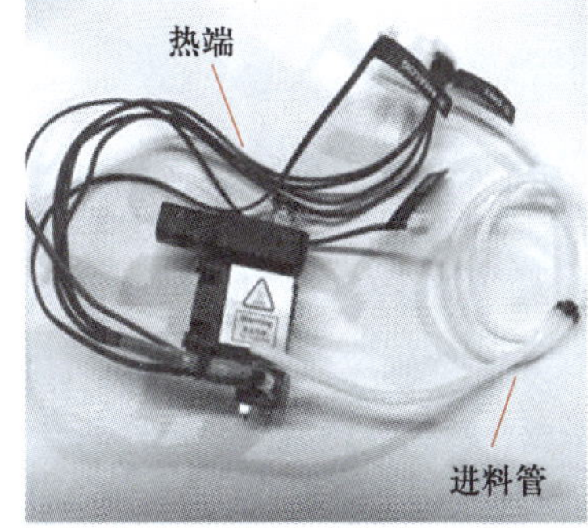

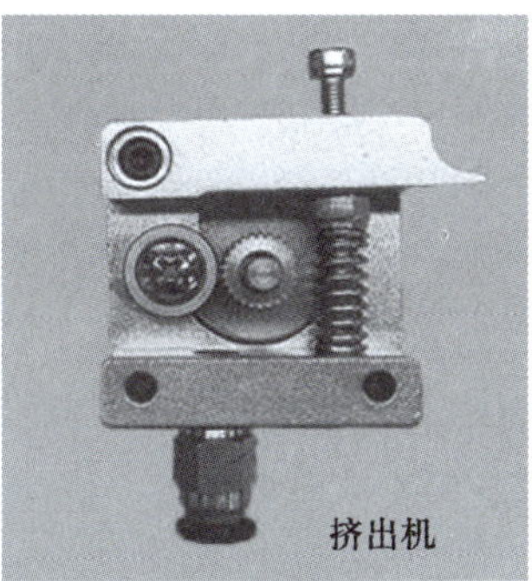

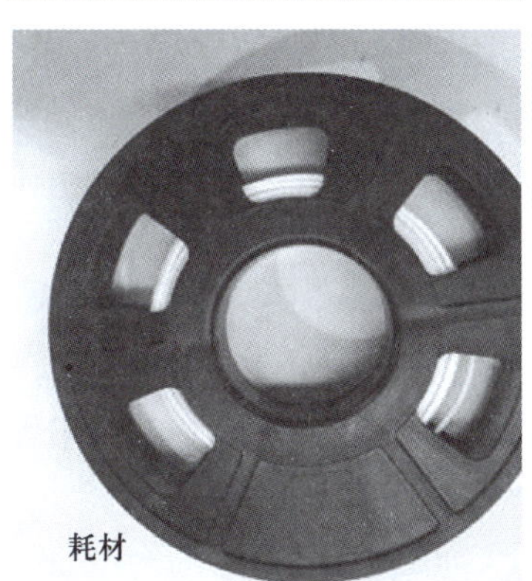

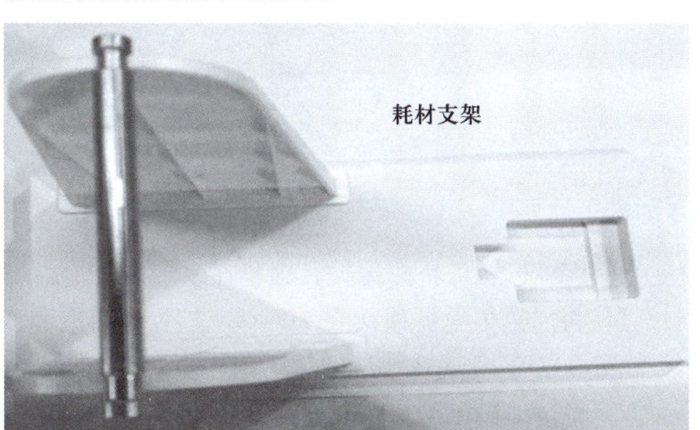

图 6-5　3D 打印套件的组成

（二）3D 打印套件的安装步骤

① 用手压下挤出机上面的压杆，将耗材通过滑轮直插到底部通孔，如图 6-6 所示。

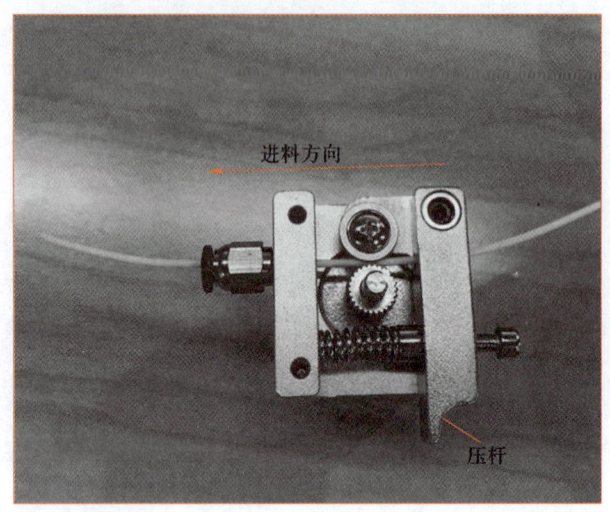

图 6-6　耗材插入挤出机

② 先将耗材插入进料管并一直插到热端底部，再把进料管的快速接头拧紧在挤出机上，如图 6-7 所示。

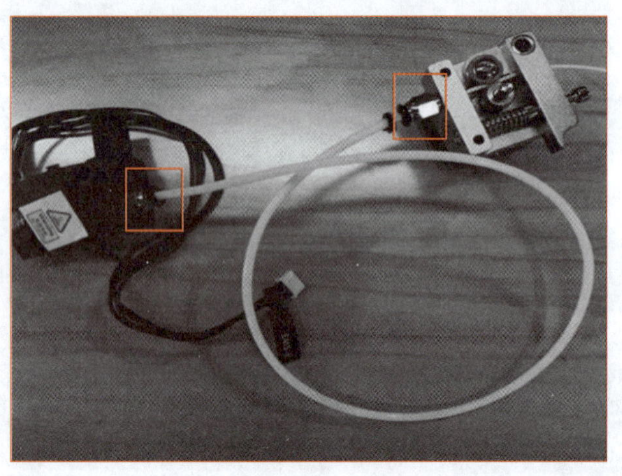

图 6-7　连接挤出机和热端

③ 用蝶形螺母将热端夹具锁紧在末端插口中。

④ 将加热棒电源线接在 SW3 接口上，风扇电源线接在 SW4 接口上，热端电阻线接在 ANALOG 接口上，如图 6-8 所示。

⑤ 将挤出机电动机线接在主控盒的 Stepper1 接口上，如图 6-9 所示。

3D 打印套件安装完成效果如图 6-10 所示。

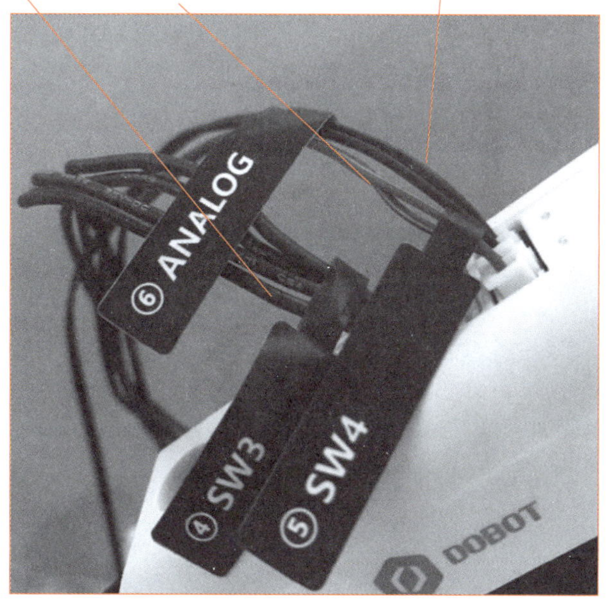

图 6-8　小臂接线

图 6-9　挤出机接线

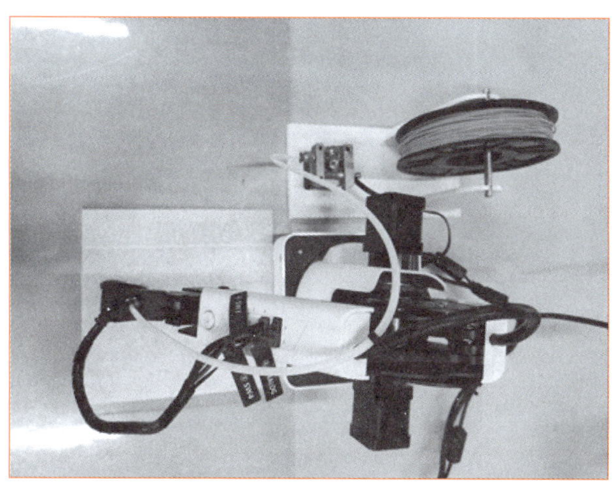

图 6-10　3D 打印套件安装完成效果

二、烧录固件

在 DobotStudio 主界面选择“3DPrinter”模块，弹出“3D Printing FM”对话框，如图 6-11 所示。单击“确认”按钮，开始烧录 3D 打印固件。烧录完成后会自动切换到 Repetier-Host 软件界面，如图 6-12 所示。

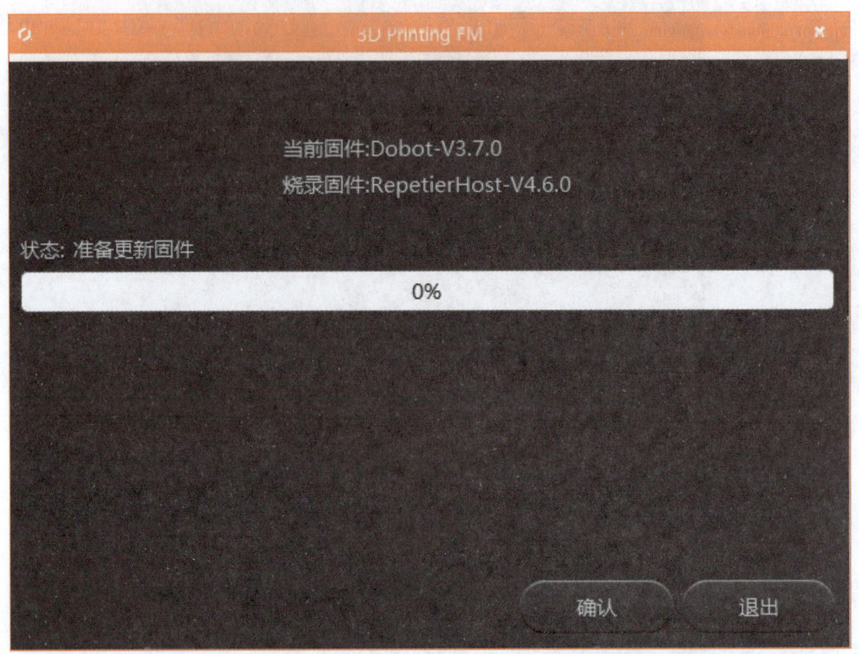

图 6-11 烧录固件

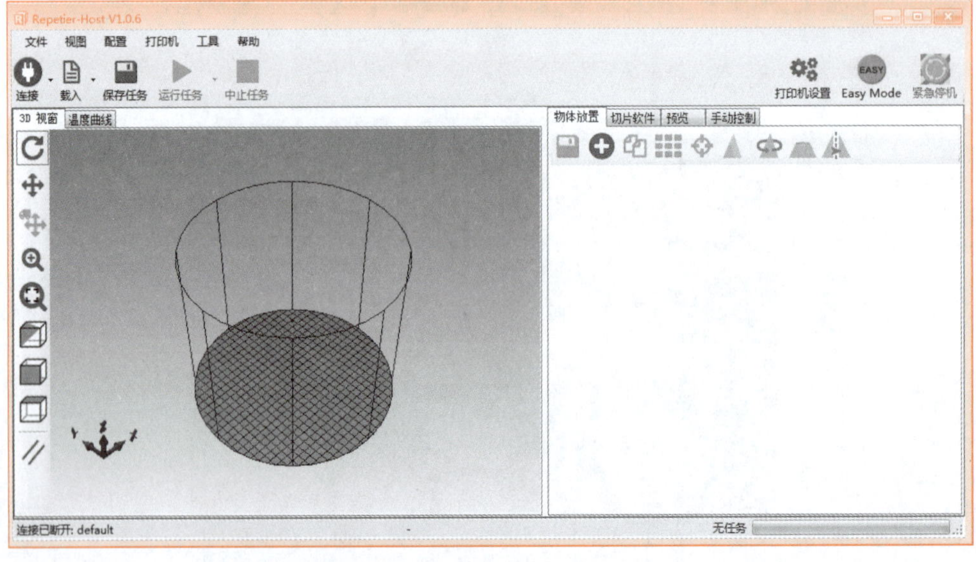

图 6-12 Repetier-Host 软件界面

注意

- 如果烧录完成后机器人底座指示灯变为红色，则说明未连接热端或者 3D 打印套件连接错误。
- 烧录固件时请勿操作机器人或关闭机器人电源，以免损坏机器。

说明

Repetier-Host 是 3D 打印控制软件，已内置在 DobotStudio 中，可以进行切片、查看或修改 G-Code、手动控制 3D 打印机等操作。但 Repetier-Host 不提供切片引擎，而是会调用其他切片软件，如 CuraEngine、Slic3r 等进行切片。

三、3D 打印长城

（一）设置打印机参数

首次使用时需设置打印机参数，后续使用时无须重复设置。在 Repetier-Host 软件界面单击“打印机设置”，弹出“打印机设置”对话框。

① 在“连接”页签按图 6-13 所示设置参数，设置后单击“应用”按钮。

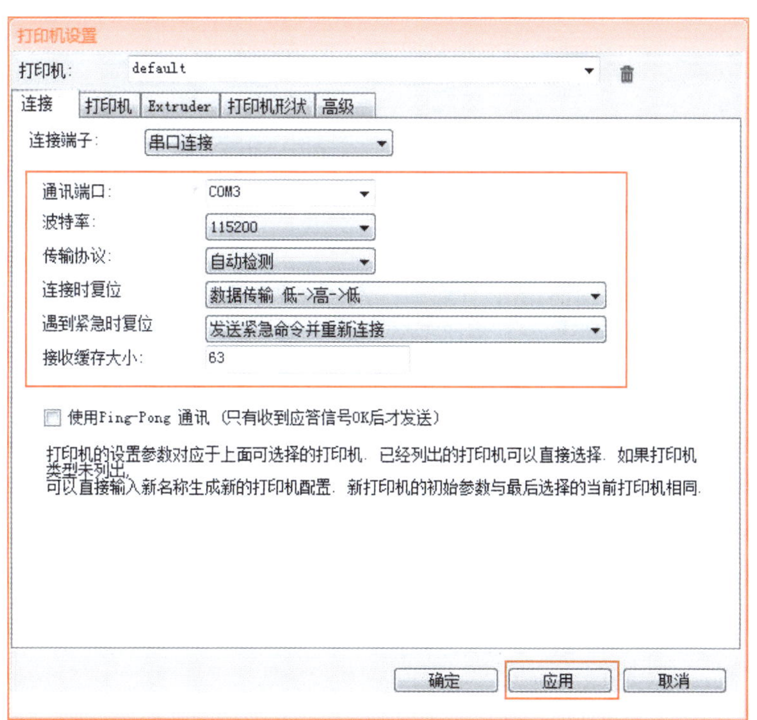

图 6-13　连接设置

② 分别在“打印机”“Extruder”（挤出头）和“打印机形状”页签设置参数，如图 6-14 ~ 图 6-16 所示，设置后单击“应用”按钮。

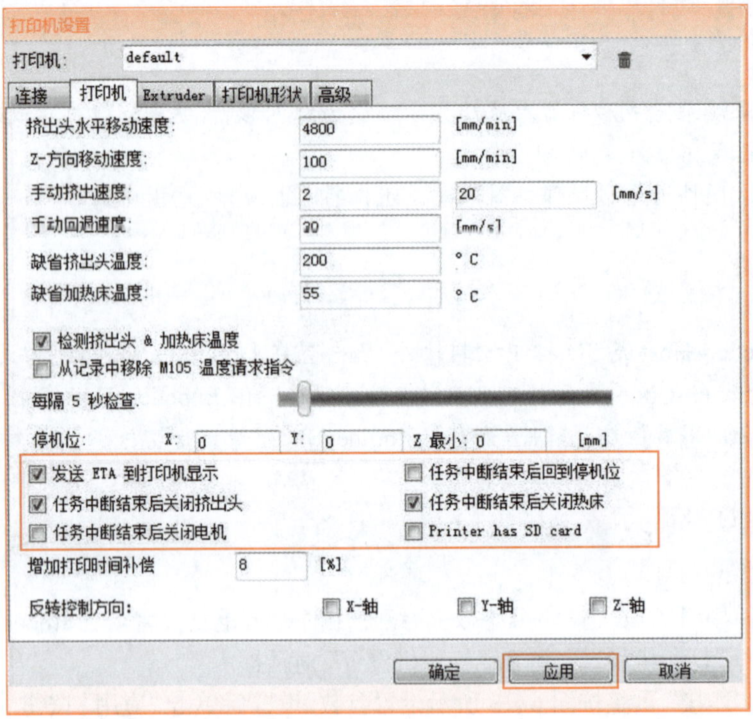

打印机设置

打印机: default

连接 | 打印机 | Extruder | 打印机形状 | 高级

挤出头水平移动速度: 4800 [mm/min]

Z-方向移动速度: 100 [mm/min]

手动挤出速度: 2 20 [mm/s]

手动回退速度: 20 [mm/s]

缺省挤出头温度: 200 ° C

缺省加热床温度: 55 ° C

检测挤出头 & 加热床温度

从记录中移除 M105 温度请求指令

每隔 5 秒检查.

停机位: X: 0 Y: 0 Z 最小: 0 [mm]

发送 ETA 到打印机显示

任务中断结束后回到停机位

任务中断结束后关闭挤出头

任务中断结束后关闭热床

任务中断结束后关闭电机

Printer has SD card

增加打印时间补偿 8 [%]

反转控制方向: X-轴 Y-轴 Z-轴

确定 应用 取消

图 6-14　打印机设置

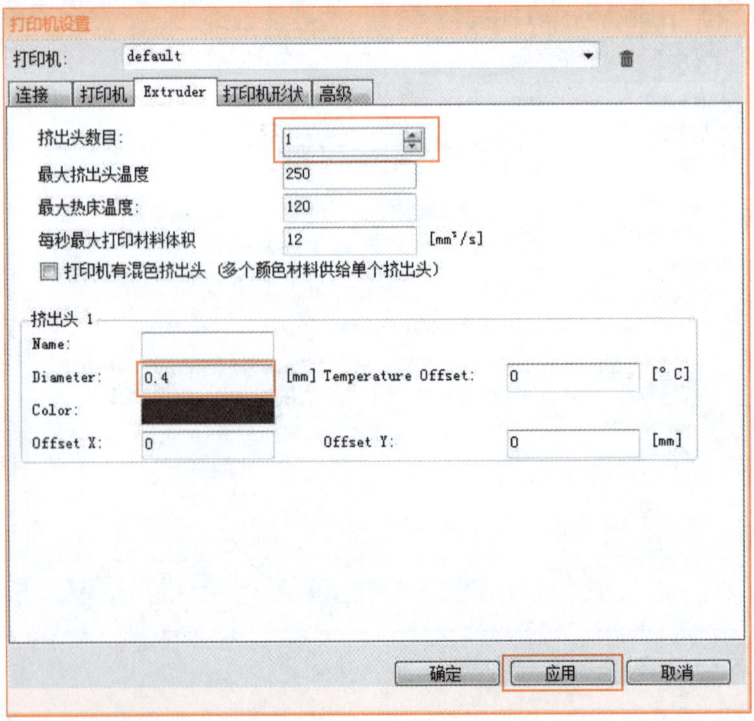

打印机设置

打印机: default

连接 | 打印机 | Extruder | 打印机形状 | 高级

挤出头数目: 1

最大挤出头温度 250

最大热床温度: 120

每秒最大打印材料体积 12 [mm³/s]

打印机有混色挤出头 (多个颜色材料供给单个挤出头)

挤出头 1

Name:

Diameter: 0.4 [mm] Temperature Offset: 0 [° C]

Color:

Offset X: 0 Offset Y: 0 [mm]

确定 应用 取消

图 6-15　挤出头设置

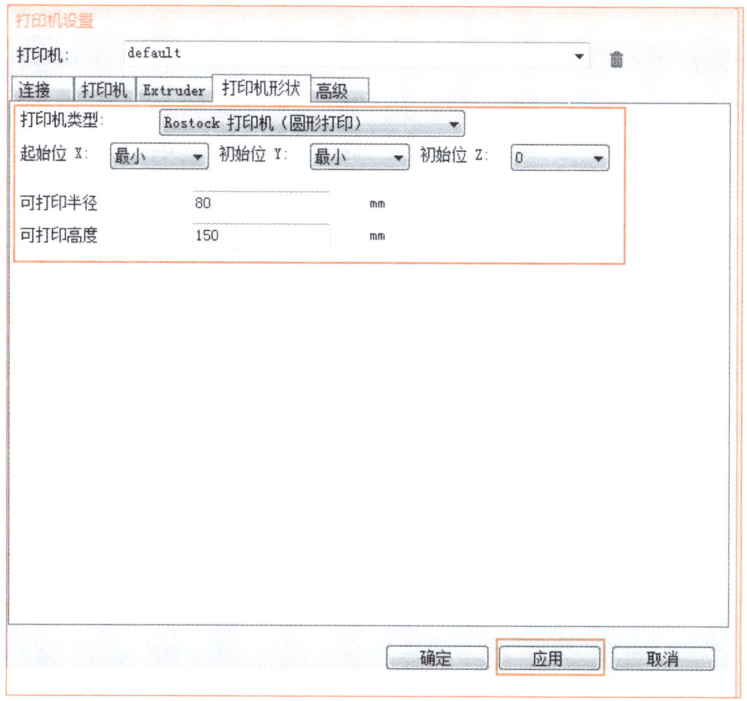

图 6-16　打印机形状设置

（二）连接机器人

在 Repetier-Host 软件界面单击“连接”按钮，连接机器人。连接成功后，界面下方会显示挤出头温度，如图 6-17 所示。

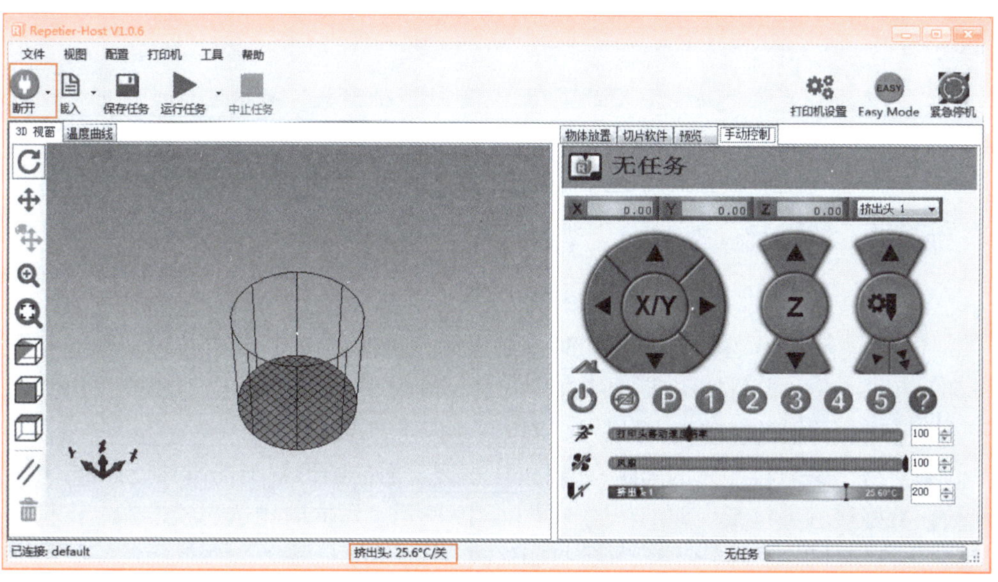

图 6-17　连接机器人

（三）测试挤出头

打印前需确保挤出头可以正常挤出耗材，因此要检查进出料是否畅通，进出料方向是否正确。挤出头温度在 170 ℃以上时，耗材处于熔化状态才能正常工作，所以需先加热挤出头。

在 Repetier-Host 软件界面右侧的“手动控制”页签中将挤出头加热温度设置为 200 ℃，并单击 ，加热到 200 ℃后，单击挤出机的进料按钮，使进料长度在 10 ~ 30 mm 范围内，如图 6-18 所示。此时如果可以看到挤出头有熔化的耗材流出，则说明挤出头工作正常。

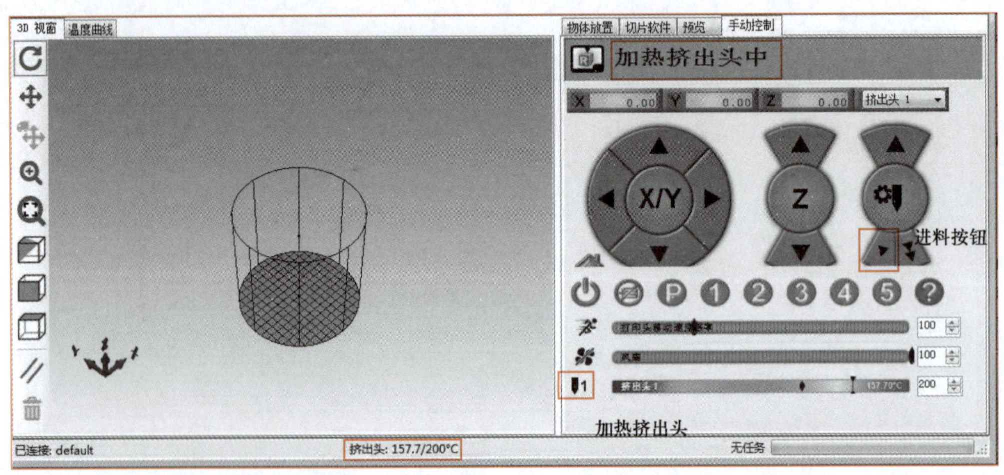

图 6-18　加热挤出头

注意

- 加热棒会产生高达 250 ℃的高温，切勿触摸挤出头！机器运行过程中必须有人监控，运行完成请及时关闭设备。
- 如果单击进料按钮时发现未出料，说明进出料方向反了，需将耗材从挤出机拔出后将挤出机旋转 180°，然后重新插入耗材。

（四）调整打印间距，获取打印坐标

和写字画画一样，进行 3D 打印时也需要调整机器人与打印床（玻璃板）的间距。打印过程中，挤出头与打印床之间的距离太大或太小，会导致首层不黏或挤出头堵塞。为了增加首层的黏着性，可以在打印床上贴一层美纹纸。

调整挤出头与打印床的间距，可以按住小臂上面的圆形解锁按钮，拖动挤出头将其放在恰好接触美纹纸表面的位置，如图 6-19 所示。可同时用透明胶带固定住打印床，防止打印过程中打印床滑动导致打印失败。

图 6-19　挤出头距离调整

在 Repetier-Host 软件界面右侧的“G-Code”栏中输入“M415”并按 Enter 键，保存 Z 坐标，如图 6-20 所示。也可以按压底座背面的“Key”键保存 Z 坐标。下次打印时无须再输入该命令，直接单击“运行任务”按钮即可。

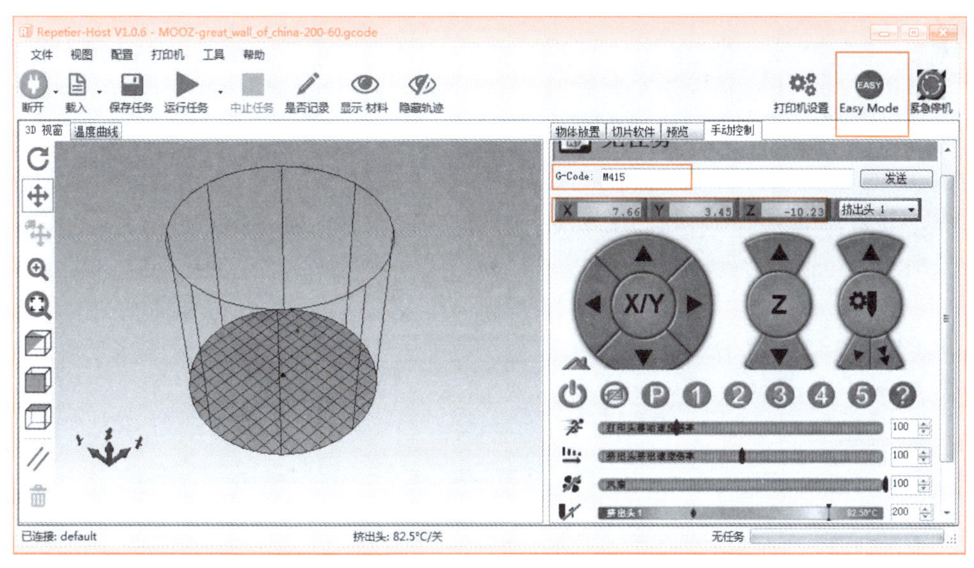

图 6-20　获取 Z 坐标

说明

如果 Repetier-Host 软件界面右侧无“G-Code”栏，可单击“Easy Mode”按钮关闭普通模式，该按钮从绿色变为红色，说明成功关闭。

（五）导入 3D 模型

单击“载入”按钮可导入 3D 模型。3D 打印使用的是通用的 stl 文件格式，可以自己设计 3D 模型并转换为 stl 文件，或者在网络中搜索免费的模型文件直接导入。导入后可在 Repetier-Host 软件界面右侧的“物体放置”页签中对导入的模型进行居中、缩放和旋转等操作，如图 6-21 所示。

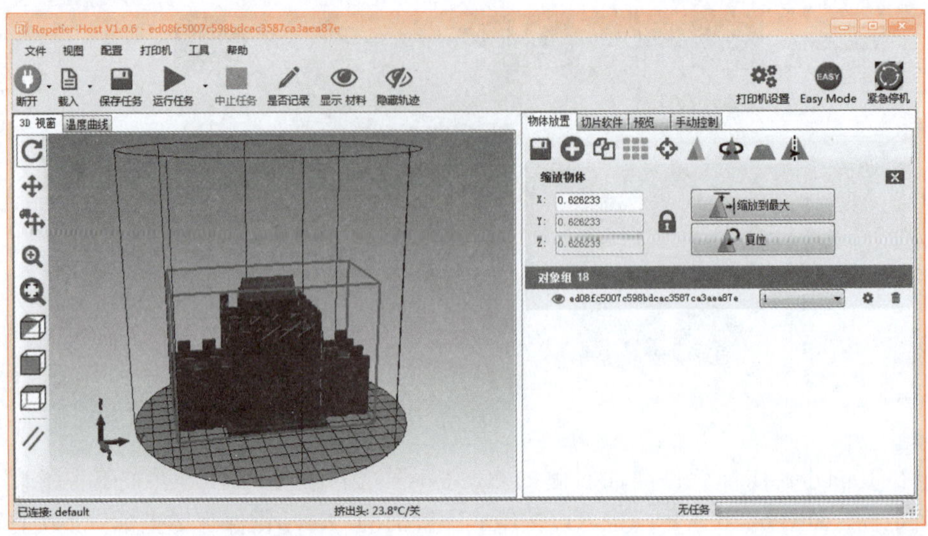

图 6-21　导入长城模型

(六) 模型切片

在 Repetier-Host 软件界面右侧的“切片软件”页签中选择切片软件为“Slic3r”，并单击“配置”，在弹出的 Slic3r 配置对话框中配置切片参数，如图 6-22 所示。

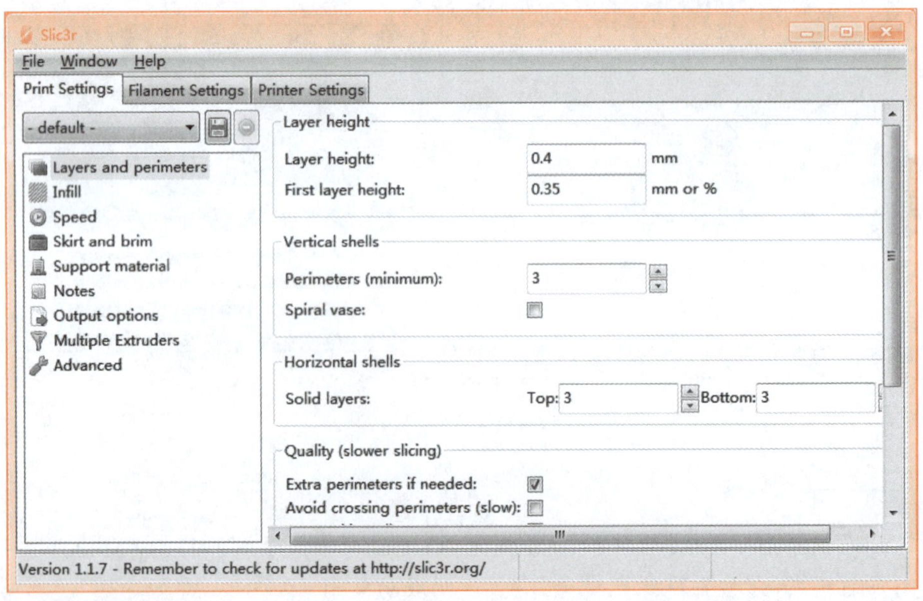

图 6-22　配置切片参数

在“切片软件”页签中单击“开始切片”，即可完成切片，如图 6-23 所示。

(七) 开始打印

切片完成后，单击“运行任务”按钮，即开始打印长城模型，如图 6-24 所示。打印后的效果如图 6-25 所示。

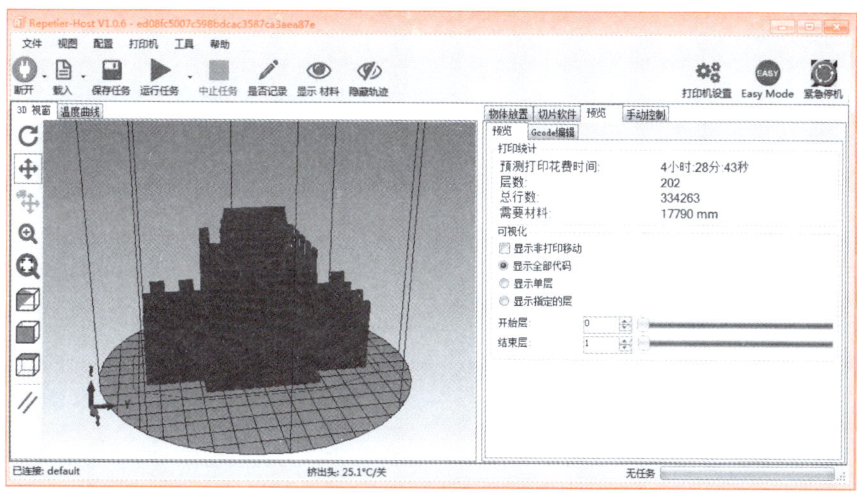

图 6–23　长城模型切片

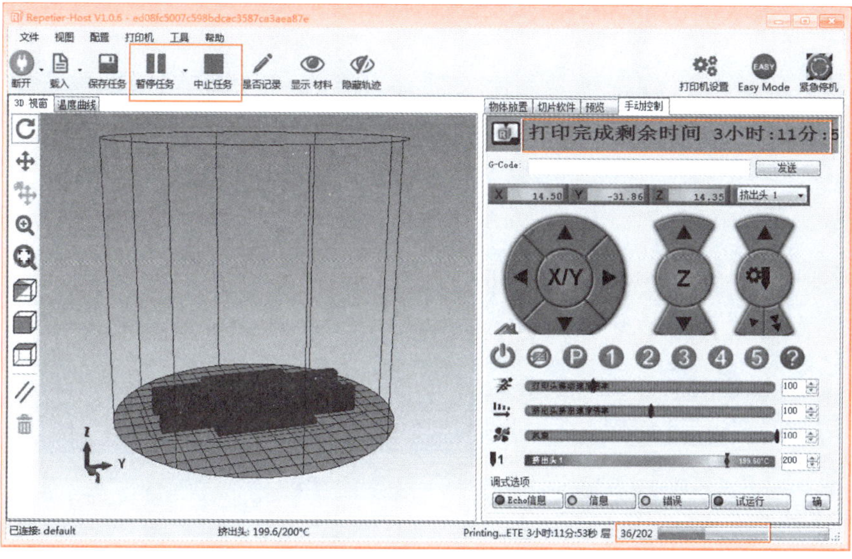

图 6–24　开始打印

图 6–25　3D 打印长城模型效果

微视频：智能机器人 3D 打印长城任务实施效果演示

6.6 任务总结

任 务 书

<table>
<tr><td>情境二</td><td colspan="2">栩栩如生——艺术家智能机器人</td><td>任务名称</td><td colspan="2">智能机器人 3D 打印长城</td></tr>
<tr><td>班级</td><td></td><td>姓名</td><td></td><td>学号</td><td></td></tr>
<tr><td>日期</td><td></td><td>地点</td><td></td><td>指导教师</td><td></td></tr>
<tr><td>任务
目标</td><td colspan="5"></td></tr>
<tr><td rowspan="5">主要设备、
仪器、工具
清单</td><td colspan="2">名称</td><td colspan="2">型号</td><td>数量</td></tr>
<tr><td colspan="2"></td><td colspan="2"></td><td></td></tr>
<tr><td colspan="2"></td><td colspan="2"></td><td></td></tr>
<tr><td colspan="2"></td><td colspan="2"></td><td></td></tr>
<tr><td colspan="2"></td><td colspan="2"></td><td></td></tr>
<tr><td>实施
过程</td><td colspan="5"></td></tr>
<tr><td>成果
展示与
分析</td><td colspan="5"></td></tr>
<tr><td>总结
反思</td><td colspan="5"></td></tr>
</table>

6.7　考核评价

任务评价考核评分表				
姓名		任务名称	智能机器人 3D 打印长城	
序号	考核项目	评分标准	扣分及扣分依据	得分
1	3D 打印长城（90 分）	1. 正确安装 3D 打印套件（10 分）		
		2. 正确设置打印机参数（10 分）		
		3. 挤出头工作正常（10 分）		
		4. 合理调整挤出头与打印床的间距（10 分）		
		5. 导入 3D 模型，正确设置切片参数（10 分）		
		6. 正确完成自动切片（10 分）		
		7. 实现机器人 3D 打印长城（20 分）		
		8. 根据实际情况酌情扣分（10 分）		
2	职业素养（10 分）	1. 遵守课堂纪律，无安全事故（4 分）		
		2. 工位保持清洁，物品整齐（2 分）		
		3. 操作规范，爱护设备（2 分）		
		4. 自觉服从指导教师安排（2 分）		
3	违规扣分	1. 机器人与其他设备碰撞（每次扣 5 分）		
		2. 设备损坏（扣 20 分）		
总分				

6.8　任务拓展

1. 利用 3D 打印技术还原“三大战役”历史场景。

2. 网上下载 stl 文件或者使用 AutoCAD、SolidWorks 等制图软件绘制 stl 文件，个性化打印自己喜欢的 3D 模型。

情境 三

轻而易举——程序编写来帮忙

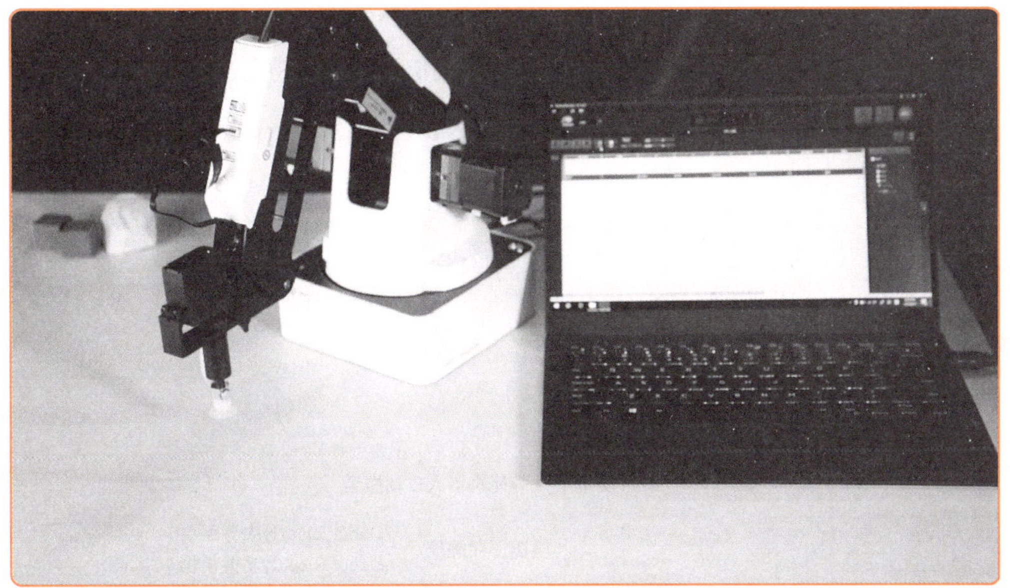

任务 7 智能机器人自动搬运

【学习目标】

1. 熟悉 Blockly 图形化编程界面及各功能模块的基本功能；
2. 初步了解 Python 语言及 API 函数；
3. 能使用图形化编程实现机器人搬运物品；
4. 能使用 Python 语言及 API 函数编程实现机器人搬运物品；
5. 通过编程学习，掌握科学思维方法。

【重点难点】

1. 能使用图形化编程实现机器人搬运物品；
2. 能使用 Python 语言及 API 函数编程实现机器人搬运物品。

7.1 思维导图

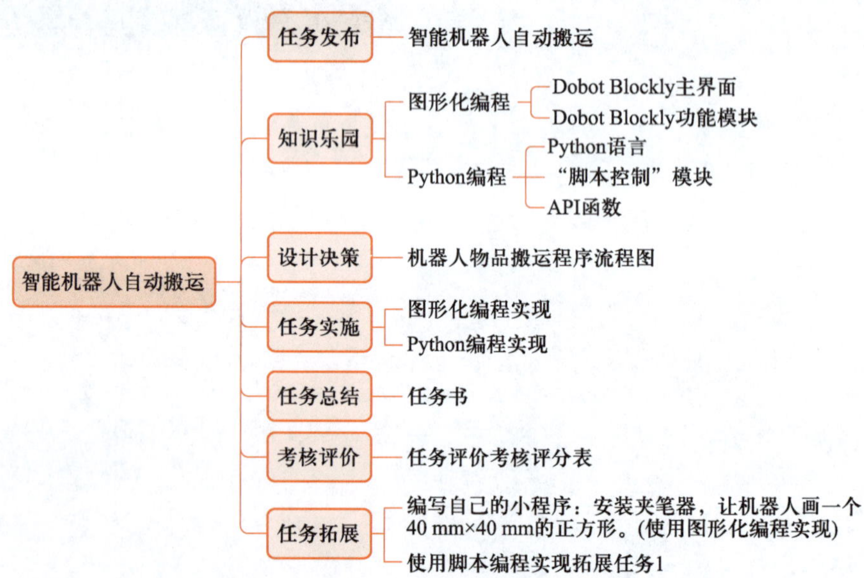

7.2　任务发布

任务名称	智能机器人自动搬运
任务内容	本任务要求使用图形化编程和脚本编程（Python 语言）两种编程方式，实现机器人自动将小物品搬运到指定位置。编程之前，要求画出程序流程图
运行环境	

微视频：智能机器人自动搬运任务发布

7.3　知识乐园

微视频：图形化编程主界面及功能模块介绍

一、图形化编程

Dobot Blockly 是为 Dobot 机器人开发的一套基于谷歌的开源平台 Google Blockly 的图形化编程平台。通过该平台，用户可以使用拼图的方式进行编程。相对于晦涩的编程语言，图形化编程能够让用户更容易理解编程的原理，以更快的速度实现编程的入门。

（一）Dobot Blockly 主界面

打开 DobotStudio 软件，单击“Blockly”模块，即可进入图形化编程界面。该界面包含六大区域，如图 7-1 所示。

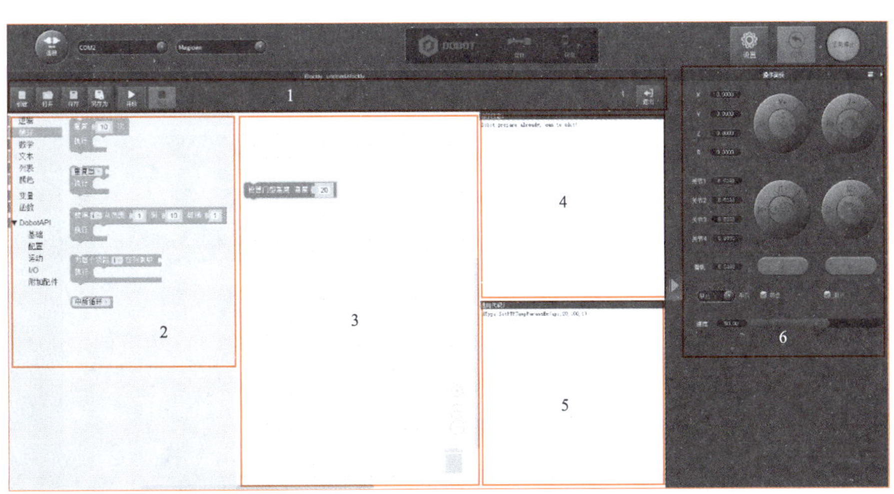

图 7-1　Dobot Blockly 主界面

① 区域 1 为文件操作命令区，可执行新建、打开、保存 Blockly 程序文档，开始运行、停止运行，以及退出当前 Blockly 程序等操作。

② 区域 2 为 Blockly 图形化功能模块选择区。

③ 区域 3 为图形化编程主窗口，也就是程序构建区。按住鼠标左键拖动在功能模块选择区选择的模块，可以将其放到程序构建区，组合成一段有一定逻辑关系的程序块。该区域类似于代码程序编辑软件中的代码区。该区域右下方有一个垃圾桶图标，想要删除多余的模块时可以直接将其拖动到此图标上。垃圾桶图标上方的 3 个圆形按钮分别可以实现程序构建区的居中、放大、缩小。

④ 区域 4 包含机器人当前的点位信息，中间是运行的日志信息。

⑤ 区域 5 为代码区，显示图形化编程主窗口中的图形化程序块对应的 Python 源程序代码。可见，Blockly 是一款将图形化编程方式和代码编程方式融合在一起的开发环境，对于用户学习理解代码有很好的帮助。

⑥ 区域 6 为控制机器人运动的操作面板。

（二）Dobot Blockly 功能模块

Dobot Blockly 提供 9 个大类的功能模块，包括逻辑、循环、数学、文本、列表、颜色、变量、函数，以及专门为机器人整合的 DobotAPI，每种分类的模块都用不同颜色块表示。

①“逻辑”分类中包含进行逻辑操作的模块。

②“循环”分类中包含控制程序循环操作的模块。

③“数学”分类中包含与数学相关的模块。

④“文本”分类中包含与字符、字符串相关的模块。

⑤“列表”分类中包含与创建列表和列表操作相关的模块。

⑥“颜色”分类中包含与颜色相关的模块。

⑦“变量”分类中包含与变量相关的模块。

⑧“函数”分类中包含实现自定义函数和函数调用的模块。

⑨“DobotAPI”分类下又有 5 个子分类，分别是“基础”“配置”“运动”“I/O”和“附加配件”。通过这些机器人专属 API 模块，可以对机器人进行全方位的操作，如速度 / 加速度设置、末端设置、运动模式设置、单轴或坐标系控制以及各接口的 I/O 配置等，极大地方便了用户进行二次开发。

微视频：Python 语言及“脚本控制”模块

二、Python 编程

（一）Python 语言

Python 是一门免费、开源、跨平台的高级动态编程语言，如图 7-2 所示。其由荷兰人吉多·范罗苏姆（Guido van Rossum）于 1989 年年底开始设计，经过多年的发展，近几年已连续在 TIOBE 网站编程语言排行榜中排名第一位。Python 支持命令式编程、函数式编程，完全支持面向对象编程，拥有丰富的功能

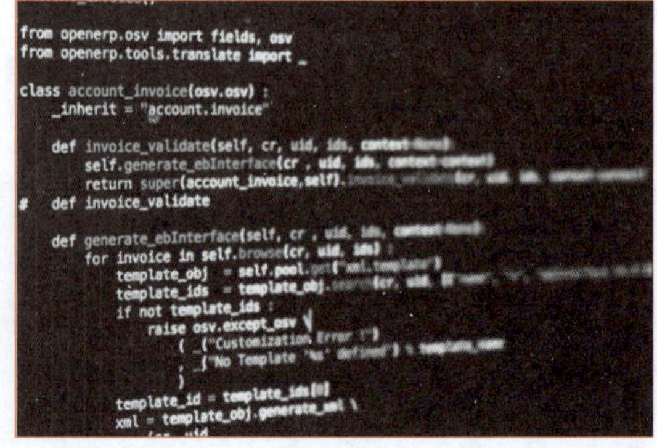

图 7-2　Python 语言

强大的内置对象、标准库以及 47 万个第三方库和众多支持者，使得各类人员能够快速地学习和轻松地完成开发任务。

与 C 语言系列和 Java 等语言相比，Python 语言语法简洁清晰，易学易用，代码可读性强，编程模式符合人类思维方式和习惯，大幅度降低了学习与使用难度。目前，Python 已经渗透至计算机科学、统计分析、移动终端开发、逆向工程与软件分析、图形图像处理、人工智能、网站开发、数据爬取与大数据处理等几乎所有专业和领域。

（二）“脚本控制”模块

DobotStudio 软件的“脚本控制”模块可以采用 Python 语言来使机器人实现更多更复杂的功能，其主界面如图 7–3 所示。

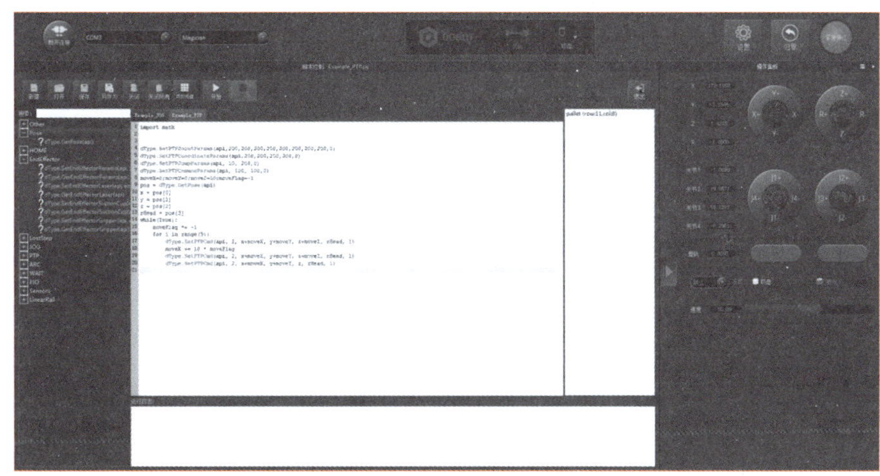

图 7–3　“脚本控制”主界面

API（Application Programming Interface，应用程序编程接口）是一些预先定义的函数，旨在为开发人员提供访问特定软件或硬件功能的统一接口。API 函数的存在使得程序编写人员可以直接调用某一些函数或者方法，而又无须访问源码，或理解内部工作机制的细节。API 函数的调用可以采用 Python 语言实现。在 DobotStudio 软件中，部分 API 函数已在“脚本控制”界面左侧列表栏中列出。

（三）API 函数

微视频：与搬运物品有关的几个 API 函数

DobotStudio 软件内部把一系列函数的声明和定义放在 DobotDllType.py 中，并将其作为模块导入。此模块有多种导入格式，这里选择的导入格式为“import 模块名 as 新名称”，目的是在导入模块的同时重命名这个模块，具体实现语句为“import DobotDilType as dType”，调用时格式为“dType. 方法名 ()”。

1. 执行 PTP（点到点）运动指令

```
dType.SetPTPCmd(api, ptpMode, x, y, z, rHead, isQueued=0)
```

功能：设置 PTP 相关参数后，调用此函数可使机器人运动至设置的目标点，实现点到点运动。参数说明见表 7–1。

表 7-1 执行 PTP 运动指令参数说明

参数	说明
api	使用 Dobot 库的对象，无须修改
ptpMode	模式选择，取值范围：0 ~ 9 0:JUMP_XYZ //JUMP 模式，(x,y,z,rHead) 为笛卡儿坐标系下的目标点坐标 1:MOVJ_XYZ //MOVJ 模式，(x,y,z,rHead) 为笛卡儿坐标系下的目标点坐标 2:MOVL_XYZ //MOVL 模式，(x,y,z,rHead) 为笛卡儿坐标系下的目标点坐标 3:JUMP_ANGLE //JUMP 模式，(x,y,z,rHead) 为关节坐标系下的目标点坐标 4:MOVJ _ANGLE // MOVJ 模式，(x,y,z,rHead) 为关节坐标系下的目标点坐标 5:MOVL _ANGLE // MOVL 模式，(x,y,z,rHead) 为关节坐标系下的目标点坐标 6:MOVJ_INC // MOVJ 模式，(x,y,z,rHead) 为关节坐标系下的坐标增量 7:MOVL_INC // MOVL 模式，(x,y,z,rHead) 为笛卡儿坐标系下的坐标增量 8:MOVJ_XYZ_INC //MOVJ 模式，(x,y,z,rHead) 为笛卡儿坐标系下的坐标增量 9:JUMP_MOVL_XYZ //JUMP 模式，平移时运动模式为 MOVL，(x,y,z,rHead) 为笛卡儿坐标系下的坐标增量
x, y, z, rHead	目标点坐标或坐标增量
isQueued	队列模式：**1** 表示队列模式，**0** 表示立即模式

2. 设置气泵状态指令

```
dType.SetEndEffectorSuctionCup(api, enableCtrl, on, isQueued=0)
```

功能：控制吸盘气泵状态，从而实现末端吸盘拿起物品和放下物品。参数说明见表 7-2。

表 7-2 设置气泵状态指令参数说明

参数	说明
api	使用 Dobot 库的对象，无须修改
enableCtrl	末端是否使能：**0** 表示未使能，**1** 表示使能
on	开关状态：**0** 表示关闭，**1** 表示开启
isQueued	队列模式：**1** 表示队列模式，**0** 表示立即模式

3. 执行时间等待指令

```
dType.SetWAITCmd(api, waitTime, isQueued=1)
```

功能：设置指令运行后的暂停时间。参数说明见表 7-3。

表 7-3　执行时间等待指令参数说明

参数	说明
api	使用 Dobot 库的对象，无须修改
waitTime	单位：ms
isQueued	队列模式：**1** 表示队列模式，**0** 表示立即模式

说明

机器人控制器支持两类指令：立即指令与队列指令。

1. 立即指令：控制器在收到立即指令时会立即处理该指令，无论控制器当前是否还有其他指令正在运行。

2. 队列指令：控制器在收到队列指令后会将该指令放入控制器内部的指令队列中，控制器将顺序执行指令。

3. 执行时间等待指令：该指令只能作为队列指令，"isQueued" 必须设置为 **1**，否则会导致暂停时间变化。

7.4　设计决策

初学编程时，要养成良好的编程习惯，在开始编写代码之前，通常建议先画出表示程序执行功能的流程图。这样不仅能够更加明确编程的目的，也能在一开始对程序的结构有更加清晰的认识。在画流程图的过程中，可以提前发现编程的难点和结构上需要改进的地方，而不用等到真正着手编程时才不断进行调整。机器人物品搬运程序流程图如图 7-4 所示。

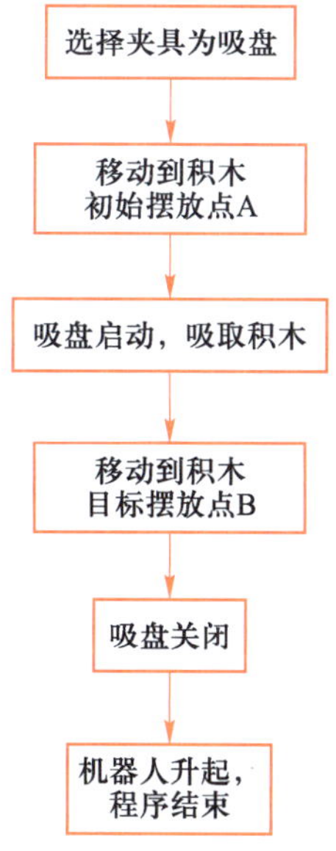

图 7-4　机器人物品搬运程序流程图

7.5 任务实施

微视频：图形化编程实现智能机器人自动搬运的程序编写

一、图形化编程实现

按照已经构建好的流程图，从功能模块选择区找出需要的模块并将其拖曳至程序构建区进行组合。

（一）选择夹具

本程序用吸盘套件实现，需要先让程序知道使用的末端工具是吸盘，要用到“DobotAPI”下“配置”分类中的“选择夹具”模块，在下拉列表中选择夹具为“吸盘”，如图 7–5 所示。

图 7–5 选择夹具

（二）移动到积木初始摆放点 A

移动机器人到 A 处刚好可以吸取到积木的位置，在操作面板中获取当前机器人所处坐标，记录为积木初始位置。

搬运物品主要用到的移动方式为“门型运动”，要用到的是“DobotAPI”下“运动”分类中的“门型运动”模块，如图 7–6 所示。输入相应的积木初始位置坐标，即可使机器人门型移动到该点。

图 7–6 选择移动方式

门型高度的设置可使用“DobotAPI”下“配置”分类中的“设置门型高度”模块，设置的高度比积木块的高度高即可，如图 7–7 所示。

图 7–7 设置门型高度

（三）吸盘启动，吸取积木

要使吸盘吸取积木，需把气泵打开，保证吸盘状态为开，要用到“DobotAPI”下“运动”分类中的“吸盘”模块，在下拉列表中选择“开”，如图 7–8 所示。

图 7–8 吸盘启动

（四）移动到积木目标摆放点 B

这里要用到的同样是“门型运动”模块，将 X、Y、Z 设置为目标摆放点的坐标即可。

（五）吸盘关闭

气泵启动后需设置指令将气泵关闭，要用到的还是“吸盘”模块，在下拉列表中选择“关”，如图 7–9 所示。

图 7–9　吸盘关闭

（六）机器人升起，程序结束

搬运完成后，让机器人手臂抬起，这里要用“DobotAPI”下“运动”分类中的“相对移动”模块实现。因为是升高，所以相对移动的是 Z 轴，可以设置为搬运完积木后上升 100，如图 7–10 所示。

图 7–10　相对移动

至此，程序要执行的基本步骤已经设置完毕。

**思考**

在上述的程序调试中存在什么问题？如何保证机器人移动到物品所在点时有足够的时间吸取好物品后再移动？

可以在程序中加入“延时”功能并设定一定时间段，这里要用到“DobotAPI”下“基础”分类中的“延时”模块，如图 7–11 所示。

图 7–11　延时

微视频：Python 编程实现智能机器人自动搬运的程序编写

二、Python 编程实现

本任务中，主要通过 dType.SetPTPCmd( ) 函数控制机器人的移动，通过 dType.SetEnd-EffectorSuctionCup( ) 函数控制吸盘拿起、放下物品。程序中的坐标点位置需要根据实际情况进行设置。

机器人自动搬运示例程序如下：

```
#1.机器人初始位置
```

```
dType.SetPTPCmd(api,1,2,187,36,89,isQueued=0)
#MOVJ 运动到点 (2,187,36,89)
#2. 物品从 A 点搬运到 B 点
dType.SetPTPCmd(api,0,53.7,232.8,-40.5,77,isQueued=0)
#JUMP 运动到 A 点 (53.7,232.8,-40.5,77)
dType.SetEndEffectorSuctionCup(api,1,1,isQueued=1)
# 打开气泵
dType.SetWAITCmd(api,1000,isQueued=1)
# 延时 1 s
dType.SetPTPCmd(api,0,-68.8,275.7,-43.3,104,isQueued=0)
#JUMP 运动到 B 点 (-68.8,275.7,-43.3,104)
dType.SetEndEffectorSuctionCup(api,1,0,isQueued=1)
# 关闭气泵
dType.SetWAITCmd(api,1000,isQueued=1)
# 延时 1 s
#3. 机器人回到安全位置
dType.SetPTPCmd(api,1,-28,230.4,56.4,97,isQueued=0)
#MOVJ 运动到点 (-28,230.4,56.4,97)
```

微视频：智能机器人自动搬运任务实施效果演示

7.6　任务总结

任　务　书

<table>
<tr><td>情境三</td><td colspan="2">轻而易举——程序编写来帮忙</td><td>任务名称</td><td colspan="2">智能机器人自动搬运</td></tr>
<tr><td>班级</td><td></td><td>姓名</td><td></td><td>学号</td><td></td></tr>
<tr><td>日期</td><td></td><td>地点</td><td></td><td>指导教师</td><td></td></tr>
<tr><td>任务目标</td><td colspan="5"></td></tr>
<tr><td rowspan="5">主要设备、仪器、工具清单</td><td colspan="2">名称</td><td colspan="2">型号</td><td>数量</td></tr>
<tr><td colspan="2"></td><td colspan="2"></td><td></td></tr>
<tr><td colspan="2"></td><td colspan="2"></td><td></td></tr>
<tr><td colspan="2"></td><td colspan="2"></td><td></td></tr>
<tr><td colspan="2"></td><td colspan="2"></td><td></td></tr>
<tr><td>实施过程</td><td colspan="5"></td></tr>
<tr><td>成果展示与分析</td><td colspan="5"></td></tr>
<tr><td>总结反思</td><td colspan="5"></td></tr>
</table>

7.7 考核评价

任务评价考核评分表				
姓名		任务名称	智能机器人自动搬运	
序号	考核项目	评分标准	扣分及扣分依据	得分
1	图形化编程（40 分）	1. 正确画出程序流程图（10 分）		
		2. 熟练使用图形化编程模块（10 分）		
		3. 使用图形化编程实现机器人自动搬运（10分）		
		4. 完成程序的调试与完善（10 分）		
2	Python 编程（50 分）	1. 熟练使用脚本控制模块（10 分）		
		2. 使用 Python 编程实现机器人自动搬运（30 分）		
		3. 完成程序的调试与完善（10 分）		
3	职业素养（10 分）	1. 遵守课堂纪律，无安全事故（4 分）		
		2. 工位保持清洁，物品整齐（2 分）		
		3. 操作规范，爱护设备（2 分）		
		4. 自觉服从指导教师安排（2 分）		
4	违规扣分	1. 机器人与其他设备碰撞（每次扣 5 分）		
		2. 设备损坏（扣 20 分）		
总分				

7.8 任务拓展

1. 编写自己的小程序：安装夹笔器，让机器人画一个 40 mm×40 mm 的正方形。（使用图形化编程实现）

2. 使用脚本编程实现拓展任务 1。

任务 8 智能机器人循环盖章

【学习目标】

1. 掌握图形化编程“循环”功能模块的使用方法；
2. 掌握 for 语句和 while 语句的语法规则；
3. 能使用图形化编程实现机器人循环盖章；
4. 能使用 Python 编程实现机器人循环盖章；
5. 培养正确认识问题、分析问题和解决问题的能力。

【重点难点】

1. 能使用图形化编程实现机器人循环盖章；
2. 能使用 Python 编程实现机器人循环盖章。

8.1 思维导图

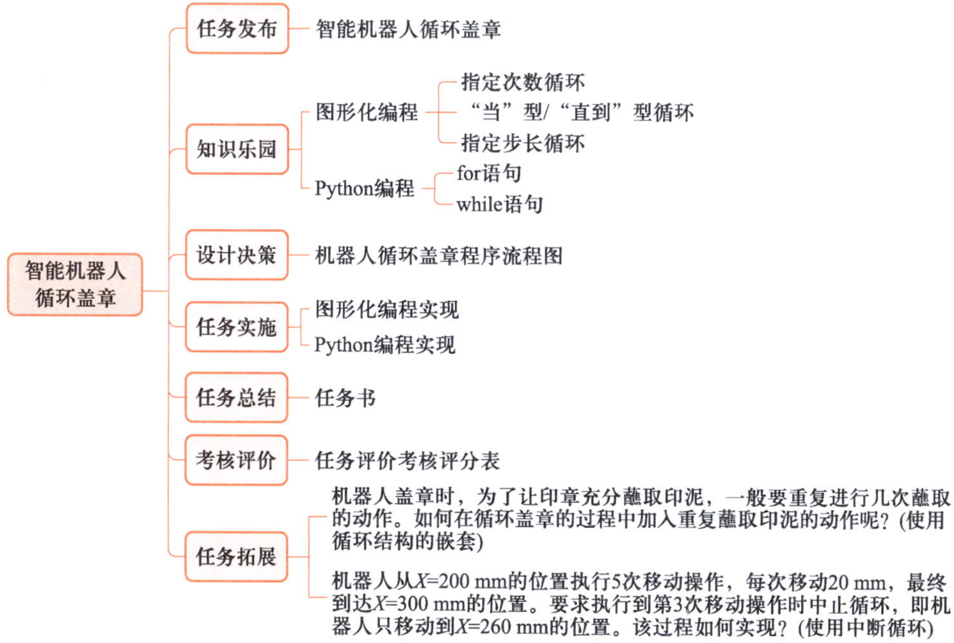

8.2 任务发布

微视频：智能机器人循环盖章任务发布

任务名称	智能机器人循环盖章
任务内容	给数量繁多的文件盖章是一项非常机械化且枯燥的工作，使用机器人完成此项工作的好处就在于能够节约人力。本任务要求通过编程的方式实现机器人给文件自动循环盖章，从而提高工作效率
运行环境	

8.3 知识乐园

在日常生活中经常需要重复地进行某些动作，那么在程序里如何处理这些重复的动作呢？在程序设计中，可通过编写循环结构程序来解决这类问题。循环结构允许重复执行一条（或一组）语句。通常情况下，不能将循环设置为无限次，否则将构成死循环，程序无法对其他指令进行响应，因此必须设置终止循环的条件。一般有两种解决方法：一种是设置具体的循环次数，循环次数用完则结束循环；另一种是设置具体的循环终止条件，通过条件判断来结束循环。

微视频：图形化编程中的循环功能模块

一、图形化编程

Dobot Blockly 的“循环”分类中包含了 5 个与循环有关的模块，可以实现不同方式的循环。下面仅介绍其中 3 个常用模块。

（一）指定次数循环

图 8-1 所示模块能将模块内的程序重复执行若干次，称为指定次数循环。在文本框中输入需要重复执行的次数，并将需要循环执行的模块拉入该模块下即可。

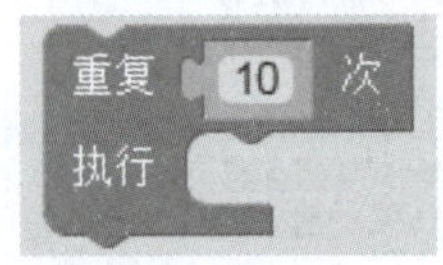

图 8-1　指定次数循环

（二）“当”型 / “直到”型循环

图 8-2 所示模块用于实现“当”型或“直到”型循环结构。单击参数中的下拉箭

头可选择“重复当”或“重复直到”，整个模块可以添加一个条件值。

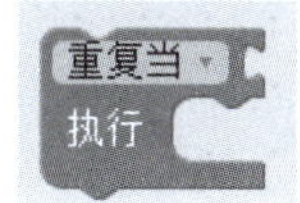

图 8-2　“当”型 / “直到”型循环

在“当”型循环结构中，当条件值为真时，执行循环体语句；当条件值为假时，跳出循环体，结束循环。

在“直到”型循环结构中，会先执行循环体语句，然后再判断条件值是否为真，如果为真则继续循环，如果为假则终止循环。

（三）指定步长循环

图 8-3 所示模块用于实现指定步长的循环结构。定义一个变量，输入变量的范围，以及指定的步长，即可在规定的范围内按指定的步长执行循环体内的语句。

图 8-3　指定步长循环

二、Python 编程

Python 中提供了两种循环语句：for 语句和 while 语句。

微视频：for 语句讲解

（一）for 语句

1. for 语句格式

for 语句要注意循环体的缩进，其语法格式为：

```
for <取值> in <序列或迭代对象>:
    循环体 A
```

1. 当涉及代码块的执行和控制流程时，Python 非常重视缩进。以下通过几个具体的代码示例来说明 Python 中关于缩进的知识点。

①if 语句：

```
x = 5
if x>0:
    print("x 是正数 ")
else:
    print("x 是非正数 ")
```

在条件语句中，if 和 else 后面的代码块都要进行缩进，以表示它们属于对应的条件分支。

② for 循环：

```
numbers = [1, 2, 3, 4, 5]
for num in numbers:
    print(num)
```

在 for 循环中，循环体内的代码块都要缩进，以表示它们属于循环的一部分。

③ 函数定义：

```
def say_hello():
    print("Hello!")
```

在函数定义中，函数体内的代码块都要缩进，以表示它们属于函数的一部分。

需要注意的是，缩进的方式可以是空格或制表符，但在同一个代码块中必须保持一致。PEP8 是 Python 官方的编码风格指南，其中包含了关于缩进的规范和建议，其推荐使用 4 个空格作为缩进的标准。

2. 在 Python 中，序列和迭代对象是两个常见的概念，用于处理一系列的元素。下面给出关于 Python 中序列和迭代对象的示例。

① 序列（sequence）：

```
# 列表是一个常见的序列对象
my_list = [1, 2, 3, 4, 5]
# 使用下标（索引）访问序列中的元素
print(my_list[0])
>>1
# 使用切片操作提取序列的子序列
print(my_list[1:4])
>>[2, 3, 4]
# 使用 len() 函数获取序列的长度
print(len(my_list))
>>5
# 使用 in 关键字检查元素是否存在于序列中
print(3 in my_list)
>> True
```

② 迭代对象（iterable）：

```
# 字符串是一个常见的迭代对象
my_string = "abc"
# 使用 for 循环遍历迭代对象的每个元素
for char in my_string:
    print(char)
```

```
>>a
>>b
>>c
```

在上述示例中，使用字符串作为迭代对象，并通过 for 循环遍历字符串中的每个字符。迭代对象可以直接用于 for 循环，它会依次返回序列中的每个元素。

需要注意的是，除了字符串和列表，Python 中还有其他的序列和迭代对象，如元组（tuple）、集合（set）、字典（dictionary）等。它们都具有不同的特点和用途，但都支持类似于上述示例中的一些操作，如访问元素、切片、长度检查和遍历等。

2. for 语句的执行

① 从序列或迭代对象中依次取一个值。

② 执行循环体 A。

③ 不断重复①和②，直到序列或迭代对象全部取完。

for 语句的执行流程图如图 8-4 所示。

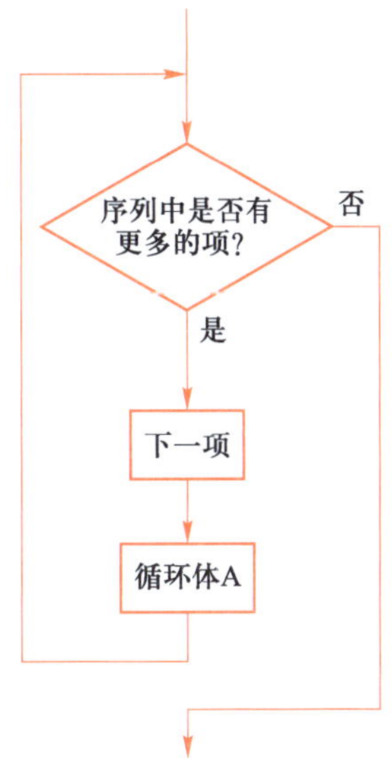

图 8-4　for 语句的执行流程图

下面根据示例程序的执行结果理解 for 语句的执行过程。

示例程序代码如下：

```
languages=["C", "C++", "Perl", "Python"]
for x in languages:
    print(x)
>> C
>> C++
>> Perl
>> Python
```

示例程序中依次使用列表中的每个值来执行循环体，列表的长度决定了循环执行的次数。该列表包含 4 个值，程序循环执行 4 次，并分别打印出列表中的值。

3. range( ) 函数

for 语句常常和 range( ) 函数搭配使用。range( ) 函数是内置的 Python 函数，用于生成一个数字序列，其语法格式为：

```
range(start, end, step)
```

range( ) 函数中各参数的含义如下。

① start：用于指定计数的起始值，省略时默认从 0 开始。

② end：用于指定计数的结束值，此参数不能省略（注意，生成的序列不包含结束值）。

③ step：用于指定步长，即两个数的间隔，省略时默认为 1。

在使用 range( ) 函数时，如果只有一个参数，则表示指定的是 end；如果有两个参数，则表示指定的是 start 和 end。

应用示例如下：

```
for i in range(1,3):
    print(i)
>>1
>>2
for i in range(3,0,-1):
    print(i)
>>3
>>2
>>1
for i in range(3):
    print(i)
>>0
>>1
>>2
```

微视频：while 语句讲解

（二）while 语句

1. while 语句格式

```
while 表达式：
    循环体
```

2. while 语句的执行

① 计算表达式的值。

② 如果表达式的值为真，则执行循环体，执行完后，转①；如果表达式的值为假，则结束 while 语句，执行其后的语句。

while 语句的执行流程图如图 8-5 所示。

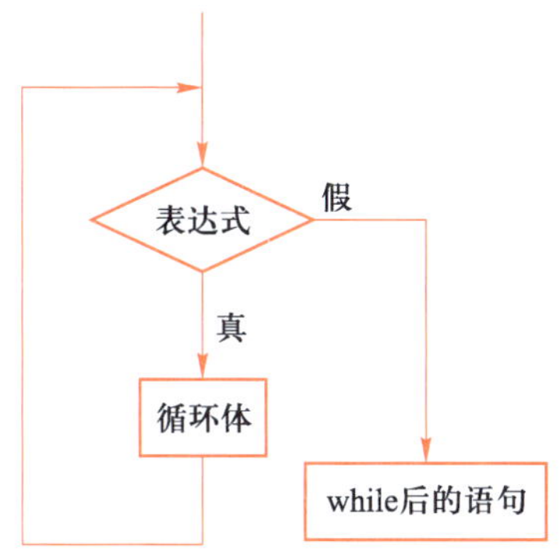

图 8-5　while 语句的执行流程图

下面根据示例程序的执行结果理解 while 语句的执行过程。

计算 1+2+3+…+100 的值，设计循环初值 i=1，s=0。示例程序代码如下：

```
i=1
s=0
while i<=100:
    s=s+i
    i=i+1
print('1+2+3+…+100=',s)
>>1+2+3+…+100=5050
```

示例程序中，计数变量 i 的值从 1 开始，每次增加 1，直到大于 100 结束，共循环 100 次。在循环体中累加计数变量 i 的各个值，结果放在变量 s 中。注意，while 语句循环体中的所有代码必须使用相同的缩进，否则会引发错误。

8.4　设计决策

在循环盖章过程中，气泵一直保持工作状态吸紧印章，设计程序前可先摆放和调节好印章的位置让机器人牢固吸取。实现循环盖章这样一种重复若干次的操作需要用到循环结构中的指定次数循环。机器人循环盖章程序流程图如图 8-6 所示。

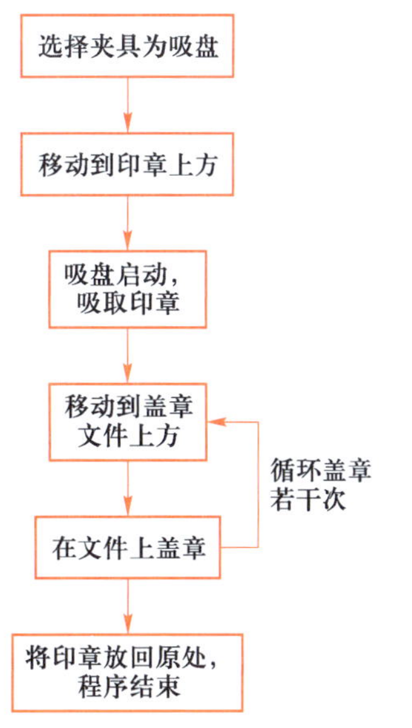

图 8-6　机器人循环盖章程序流程图

8.5　任务实施

一、图形化编程实现

微视频：图形化编程实现机器人循环盖章的程序编写

按照已经构建好的流程图，从功能模块选择区中找出需要的模块并将其拖曳至程序构建区进行组合。

（一）选择夹具

使用“DobotAPI”下“配置”分类中的“选择夹

具”模块,在下拉列表中选择夹具为“吸盘”,如图 8–7 所示。

图 8–7 选择夹具

(二) 移动到印章上方

移动机器人到印章上方刚好可以吸取到印章的高度,在操作面板中获取当前坐标。使用“DobotAPI”下“运动”分类中的“门型运动”模块,输入相应的位置坐标,即可使机器人移动到该点,如图 8–8 所示。

图 8–8 选择移动方式

(三) 吸盘启动,吸取印章

要让吸盘吸取印章,需把气泵打开,保证吸盘状态为开,要用到“DobotAPI”下“运动”分类中的“吸盘”模块,在下拉列表中选择“开”,如图 8–9 所示。

图 8–9 吸盘启动

(四) 移动到盖章文件上方

同样使用“门型运动”模块,修改相应的坐标参数即可。

(五) 一次盖章

完成盖章动作只需相对移动 Z 轴即可,下降为负方向,抬高为正方向。使用“DobotAPI”下“运动”分类中的“相对移动”模块实现,如图 8–10 所示。

图 8–10 相对移动

(六) 延时模块

为了达到更好的盖章效果,可在程序中加入延时功能,要用到“DobotAPI”下“基础”分类中的“延时”模块,如图 8–11 所示。

图 8–11 延时

(七) 循环盖章,若干次数

在“DobotAPI”下的“循环”分类中找到“指定次数循环”模块,在输入框中输入重复执行的次数,然后把需要执行的功能模块放到下方的“执行”区域,即可实现将这些功能模块重复执行相应次数，如图 8–12 所示。

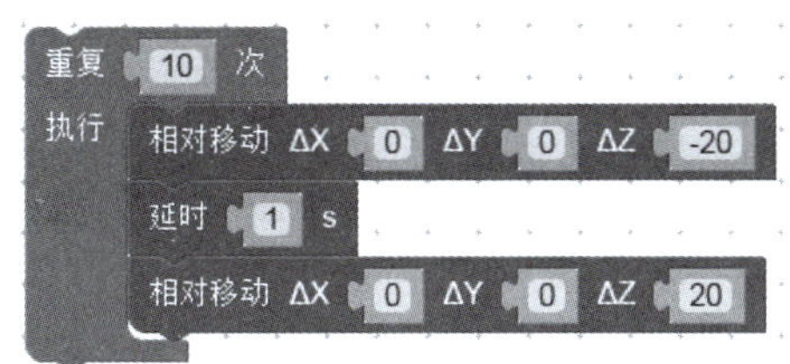

图 8–12　循环盖章

盖章结束，机器人把印章放回原处。至此，程序要执行的基本步骤已经设置完毕。

微视频：Python 编程实现机器人循环盖章的程序编写

二、Python 编程实现

本任务中，采用 for 语句实现循环盖章功能，通过 dType.SetPTPCmd( ) 函数控制机器人的移动，通过 dType.SetEndEffectorSuctionCup( ) 函数控制吸盘吸取印章。程序中的坐标点位置需要根据实际情况进行设置。

机器人循环盖章示例程序如下：

```
#1.初始化机器人
dType.SetPTPCmd(api,1,184,9.3,41,-3,isQueued=0)
#机器人初始位置(184,9.3,41,-3)
#2.吸取印章
dType.SetPTPCmd(api,0,209,-42,-43,-15,isQueued=0)
#移动到印章上方(209,-42,-43,-15)
dType.SetEndEffectorSuctionCup(api,1,1,isQueued=1)
#吸盘启动,吸取印章
dType.SetWAITCmd(api,2000,isQueued=1)
#延时 2 s
dType.SetPTPCmd(api,0,53.7,232.8,-40.5,77,isQueued=0)
#移动到盖章文件上方(53.7,232.8,-40.5,77)
#3.循环盖章
for count in range(2):
#循环盖章 2 次
    dType.SetPTPCmd(api,7,0,,0, -20,0,isQueued=0)
    #沿 Z 轴相对移动 -20,在文件上盖章
    dType.SetWAITCmd(api,1000,isQueued=1)
    #延时 1 s
    dType.SetPTPCmd(api,7,0,0,20,0,isQueued=0)
    #沿 Z 轴相对移动 +20,抬起印章
#4.机器人放下印章
dType.SetPTPCmd(api,0,209,-42,-43,-15,isQueued=0)
#移动到点(209,-42,-43,-15)
dType.SetEndEffectorSuctionCup(api,1,0,isQueued=1)
#吸盘停止,放下印章
```

微视频：智能机器人循环盖章任务实施效果演示

8.6 任务总结

任 务 书

<table>
<tr><td>情境三</td><td colspan="2">轻而易举——程序编写来帮忙</td><td>任务名称</td><td colspan="2">智能机器人循环盖章</td></tr>
<tr><td>班级</td><td></td><td>姓名</td><td></td><td>学号</td><td></td></tr>
<tr><td>日期</td><td></td><td>地点</td><td></td><td>指导教师</td><td></td></tr>
<tr><td>任务
目标</td><td colspan="5"></td></tr>
<tr><td rowspan="5">主要设备、
仪器、工具
清单</td><td colspan="2">名称</td><td colspan="2">型号</td><td>数量</td></tr>
<tr><td colspan="2"></td><td colspan="2"></td><td></td></tr>
<tr><td colspan="2"></td><td colspan="2"></td><td></td></tr>
<tr><td colspan="2"></td><td colspan="2"></td><td></td></tr>
<tr><td colspan="2"></td><td colspan="2"></td><td></td></tr>
<tr><td>实施
过程</td><td colspan="5"></td></tr>
<tr><td>成果
展示与
分析</td><td colspan="5"></td></tr>
<tr><td>总结
反思</td><td colspan="5"></td></tr>
</table>

8.7　考核评价

<table>
<tr><td colspan="6">任务评价考核评分表</td></tr>
<tr><td>姓名</td><td></td><td>任务名称</td><td colspan="3">智能机器人循环盖章</td></tr>
<tr><td>序号</td><td>考核项目</td><td>评分标准</td><td>扣分及扣分依据</td><td>得分</td></tr>
<tr><td rowspan="4">1</td><td rowspan="4">图形化编程（40分）</td><td>1. 正确画出程序流程图（10分）</td><td></td><td></td></tr>
<tr><td>2. 使用图形化编程实现机器人一次盖章（10分）</td><td></td><td></td></tr>
<tr><td>3. 使用图形化编程实现机器人多次循环盖章（10分）</td><td></td><td></td></tr>
<tr><td>4. 完成程序的调试与完善（10分）</td><td></td><td></td></tr>
<tr><td rowspan="3">2</td><td rowspan="3">Python编程（50分）</td><td>1. 使用Python编程实现印章的吸取、放下（10分）</td><td></td><td></td></tr>
<tr><td>2. 使用Python编程实现机器人多次循环盖章（30分）</td><td></td><td></td></tr>
<tr><td>3. 完成程序的调试与完善（10分）</td><td></td><td></td></tr>
<tr><td rowspan="4">3</td><td rowspan="4">职业素养（10分）</td><td>1. 遵守课堂纪律，无安全事故（4分）</td><td rowspan="4"></td><td rowspan="4"></td></tr>
<tr><td>2. 工位保持清洁，物品整齐（2分）</td></tr>
<tr><td>3. 操作规范，爱护设备（2分）</td></tr>
<tr><td>4. 自觉服从指导教师安排（2分）</td></tr>
<tr><td rowspan="2">4</td><td rowspan="2">违规扣分</td><td>1. 机器人与其他设备碰撞（每次扣5分）</td><td rowspan="2"></td><td rowspan="2"></td></tr>
<tr><td>2. 设备损坏（扣20分）</td></tr>
<tr><td colspan="2">总分</td><td colspan="3"></td></tr>
</table>

8.8　任务拓展

1. 机器人盖章时，为了让印章充分蘸取印泥，一般要重复进行几次蘸取的动作。如何在循环盖章的过程中加入重复蘸取印泥的动作呢？（使用循环结构的嵌套）

2. 机器人从 X=200 mm 的位置执行 5 次移动操作，每次移动 20 mm，最终到达 X=300 mm 的位置。要求执行到第 3 次移动操作时中止循环，即机器人只移动到 X=260 mm 的位置。该过程如何实现？（使用中断循环）

任务 9 智能机器人多米诺骨牌搭建

【学习目标】

1. 掌握定义变量、赋值变量的方法;
2. 掌握数学运算的使用方法;
3. 能使用图形化编程实现机器人多米诺骨牌搭建;
4. 能使用 Python 编程实现机器人多米诺骨牌搭建;
5. 培养严谨细致的工作作风,在困难挫折中锤炼意志;
6. 感受古人的智慧,坚定中国自信。

【重点难点】

1. 能使用图形化编程实现机器人多米诺骨牌搭建;
2. 能使用 Python 编程实现机器人多米诺骨牌搭建。

9.1 思维导图

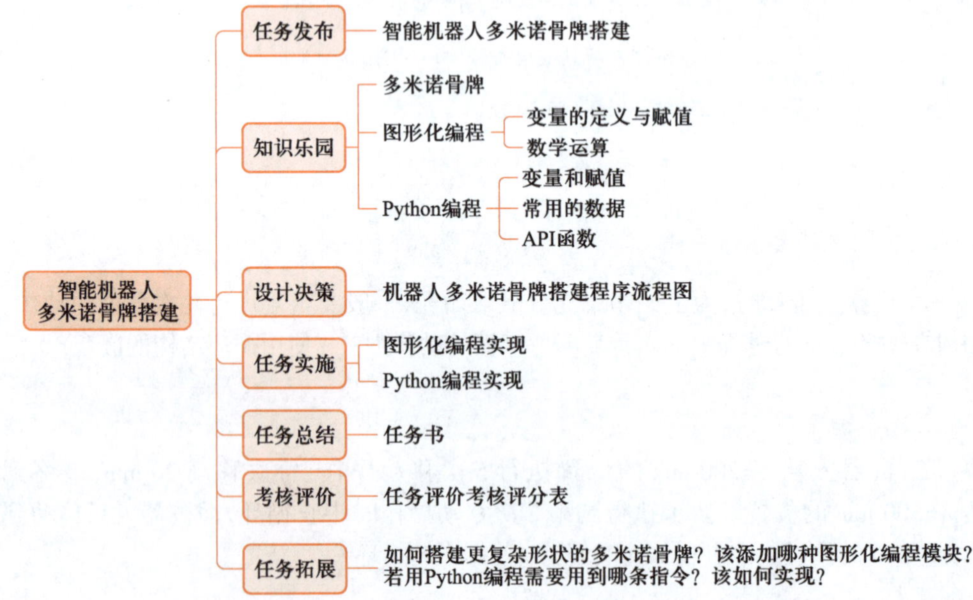

9.2　任务发布

任务名称	智能机器人多米诺骨牌搭建
任务内容	本任务要求使用图形化编程和 Python 编程两种编程方式，让机器人完成一字形多米诺骨牌的搭建。
运行环境	

微视频：智能机器人多米诺骨牌搭建任务发布

9.3　知识乐园

微视频：多米诺骨牌介绍以及图形化编程中的变量与数学运算模块

一、多米诺骨牌

多米诺骨牌（domino）是一种用木头或塑料制成的长方形骨牌，如图 9-1 所示。玩时将骨牌按一定间距排列成行，轻轻碰倒第一枚骨牌，其余的骨牌就会产生连锁反应，依次倒下。

图 9-1　多米诺骨牌

多米诺骨牌是一项集动手、动脑于一体的运动。一幅图案通常由几百、几千甚至上万张骨牌组成，骨牌需要一张张摆好，不仅考验参与者的体力、耐力和意志力，而且还可培养参与者的智力、想象力和创造力，训练动手能力和思维能力。

多米诺骨牌起源于中国，有着上千年的历史。漫长的发展过程，赋予了多米诺骨牌独特的教育功能。码牌时，骨牌会因意外一次次倒下，因此参与者时刻面临和经受着失败的打击，需要做到遇到挫折不气馁、不退缩，能够树立信心，鼓起勇气，重新再来，逐渐成熟，最终走向成功。

素养园地：多米诺骨牌效应

在一个相互联系的系统中，一个很小的初始能量就可能产生一系列的连锁反应，人们把这种现象称为“多米诺骨牌效应”或“多米诺效应”。积极且富有成效的行为，最终能够带来正面的成果；而具有破坏性的行为，最终可能导致无法挽回的悲剧与恶果。多米诺骨牌效应正是从正反两个方面展示了这种连锁反应的强大力量。

正面效应：每个人都能认真又谨慎地做事时，可以将骨牌排列得长而壮观，不会发生倾倒。这需要持续的耐心与毅力以及对自己所担负责任的深刻认识，时刻提醒自己避免出错。同时这也表明做好事时也要防患于未然，及时排除危险。

负面效应：当一个小的破坏性力量被忽视时，它可能会在相互传递的过程中产生惯力，将导致一系列更为迅速和严重的倒塌。如果这种趋势没有得到及时纠正，最终可能导致无法挽回的后果。

二、图形化编程

（一）变量的定义与赋值

在编程中，变量是一个非常重要的概念，它可以被赋予不同的值，并且在程序的执行过程中可以被修改。在 Dobot Blockly 的“变量”分类中，包含了两个与变量相关的功能模块，用于实现变量的定义与赋值。

图 9-2（a）所示模块可新建变量，也可对变量进行重命名操作。图 9-2（b）所示模块可对变量进行赋值，常与“数学”分类中的功能模块搭配使用。

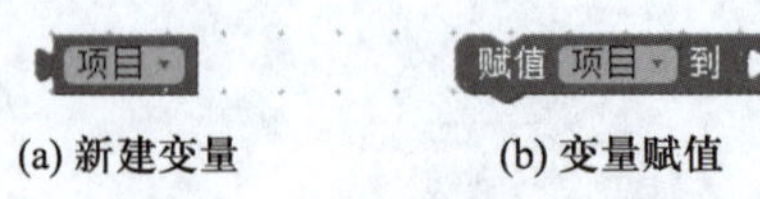

(a) 新建变量　　(b) 变量赋值

图 9-2　变量的定义与赋值

（二）数学运算

Dobot Blockly 的“数学”分类中包含了数值、基础运算、复杂运算、三角函数运算等功能模块，可以完成各种数学运算。这里只列举常用的“数值”模块和“基础运算”模块。

图 9-3 所示的模块会提供一个数值，可作为其他模块的参数或条件，默认值为 0。

图 9-3 数值

图 9-4 所示的模块能够实现两个数值的运算，运算方式可以通过下拉列表选择，包括加、减、乘、除、与，也可通过叠加使用实现混合运算。

图 9-4 基础运算

微视频：Python 语言中的变量和赋值以及基本数据类型与数学运算

三、Python 编程

（一）变量和赋值

Python 语言中，变量是用于存储数据的计算机内部空间。变量含有变量名和变量值。变量名是一种标识符，就像是一个人的名字，其主要作用就是作为变量、函数、类以及其他对象的名称。

Python 语言中，标识符必须符合如下命名规则。

① 只能是一个词。

② 只能用字母、数字和下划线组成。

③ 不能以数字开头。

④ 区分大小写。

⑤ 不能使用 Python 函数名或关键字。

在 Python 中，通过赋值操作来给变量填入数据。赋值语句的形式如下：

```
变量名 = 表达式
```

其中，“=” 为赋值号。赋值语句的含义是：将右侧表达式的值赋给左侧的标识符，这个运算是从右向左进行的，如：

```
x=5
```

变量可以多次赋值，但总是保留最新的赋值，如：

```
x=6
print(x)
>>6
x=7
print(x)
>>7
x=x+1
print(x)
>>8
```

Python 中的变量在使用前都必须赋值，变量赋值后才会被创建。而且变量不用定义类型，这里所说的“类型”是变量所指的内存中对象的类型，系统会自动识别。

（二）常用的数据

1. 基本数据类型

在计算机世界里，所有能输入计算机并被计算机程序处理的，具有一定意义的文字、数字、字母符号和图片、视频等统称为数据。不同类型的数据采用不同的方式进行存储和操作。

Python 的基本数据类型中，最常用的有字符串（str）型、整数（int）型和浮点（float）型。

（1）字符串（str）型

字符串英文为 string，简写为 str，就是由一个个字符串起来的组合，字符可以是数字、字母、文字，甚至是一个符号等，示例如下：

```
a = 'Hello Robotic arm'
b = "Hello World"
c = """Hello Robotic arm
and World"""
print(a)
print(b)
print(c)
>> Hello Robotic arm
>> Hello World
>> Hello Robotic arm
>> and World
```

在这段代码里，'Hello Robotic arm'、"Hello World"、"""Hello Robotic arm and World"""都属于字符串型。被单引号、双引号或三引号括起来的内容，就表示是字符串型。其中，三引号允许一个字符串跨多行，实际编程中不常使用。

说明 》》》》》》》

Python 中的字符串通常多是以单引号或双引号括起来的任意文本，如 '123'、"xyz" 等。引号本身只是一种表示方式，不是字符串的一部分，因此，字符串 "xyz" 只有 x、y、z 这 3 个字符。在 Python 中，单引号和双引号的作用完全相同。

（2）整数（int）型

Python 的整数和数学中定义的一样，包括正整数、负整数和零。Python 可以处理任意大小的整数，在程序中用十进制表示整数的方法和数学上的写法一模一样，下列语句都是合法的：

```
a = -108
b = 1045690000
c = 76 + 28889
```

说明

Python 对整数没有大小限制，默认用十进制表示，但是由于计算机使用的是二进制，所以也可以用二进制、八进制和十六进制来表示。

素养园地

中国传统文化中的进制计数方法多样，如“屈指可数”是十进制，“掐指一算”是六十进制，“半斤八两”是十六进制，天干地支纪年法中的天干是十进制、地支是十二进制，而易经中运用的是二进制。我们要注重传承传统文化，“古为今用”，学习古人的智慧，增强文化自信。

（3）浮点（float）型

浮点数就是带小数点的数字，由整数部分和小数部分组成。例如，7.0、3.141 592 6、−0.43 等都是浮点数。除了一般的写法，浮点数也可以使用科学记数法表示，如 4.5×10^6、1.23e8 等。

2. 算术运算

在 Python 里，整数、浮点数最重要的作用是与运算符结合，进行数学计算。示例如下：

```
a = -108
b = 1045690000
c = 76 + 28889
```

Python 的运算符有很多，其中算术运算符是完成基本算术运算的符号，用来处理四则运算，常用的算术运算符见表 9−1。

表 9−1　常用的算术运算符

运算符	功能描述	运算符	功能描述
+	加法运算	**	乘方运算
−	减法运算	^	异或运算
*	乘法运算	&	与运算
/	除法运算	|	或运算
//	整除运算	<<	左移运算
%	取余运算	>>	右移运算

拓展知识

除了算术运算，Python 语言的运算类型还有比较运算、赋值运算、逻辑运算、位运算、成员运算和身份运算，共 7 种。

（三）API 函数

设置 JUMP 模式下抬升高度指令：

```
dType.SetPTPJumpParams(api, jumpHeight, zLimit, isQueued=0)
```

功能：设置 JUMP 模式下的抬升高度和最大抬升高度。参数说明见表 9-2。

表 9-2　设置 JUMP 模式下抬升高度指令参数说明

参数	说明
api	使用 Dobot 库的对象，无须修改
jumpHeight	门型运动模式时的抬升高度
zLimit	最大抬升高度
isQueued	队列模式：**1** 表示队列模式，**0** 表示立即模式

9.4　设计决策

骨牌存放点一排骨牌的坐标值呈现等差的规律，距离间隔为一个骨牌的厚度，因此机器人每次吸取骨牌的位置时只需要更改 Y 轴坐标值，在上一次的基础上加上（从右向左吸取）或减去（从左向右吸取）一个骨牌的厚度即可。要实现这个功能，需要引入变量，并通过循环功能实现变量递增。机器人多米诺骨牌搭建程序流程图如图 9-5 所示。

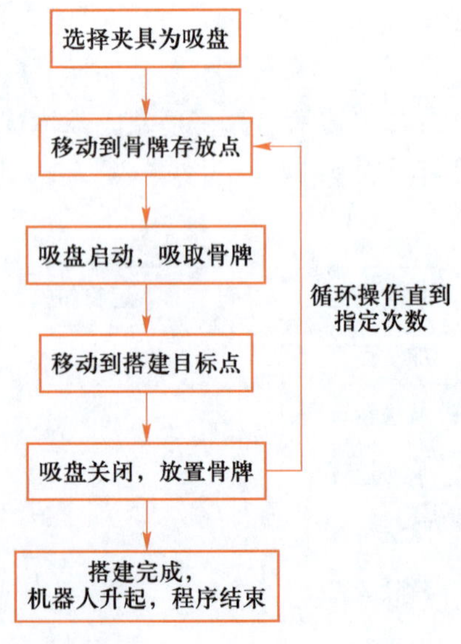

图 9-5　机器人多米诺骨牌搭建程序流程图

9.5　任务实施

微视频：图形化编程实现多米诺骨牌搭建的程序编写

一、图形化编程实现

本部分只对重点步骤进行介绍。

（一）移动到骨牌存放点吸取骨牌

① 骨牌存放点的 *Y* 坐标是不断变化的，因此可以通过引入一个变量来对应 *Y* 坐标，此处需要用到“变量”分类中的“赋值”模块来定义变量并赋值。在“赋值”模块的下拉列表中选择新变量，输入变量名称，为方便理解，将其命名为“吸取骨牌 Y 坐标”，如图 9-6 所示。

图 9-6　定义变量“吸取骨牌 Y 坐标”

② 每次吸取骨牌的 *Y* 坐标呈现等差变化的规律，引入变量 i 来表示运行的次数，来对每一次的“吸取骨牌 Y 坐标”进行计算。

首先为变量 i 赋初值，将“数学”分类中的“数值”模块连接在“赋值”模块之后，在输入框中输入 0 对其进行赋值，如图 9-7 所示。

图 9-7　给变量 i 赋初值

③ 为变量“吸取骨牌 Y 坐标”赋值。设吸取的第一枚骨牌的 *Y* 值为 0（具体数值需要根据实际情况调整），然后从右到左依次吸取，即每次 *Y* 值增加一个骨牌的厚度（15 mm）。可知运算公式为初始的 *Y* 坐标 0 加上每一次变化的差值 15，如图 9-8 所示。

图 9-8　为变量“吸取骨牌 Y 坐标”赋值

（二）循环吸取骨牌

① 循环吸取骨牌的过程使用“循环”分类中的“指定步长循环”模块完成，在下拉列表中选择定义的变量 i，范围可根据需要吸取骨牌的次数进行设置，比如要搭建 5 枚骨牌，范围应设置为 0 到 4，“每隔”后输入 1，即每次运行的步长为 1，循环过程中 i 的值从 0 到 4 依次增加 1，如图 9-9 所示。

图 9-9　循环操作

思考

变量 i 的范围为什么是 0 到 4，而不是 1 到 5？

② 在“执行”框中写入需要循环执行的程序，也就是吸取骨牌相应的动作，即可以实现在指定范围内每隔指定步长循环一次，直到超出范围循环结束，如图 9-10 所示。

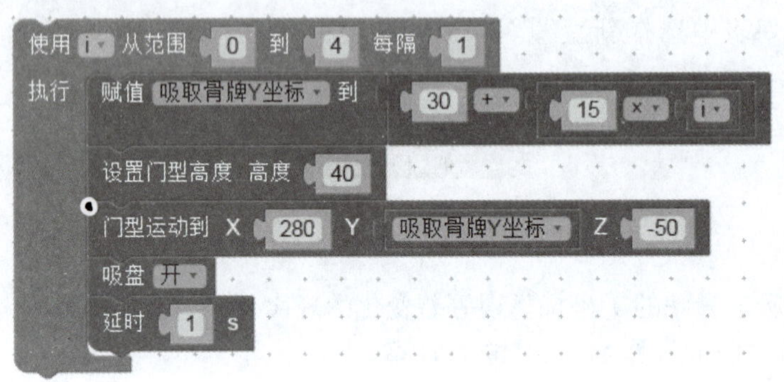

图 9-10　循环吸取骨牌动作

（三）放置骨牌

放置骨牌与吸取骨牌部分的编程设计原理一致。

机器人多米诺骨牌搭建完整程序示例如图 9-11 所示。

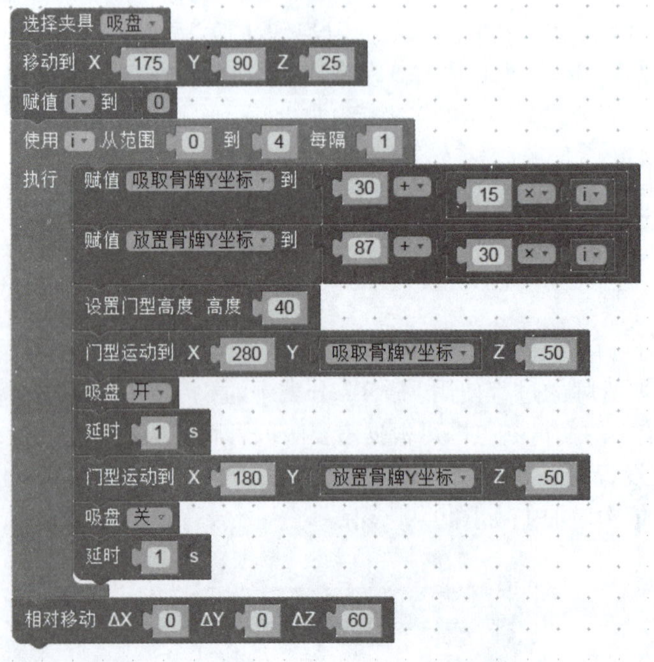

图 9-11　机器人多米诺骨牌搭建完整程序示例

二、Python 编程实现

微视频：Python编程实现多米诺骨牌搭建的程序编写

本任务中，采用变量及数学运算得到骨牌坐标值的递增变化，通过 dType.SetPTPJumpParams( ) 函数设置门型运动的抬升高度。程序中的坐标点位置需要根据实际情况进行设置。

机器人多米诺骨牌搭建示例程序如下：

```
#1.初始化机器人
dType.SetPTPCmd(api,1,2,187,36,89,isQueued=0)
# 机器人初始位置 (2,187,36,89)
#2.循环搭建骨牌
i=0
# 设置循环次数初始值为 0
for i in range(5):
#for 语句实现循环搭建骨牌
    get=30+15*i
    # 变量 get 为吸取骨牌 Y 坐标
    put=87+30*i
    # 变量 put 为放置骨牌 Y 坐标
    dType.SetPTPJumpParams(api,40,100,isQueued=0)
    # 设置门型高度为 40
    dType.SetPTPCmd(api,0,280,get,-50,0,isQueued=0)
    # 门型运动到吸取骨牌处
    dType.SetEndEffectorSuctionCup(api,1,1,isQueued=1)
    # 打开气泵
    dType.SetWAITCmd(api,1000,isQueued=1)
    # 延时 1 s
    dType.SetPTPCmd(api,0,180,put,-50,0,isQueued=0)
    # 门型运动到放置骨牌处
    dType.SetEndEffectorSuctionCup(api,1,0,isQueued=1)
    # 关闭气泵
    dType.SetWAITCmd(api,1000,isQueued=1)
    # 延时 1 s
#3.回到安全位置
dType.SetPTPCmd(api,7,0,0,60,0,isQueued=0)
# 沿 Z+ 方向相对移动 +60
```

微视频：智能机器人多米诺骨牌搭建任务实施效果演示

9.6 任务总结

任 务 书

<table>
<tr><td>情境三</td><td colspan="2">轻而易举——程序编写来帮忙</td><td>任务名称</td><td colspan="2">智能机器人多米诺骨牌搭建</td></tr>
<tr><td>班级</td><td></td><td>姓名</td><td></td><td>学号</td><td></td></tr>
<tr><td>日期</td><td></td><td>地点</td><td></td><td>指导教师</td><td></td></tr>
<tr><td>任务目标</td><td colspan="5"></td></tr>
<tr><td rowspan="5">主要设备、仪器、工具清单</td><td colspan="2">名称</td><td colspan="2">型号</td><td>数量</td></tr>
<tr><td colspan="2"></td><td colspan="2"></td><td></td></tr>
<tr><td colspan="2"></td><td colspan="2"></td><td></td></tr>
<tr><td colspan="2"></td><td colspan="2"></td><td></td></tr>
<tr><td colspan="2"></td><td colspan="2"></td><td></td></tr>
<tr><td>实施过程</td><td colspan="5"></td></tr>
<tr><td>成果展示与分析</td><td colspan="5"></td></tr>
<tr><td>总结反思</td><td colspan="5"></td></tr>
</table>

9.7　考核评价

<table>
<tr><td colspan="5">任务评价考核评分表</td></tr>
<tr><td colspan="2">姓名</td><td>任务名称</td><td colspan="2">智能机器人多米诺骨牌搭建</td></tr>
<tr><td>序号</td><td>考核项目</td><td>评分标准</td><td>扣分及扣分依据</td><td>得分</td></tr>
<tr><td rowspan="4">1</td><td rowspan="4">图形化编程（40分）</td><td>1. 正确画出程序流程图（10分）</td><td></td><td></td></tr>
<tr><td>2. 运用数学运算完成变量的递增（10分）</td><td></td><td></td></tr>
<tr><td>3. 使用图形化编程实现机器人多米诺骨牌搭建（10分）</td><td></td><td></td></tr>
<tr><td>4. 完成程序的调试与完善（10分）</td><td></td><td></td></tr>
<tr><td rowspan="3">2</td><td rowspan="3">Python编程（50分）</td><td>1. 使用算术运算完成变量的赋值（10分）</td><td></td><td></td></tr>
<tr><td>2. 使用Python编程实现机器人多米诺骨牌搭建（30分）</td><td></td><td></td></tr>
<tr><td>3. 完成程序的调试与完善（10分）</td><td></td><td></td></tr>
<tr><td rowspan="4">3</td><td rowspan="4">职业素养（10分）</td><td>1. 遵守课堂纪律，无安全事故（4分）</td><td rowspan="4"></td><td rowspan="4"></td></tr>
<tr><td>2. 工位保持清洁，物品整齐（2分）</td></tr>
<tr><td>3. 操作规范，爱护设备（2分）</td></tr>
<tr><td>4. 自觉服从指导教师安排（2分）</td></tr>
<tr><td rowspan="2">4</td><td rowspan="2">违规扣分</td><td>1. 机器人与其他设备碰撞（每次扣5分）</td><td rowspan="2"></td><td rowspan="2"></td></tr>
<tr><td>2. 设备损坏（扣20分）</td></tr>
<tr><td colspan="2">总分</td><td colspan="3"></td></tr>
</table>

9.8　任务拓展

如何搭建更复杂形状的多米诺骨牌（见图9-12）？该添加哪种图形化编程模块？若用Python编程需要用到哪条指令？该如何实现？

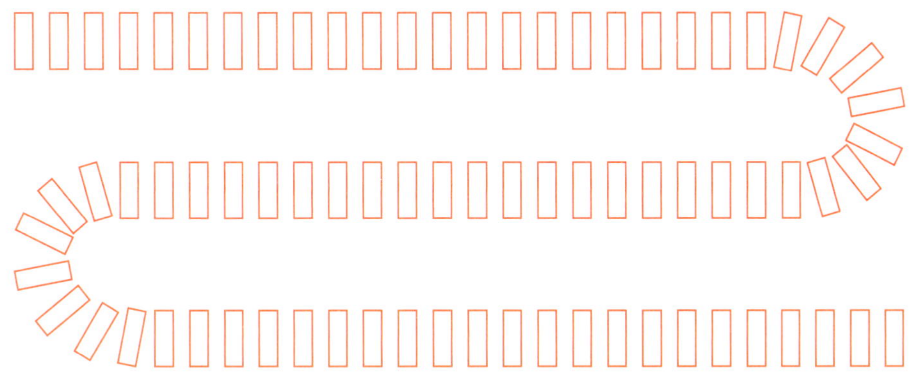

图9-12　更复杂形状的多米诺骨牌

任务 10
智能机器人乐曲弹奏

【学习目标】

1. 掌握定义和调用函数的方法；
2. 掌握输出函数的使用规则；
3. 能使用图形化编程实现机器人乐曲弹奏；
4. 能使用 Python 编程实现机器人乐曲弹奏；
5. 培养举一反三的技能迁移能力。

【重点难点】

1. 能使用图形化编程实现机器人乐曲弹奏；
2. 能使用 Python 编程实现机器人乐曲弹奏。

10.1 思维导图

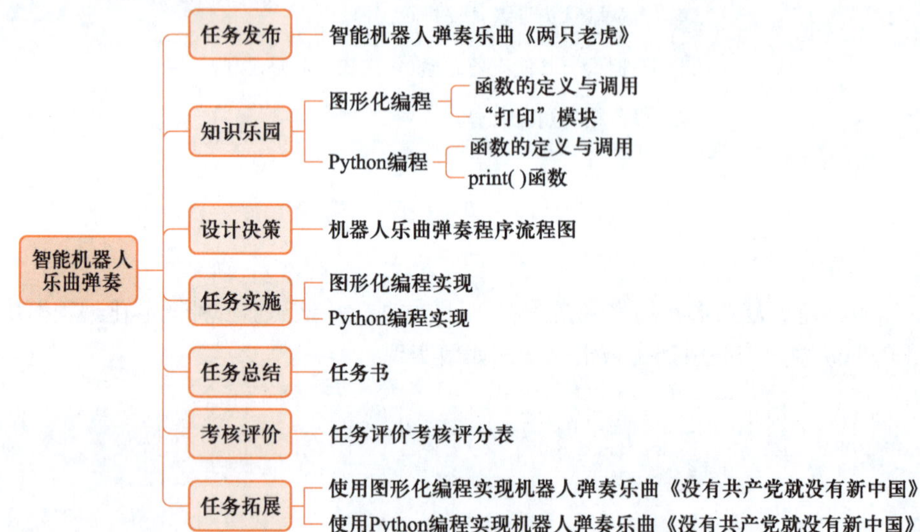

10.2　任务发布

微视频：智能机器人乐曲弹奏任务发布

<table>
<tr><td>任务名称</td><td>智能机器人弹奏乐曲《两只老虎》</td></tr>
<tr><td>任务内容</td><td>悠扬的音乐可以陶冶情操，净化心灵，如“随风潜入夜”的春雨，润物无声。本任务要求通过编程的方式实现机器人弹奏《两只老虎》。编程之前，要求画出程序流程图</td></tr>
<tr><td>运行环境</td><td>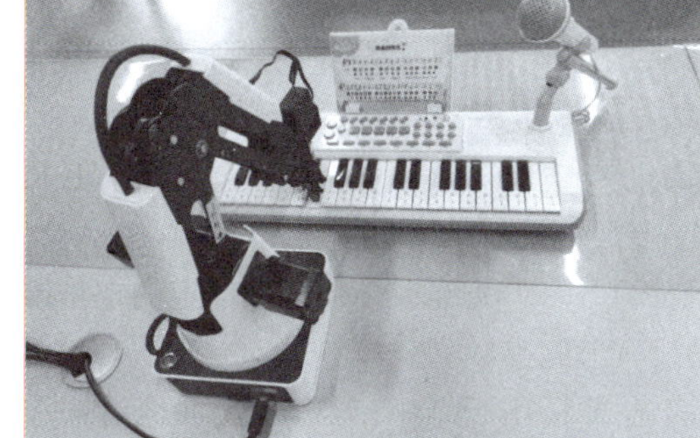</td></tr>
</table>

10.3　知识乐园

微视频：函数的定义与调用模块及“打印”模块

一、图形化编程

（一）函数的定义与调用

通过对函数进行定义与调用，不仅可以实现多次重复调用相同功能，而且可以让程序更加简明和清晰，在编写复杂程序的时候会经常用到函数调用的功能。

“函数”分类中的“函数定义”模块如图 10–1 所示。将需要实现的功能模块放到该模块下，在“做点什么”输入框中为函数输入一个名字，即可完成对一个函数的定义。此时，新定义的函数会出现在函数分类的最下方，和其他功能模块一样，直接拖曳至程序构建区即可调用该函数。

图 10–1　“函数定义”模块

（二）“打印”模块

图 10–2 所示模块为“打印”模块，即输出模块。运用“打印”模块，不仅可以更直观地反映程序运行的状况，了解各参数值的变化，还可以在问题出现时更方便及时地查找出原因，是调试程序常用的方法。

图 10–2　“打印”模块

微视频：Python 中函数的定义与调用及 print( ) 函数

二、Python 编程

（一）函数的定义与调用

1. 函数的定义

Python 中函数的定义格式如下：

```
def 函数名（形式参数列表）:
    函数体
    return ［表达式］
```

函数的定义需要注意以下几点。

① 函数代码块以关键字“def”开头，后接函数标识符名称和圆括号“()”。

② 函数定义首行最后的“:”不能丢。

③ 函数体相对于“def”关键字必须保持一定的空格缩进。

④ 函数可以没有形式参数列表。

⑤“return [表达式]”用于结束函数，选择性地返回一个值给调用方。不带表达式的 return 语句相当于返回“None”。

2. 函数的调用

Python 中函数调用的一般格式如下：

```
函数名（[ 实际参数列表 ]）
```

对于有参函数的调用，首先是将实际参数的值或引用传递给形式参数变量，然后执行函数体语句，最后返回。

（二）print( ) 函数

print( ) 是 Python 的内置函数，其功能是输出信息，常用格式如下：

```
print(expr,expr,…,expr)
```

print( ) 语句包含了函数名 print，后面是带圆括号“( )”的表达式序列，各表达式之间用逗号分隔，expr 表示一个表达式。另外，若 print( ) 语句表明不打印任何表达式，也是合法的，其作用是打印一个空行。

下面给出了 print( ) 函数的几种输出形式：

```
1.  print(3)
2.  >>3
3.  print(3,2+4)
4.  >>3 6
5.  print("hello world")
6.  >>hello world
7.  print("the sum is",3+4)
8.  >>the sum is 7
```

10.4　设计决策

要实现机器人自动弹奏乐曲，就要让机器人学习每个琴键对应的位置，然后对应着乐谱弹奏出来。

把电子琴横放在机器人前方，则每个琴键对于机器人是沿 *Y* 轴间隔一定距离分布的，因此为每个琴键以它所对应的音符名命名一个变量，记录第一个琴键的 *Y* 坐标并赋值给对应的变量，以后的琴键 *Y* 坐标依次递减琴键的间距即可。弹奏用到的最适合的移动方式无疑是门型移动，可以得到机器人乐曲弹奏程序流程图如图 10-3 所示。

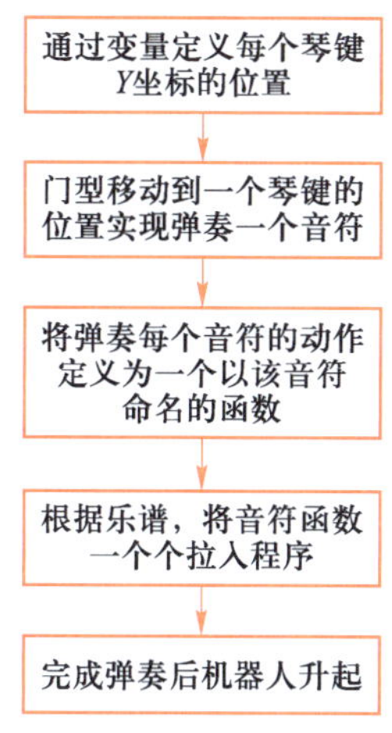

图 10-3　机器人乐曲弹奏程序流程图

10.5　任务实施

一、图形化编程实现

本部分只对重点步骤进行介绍。

（一）定义琴键变量

微视频：图形化编程实现乐曲弹奏的程序编写

根据音符的名称定义 7 个变量，分别命名为 1 ～ 7，调整好电子琴和机器人的位置，找到最适合弹奏音符 1 的 *Y* 坐标（具体数值需要根据实际情况调整），然后把该 *Y* 坐标的值依次递减琴键的间距赋值给之后的 6 个音符，示例如图 10-4 所示。

图 10-4　定义琴键变量

（二）定义琴键变量函数

由于定义的琴键变量数量较多，可以把这些变量放在一个函数里，命名为“琴键变量函数”，如图 10–5 所示。完成了该函数的编写后，就会看到“函数”分类中增加了“琴键变量函数”模块，可将其直接拖入主程序里进行调用，使程序更加简洁易懂。

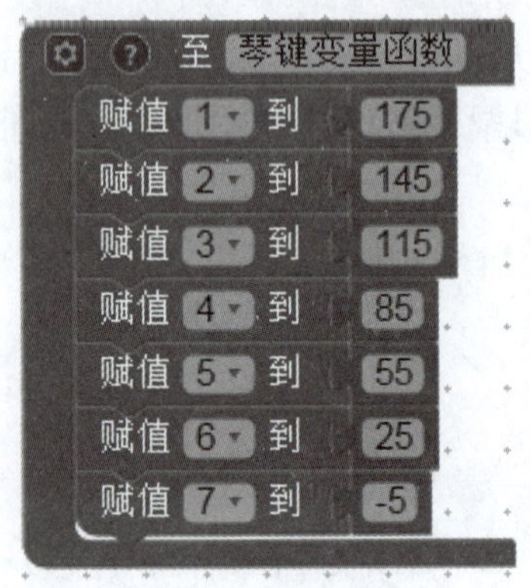

图 10–5　自定义的“琴键变量函数”

（三）添加“打印”模块

在程序中加入“打印”模块既可以将变量的值打印出来，以便更直观地反映程序运行的过程，还可以使用“打印”模块对程序的运行进行解释说明，如图 10–6 所示。

图 10–6　打印模块应用示例

（四）定义弹奏琴键动作

要使机器人完成弹奏动作，需要为机器人指出该琴键相对应的 X、Y、Z 坐标，然后通过门型运动指令移动到对应琴键并弹奏。弹奏音符 1 的功能模块如图 10–7 所示。

图 10–7　弹奏音符 1

为了方便调用和简洁美观，把弹奏音符 1 的功能模块也定义为一个单独的函数，命名为“1”，如图 10–8 所示。

图 10–8　弹奏音符 1 的“1”函数

定义弹奏其余音符的函数时只要依次改变 Y 坐标变量即可，如图 10-9 所示。

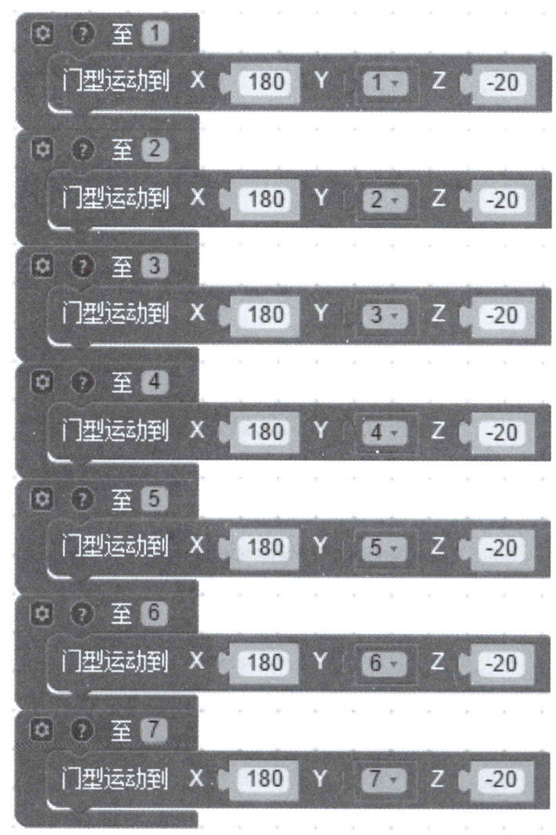

图 10-9　分别定义弹奏 7 个音符的函数

（五）定义乐谱

若机器人要弹奏乐曲《两只老虎》，可定义一个以“两只老虎”命名的函数，然后按照乐谱将定义好的音符函数逐个依次拉入，乐谱段与段之间短暂的停顿可利用“延时”模块实现。《两只老虎》简谱如图 10-10 所示，定义的“两只老虎”乐谱函数如图 10-11 所示。

两 只 老 虎

1=C 4/4

1 2 3 1 | 1 2 3 1 | 3 4 5 – | 3 4 5 – |
两 只 老 虎， 两 只 老 虎， 跑 得 快， 跑 得 快，

5· 6 5· 4 3 1 | 5· 6 5· 4 3 1 | 1 5 1 – | 1 5 1 – |
一 只 没 有 眼睛， 一 只 没 有 耳朵， 真 奇 怪， 真 奇 怪。

图 10-10　《两只老虎》简谱

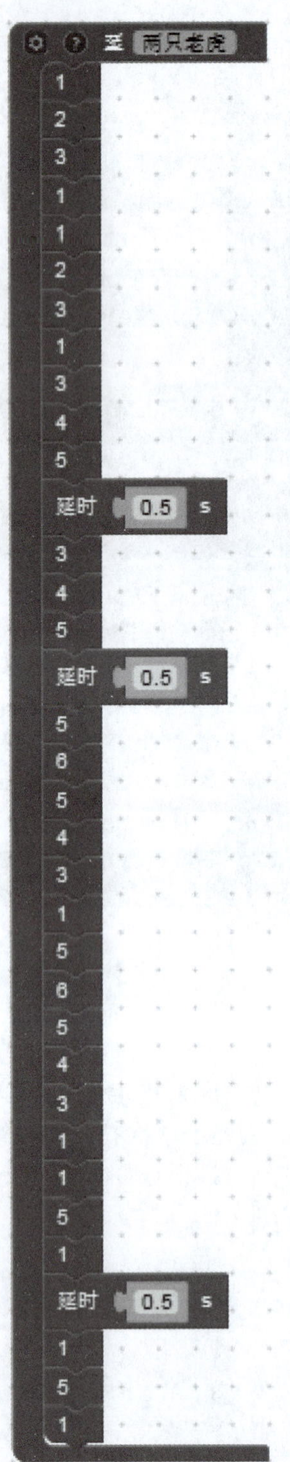

图 10-11 “两只老虎”乐谱函数

(六) 编写主程序

上述所有的自定义函数都是作为一个函数单独存在的，并不能直接运行，需要在主程序中调用。在调用函数之前，主程序需要对整个程序做出一些设置，如门型高度、机器人移动的速度与加速度等。

机器人乐曲弹奏完整程序示例如图 10-12 所示。

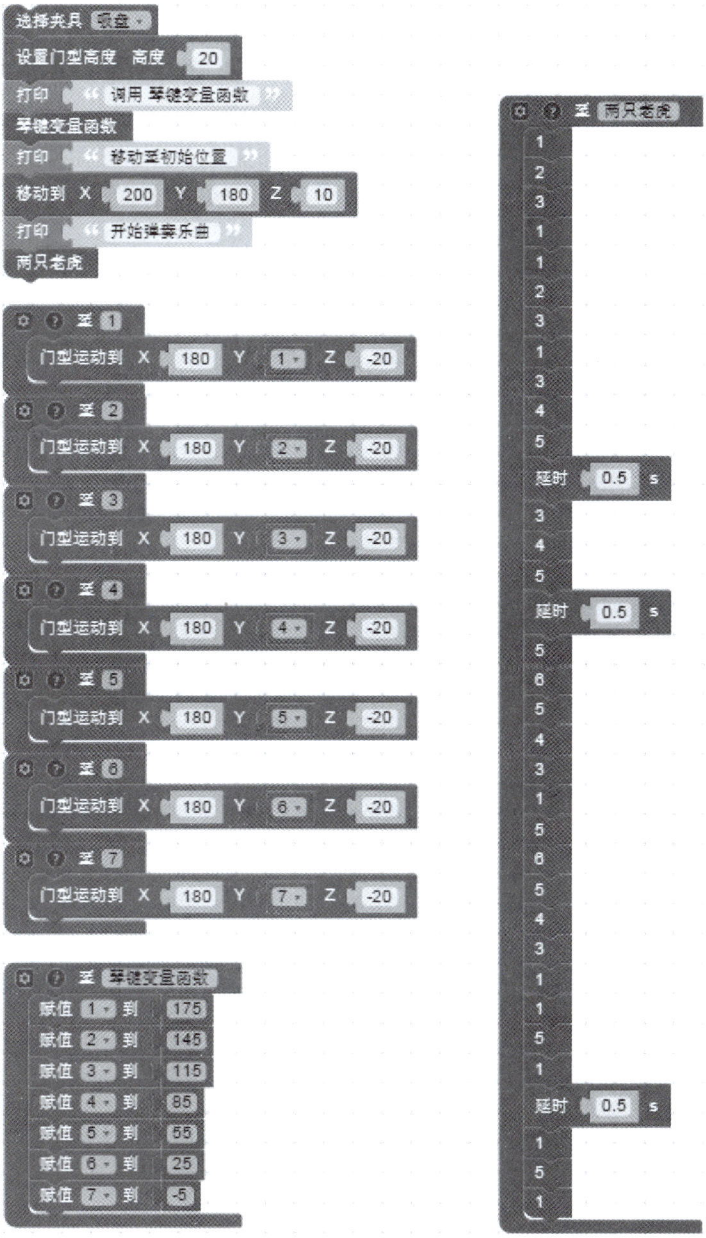

```
选择夹具 吸盘
设置门型高度 高度 20
打印 "调用 琴键变量函数"
琴键变量函数
打印 "移动至初始位置"
移动到 X 200 Y 180 Z 10
打印 "开始弹奏乐曲"
两只老虎

至 1
  门型运动到 X 180 Y 1 Z -20
至 2
  门型运动到 X 180 Y 2 Z -20
至 3
  门型运动到 X 180 Y 3 Z -20
至 4
  门型运动到 X 180 Y 4 Z -20
至 5
  门型运动到 X 180 Y 5 Z -20
至 6
  门型运动到 X 180 Y 6 Z -20
至 7
  门型运动到 X 180 Y 7 Z -20

至 琴键变量函数
  赋值 1 到 175
  赋值 2 到 145
  赋值 3 到 115
  赋值 4 到 85
  赋值 5 到 55
  赋值 6 到 25
  赋值 7 到 -5

至 两只老虎
  1
  2
  3
  1
  1
  2
  3
  1
  3
  4
  5
  延时 0.5 s
  3
  4
  5
  延时 0.5 s
  5
  6
  5
  4
  3
  1
  5
  6
  5
  4
  3
  1
  1
  5
  1
  延时 0.5 s
  1
  5
  1
```

图 10-12　机器人乐曲弹奏完整程序示例

微视频：Python 编程实现乐曲弹奏的程序编写

二、Python 编程实现

本任务中，主要通过自定义函数 def( ) 进行琴键弹奏函数的定义，并配合使用 print( ) 函数完成程序编写。程序中的坐标点位置需要根据实际情况进行设置。

说明

变量的作用域

变量的作用域就是变量起作用的范围。在 Python 中，一个变量在函数内部和外部定义时，其作用域不同。

1. 局部变量：在函数内部定义的变量（包括形式参数变量），其作用范围只在函数定义之后，到函数结束为止。

2. 全局变量：在函数外部定义的变量，其作用域是整个程序范围。

机器人乐曲弹奏示例程序如下：

```
#1.定义琴键变量函数
def key():
#定义7个音符变量1～7,并给变量的Y坐标赋值(局部变量)
    Y1=175
    Y2=145
    Y3=115
    Y4=85
    Y5=55
    Y6=25
    Y7=-5
#2.分别定义弹奏7个音符的函数
def note1():
#定义弹奏音符1的函数
    dType.SetPTPCmd(api,0,180,Y1,-20,0,isQueued=0)
    #移动到音符1(180,Y1,-20,0)
def note2():
#定义弹奏音符2的函数
    dType.SetPTPCmd(api,0,180,Y2,-20,0,isQueued=0)
    #移动到音符2(180,Y2,-20,0)
def note3():
#定义弹奏音符3的函数
    dType.SetPTPCmd(api,0,180,Y3,-20,0,isQueued=0)
    #移动到音符3(180,Y3,-20,0)
def note4():
#定义弹奏音符4的函数
    dType.SetPTPCmd(api,0,180,Y4,-20,0,isQueued=0)
    #移动到音符4(180,Y4,-20,0)
def note5():
```

```
# 定义弹奏音符 5 的函数
    dType.SetPTPCmd(api,0,180,Y5,-20,0,isQueued=0)
    # 移动到音符 5(180,Y5,-20,0)
def note6():
# 定义弹奏音符 6 的函数
    dType.SetPTPCmd(api,0,180,Y6,-20,0,isQueued=0)
    # 移动到音符 6(180,Y6,-20,0)
def note7():
# 定义弹奏音符 7 的函数
    dType.SetPTPCmd(api,0,180,Y7,-20,0,isQueued=0)
    # 移动到音符 7(180,Y7,-20,0)
#3. 定义 " 两只老虎 " 乐谱函数
def music():
    note1()
    # 调用弹奏音符的函数
    note2()
    note3()
    note1()
    note1()
    note2()
    note3()
    note1()
    note3()
    note4()
    note5()
    dType.SetWAITCmd(api,500,isQueued=1)
    # 延时 0.5 s
    note3()
    note4()
    note5()
    dType.SetWAITCmd(api,500,isQueued=1)
    # 延时 0.5 s
    note5()
    note6()
    note5()
    note4()
    note3()
    note1()
```

```
    note5()
    note6()
    note5()
    note4()
    note3()
    note1()
    note1()
    note5()
    note1()
    dType.SetWAITCmd(api,500,isQueued=1)
    # 延时 0.5 s
    note1()
    note5()
    note1()
    dType.SetWAITCmd(api,500,isQueued=0)
#4. 主程序入口
dType.SetPTPJumpParams(api,20,100,isQueued=1)
# 设置门型高度为 20
Y1=175
# 定义 7 个音符变量 1 ~ 7,并赋值(全局变量)
Y2=145
Y3=115
Y4=85
Y5=55
Y6=25
Y7=-5
print(' 调用琴键变量函数 ')
# 输出函数
key()
# 调用琴键变量函数
print(' 移动至初始位置 ')
dType.SetPTPCmd(api,2,200,180,10,0,isQueued=0)
# 移动到初始位置 (200,180,10,0)
print(' 开始弹奏乐曲 ')
music()
# 调用“两只老虎”乐谱函数
dType.SetPTPCmd(api,7,0,0,200,0,isQueued=0)
# 机器人抬起
```

微视频：智能机器人乐曲弹奏任务实施效果演示

10.6　任务总结

任　务　书

<table>
<tr><td>情境三</td><td colspan="2">轻而易举——程序编写来帮忙</td><td>任务名称</td><td colspan="2">智能机器人弹奏乐曲《两只老虎》</td></tr>
<tr><td>班级</td><td></td><td>姓名</td><td></td><td>学号</td><td></td></tr>
<tr><td>日期</td><td></td><td>地点</td><td></td><td>指导教师</td><td></td></tr>
<tr><td>任务
目标</td><td colspan="5"></td></tr>
<tr><td rowspan="5">主要设备、仪器、工具清单</td><td colspan="2">名称</td><td colspan="2">型号</td><td>数量</td></tr>
<tr><td colspan="2"></td><td colspan="2"></td><td></td></tr>
<tr><td colspan="2"></td><td colspan="2"></td><td></td></tr>
<tr><td colspan="2"></td><td colspan="2"></td><td></td></tr>
<tr><td colspan="2"></td><td colspan="2"></td><td></td></tr>
<tr><td>实施
过程</td><td colspan="5"></td></tr>
<tr><td>成果
展示与
分析</td><td colspan="5"></td></tr>
<tr><td>总结
反思</td><td colspan="5"></td></tr>
</table>

10.7 考核评价

任务评价考核评分表				
姓名		任务名称	智能机器人弹奏乐曲《两只老虎》	
序号	考核项目	评分标准	扣分及扣分依据	得分
1	图形化编程（40分）	1. 正确画出程序流程图（10分）		
		2. 使用图形化编程完成自定义乐谱函数“两只老虎”的编写（10分）		
		3. 使用图形化编程实现机器人乐曲弹奏（10分）		
		4. 完成程序的调试与完善（10分）		
2	Python编程（50分）	1. 使用Python编程完成自定义乐谱函数“两只老虎”的编写（10分）		
		2. 使用Python编程实现机器人乐曲弹奏（30分）		
		3. 完成程序的调试与完善（10分）		
3	职业素养（10分）	1. 遵守课堂纪律，无安全事故（4分）		
		2. 工位保持清洁，物品整齐（2分）		
		3. 操作规范，爱护设备（2分）		
		4. 自觉服从指导教师安排（2分）		
4	违规扣分	1. 机器人与其他设备碰撞（每次扣5分）		
		2. 设备损坏（扣20分）		
总分				

10.8 任务拓展

1. 使用图形化编程实现机器人弹奏乐曲《没有共产党就没有新中国》（节选），简谱如图10–13所示。

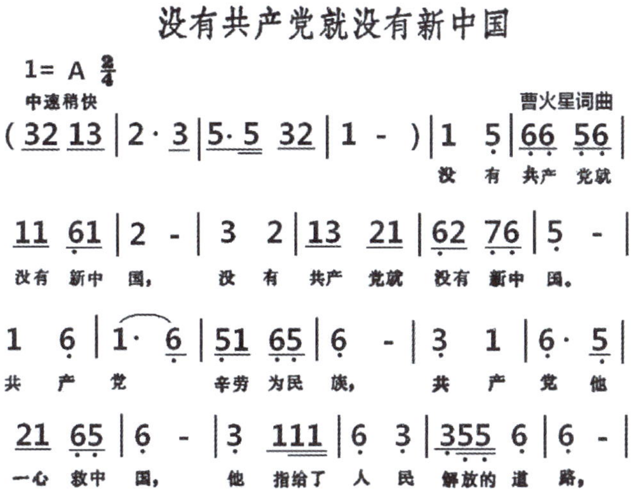

没有共产党就没有新中国

1= A $\frac{2}{4}$

中速稍快　　　　曹火星词曲

(32 13 | 2·3 | 5·5 32 | 1 -) | 1 5 | 66 56 |
没 有 共产 党就

11 61 | 2 - | 3 2 | 13 21 | 62 76 | 5 - |
没有 新中 国， 没 有 共产 党就 没有 新中 国。

1 6 | 1· 6 | 51 65 | 6 - | 3 1 | 6· 5 |
共 产 党 辛劳 为民 族， 共 产 党 他

21 65 | 6 - | 3 111 | 6 3 | 355 6 | 6 - |
一心 救中 国， 他 指给了 人 民 解放的 道 路，

图 10-13 《没有共产党就没有新中国》简谱（节选）

2. 使用 Python 编程实现机器人弹奏乐曲《没有共产党就没有新中国》（节选）。

素养园地

1921 年中国共产党成立，党在领导全国各族人民为争取民族独立、人民解放而斗争的过程中，经历了北伐战争、土地革命战争、抗日战争和全国解放战争 4 个阶段，经过长期武装斗争，终于在 1949 年取得了革命胜利，成立了中华人民共和国。28 年艰苦卓绝的新民主主义革命验证了一条真理：没有共产党，就不可能建立新中国。

一百多年以来，我们党团结带领人民已经走过了万水千山，在实现“两个一百年”奋斗目标的新长征路上，还有许多“雪山”和“草地”需要跨越。只有坚持和加强党的全面领导，才能汇聚起实现中华民族伟大复兴的磅礴力量，战胜前进道路上的一切困难、风险和挑战，引领中华民族在新时代扬帆起航，成功抵达光辉的彼岸。

任务 11 智能机器人定时拔充电器

【学习目标】

1. 掌握条件判断模块的使用方法；
2. 掌握选择结构的语法规则；
3. 能使用图形化编程实现机器人定时拔充电器；
4. 能使用 Python 编程实现机器人定时拔充电器；
5. 在实践中增长智慧才干，培养理论联系实际、学以致用的能力。

【重点难点】

1. 能使用图形化编程实现机器人定时拔充电器；
2. 能使用 Python 编程实现机器人定时拔充电器。

11.1 思维导图

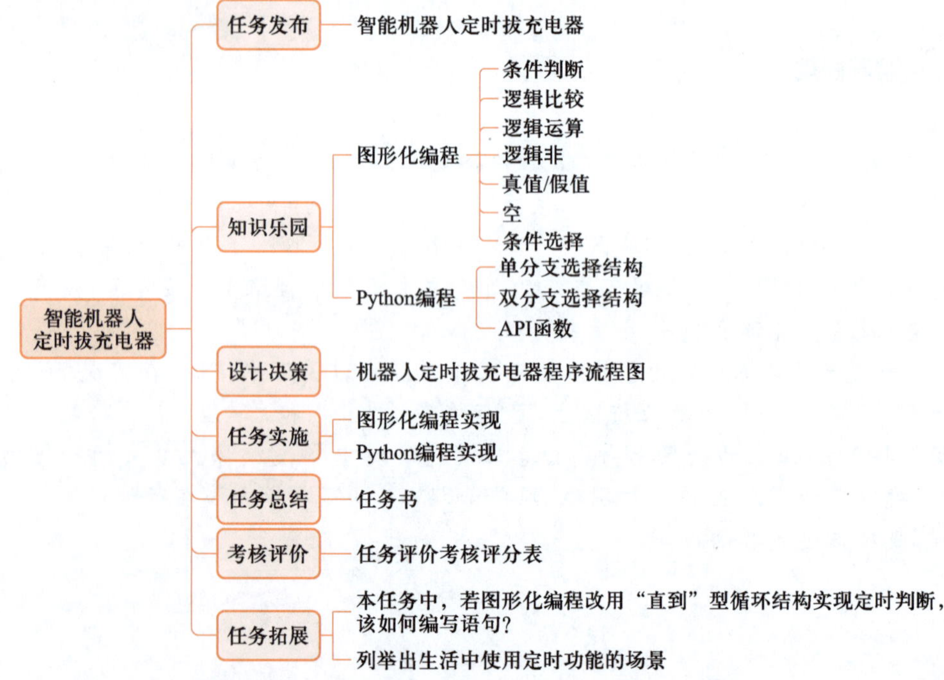

11.2　任务发布

任务名称	智能机器人定时拔充电器
任务内容	为了消除用电安全隐患，手机或者其他电子产品都需要在充满电后及时拔掉充电器，但有时可能会忘记或者没有时间拔掉充电器。本任务要求编写程序让机器人帮助我们完成这个任务。编程之前，要求画出程序流程图
运行环境	

微视频：智能机器人定时拔充电器任务发布

11.3　知识乐园

日常生活中，经常需要根据当前的具体情况，通过决策选择某种方案。例如，中午选择去哪家餐厅吃饭，回家选择走哪条路。程序设计中也一样，在遇到不同情况时，需要根据不同的条件选择执行相对应的指令序列。选择结构就是用来实现这种逻辑控制的程序结构，其根据是否符合设置的条件来选择其中一个分支执行。

微视频：图形化编程中的逻辑操作模块

一、图形化编程

Dobot Blockly 的“逻辑”分类中包含进行逻辑操作的 7 个功能模块。

（一）条件判断

图 11-1 所示模块用于进行条件判断，若条件的值为真，则执行相应语句块。

（二）逻辑比较

图 11-2 所示模块能够实现两个数据之间的比较，用来判断两个数是否相等、大于或小于等。

图 11-1　条件判断

图 11-2　逻辑比较

（三）逻辑运算

图 11-3 所示模块能够对两个逻辑命题进行和、或操作，在下拉列表中可选择“和”或“或”。

（四）逻辑非

图 11-4 所示模块能够实现逻辑非操作，将模块后的值取反。

图 11-3　逻辑运算

图 11-4　逻辑非

（五）真值 / 假值

图 11-5 所示模块会提供一个真值或假值，在下拉列表中可以更改模块所提供的逻辑值。

（六）空

图 11-6 所示模块会提供一个空操作。

图 11-5　真值 / 假值

图 11-6　空

（七）条件选择

图 11-7 所示模块会判断测试条件，如果为真，会返回模块中“如果为真”后的数据；如果为假，则会返回模块中“如果为假”后的数据。

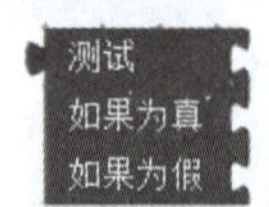

图 11-7　条件选择

二、Python 编程

微视频：Python 编程中的选择结构及 API 函数

在 Python 语言中，选择结构用 if 语句来表示。if 语句依据对一个或多个条件的判断结果（真或假）来确定如何执行语句块。

（一）单分支选择结构

1. if 语句格式

```
if 表达式(判断条件):
    语句块
```

2. if 语句的执行

当表达式的值为真（或者非空 / 非 **0**）时，表示条件满足，则语句块被执行，否则该语句块不被执行。if 语句执行流程图如图 11-8 所示。

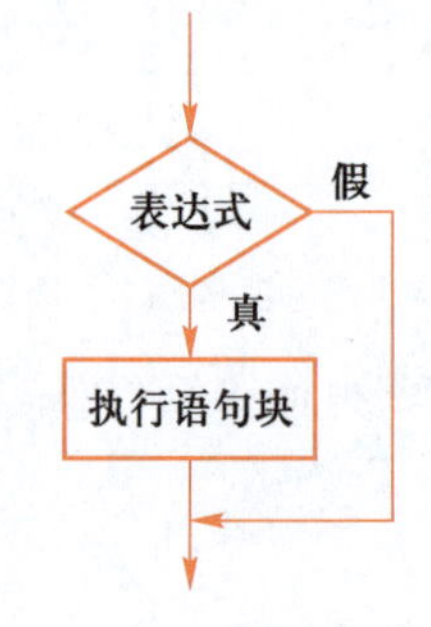

图 11-8　if 语句执行流程图

下面根据示例程序的执行结果理解 if 语句的执行过程。

示例程序代码如下：

```
a=5
if a>0:
    a=a-1
print(a)
>>a=4
```

示例程序中，a=5，表达式的值为真，则执行语句 a=a-1，输出结果 a=4。

（二）双分支选择结构

1．if-else 语句格式

```
if 表达式（判断条件）:
    语句块 A          # 条件为真时执行语句块 A
else:
    语句块 B          # 条件为假时执行语句块 B
```

2．if-else 语句的执行

当表达式的值为真（或者非空 / 非 **0**）时，执行语句块 A，否则执行语句块 B。if-else 语句执行流程图如图 11-9 所示。

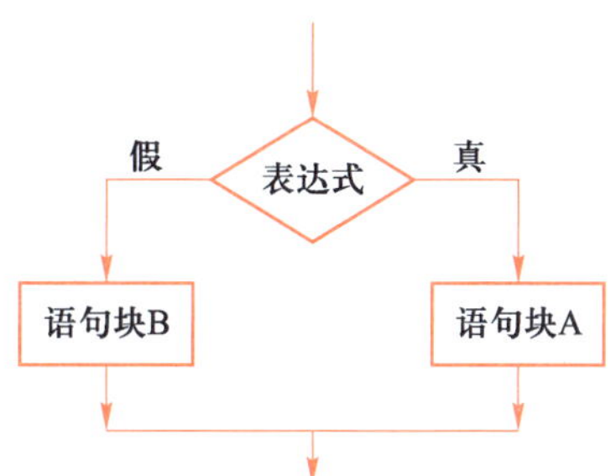

图 11-9　if-else 语句执行流程图

下面根据示例程序的执行结果理解 if-else 语句的执行过程。

示例程序代码如下：

```
# 考试成绩评价
score=50
if score>=60:
    print("及格")
else:
    print("不及格")
>>不及格
```

示例程序中,score=50,表达式的值为假,则执行语句 “print("不及格")”,输出结果 “不及格”。

(三) API 函数

1. 设置手爪状态指令

```
dType.SetEndEffectorGripper(api, enableCtrl, on, isQueued=0)
```

功能:控制手爪开闭状态,从而实现末端手爪夹取物品和放下物品。参数说明见表 11-1。

表 11-1　设置手爪状态指令参数说明

参数	说明
api	使用 Dobot 库的对象,无须修改
enableCtrl	末端是否使能:**0** 表示未使能,**1** 表示使能
on	开关状态:**0** 表示张开 (释放),**1** 表示闭合 (抓取)
isQueued	队列模式:**1** 表示队列模式,**0** 表示立即模式

2. 获取系统时间

```
dType.gettime()
```

功能:获取设备的当前时间,无参数,返回时间的单位为 s。

说明

在 dType.gettime( )[0] 中,“[0]” 表示对返回结果的索引操作。dType.gettime( ) 是一个函数方法,它返回一个列表、数组或元组,通过使用 “[0]” 可以获取返回结果中的第一个元素。

例如,如果 dType.gettime( ) 返回的是 [1678644645, 12345678],那么 dType.gettime( )[0] 将返回 1678644645。通过使用索引操作,可以选择性地访问和处理返回结果中的特定元素。注意,索引从 0 开始计数。

11.4　设计决策

定时拔充电器主要实现两个功能,一个是判断定时是否开始,另一个是执行定时功能。判断定时是否开始由条件判断结构完成,判断条件为是否设置了定时秒数。而执行定时功能需要程序能够获取系统时间,对比定时时间与当前时间,通过循环结构完成。本程序设计的关键点在于如何实现定时。若当前时间为定时时间,执行拔充电器动作;否则重新获取当前时间。机器人定时拔充电器程序流程图如图 11-10 所示。

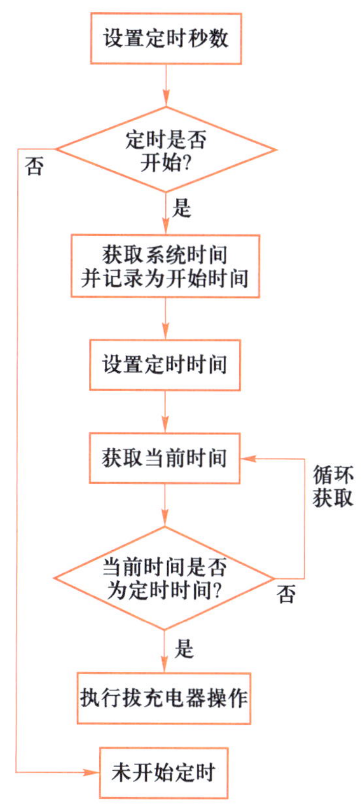

图 11-10　机器人定时拔充电器程序流程图

11.5　任务实施

一、图形化编程实现

本部分只对重点步骤进行介绍。

（一）获取时间与定时

微视频：图形化编程实现机器人定时拔充电器的程序编写

在“DobotAPI”下的“基础”分类中，找到“获取时间”模块，如图 11-11 所示。同时使用“打印”模块输出获取时间的数值，如图 11-12 所示。

图 11-11　获取时间

图 11-12　打印获取时间

获取到的系统时间并非常见的时、分、秒时间格式，而是小数点后带很多位数的一长串数字（如 [21:34:17]1664976857.708639）。它是编程时间库里常用的表示方法，数值代表秒数，指的是从过去某个时间点，如 2022 年 1 月 1 日 8 时，一直到现在的秒数。因此需要将定时的时长设置为秒数，定时时间等于当前时间加定时秒数。

（二）执行条件判断

是否执行定时功能的判断需要用“逻辑”分类中的“条件判断”模块实现，条件为真时定时开始，否则显示“未开始”，判断条件应为定时秒数是否大于零（具体数值根据实际需要设置），用“比较”模块实现，如图 11–13 所示。

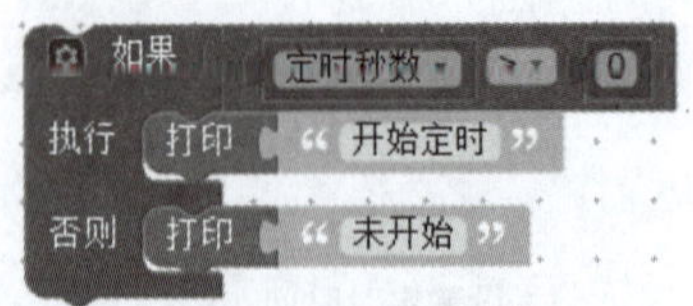

图 11–13　条件判断

（三）实现定时功能

定时功能的实现需要不断对比当前时间是否达到定时时间，而定时时间 = 开始时间 + 定时秒数。更新当前时间的过程可以使用“当”型循环结构实现，如图 11–14 所示。

图 11–14　“当”型循环结构

① 需要定义几个时间变量：首先定义变量“开始时间”，记录程序开始时间，并通过“获取时间”模块为其赋值；其次定义变量“定时时间”，定时时间 = 开始时间 + 定时秒数；最后还需要定义变量“当前时间”，表示程序运行过程中当前的时间。各时间变量如图 11–15 所示。

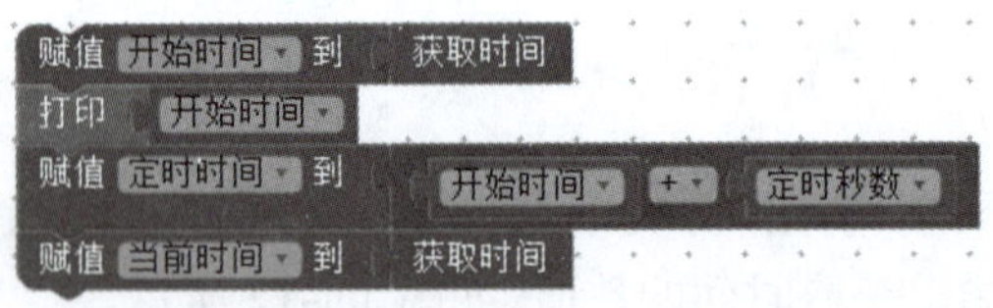

图 11–15　定义并赋值时间变量

② 循环判断条件需要对比当前时间和定时时间，使用“逻辑”分类中的“比较”模块实现。

③ 若当前时间小于定时时间，需要不断赋值新的当前时间；若当前时间大于或等于定时时间，则停止比较，执行拔充电器动作，如图 11–16 所示。

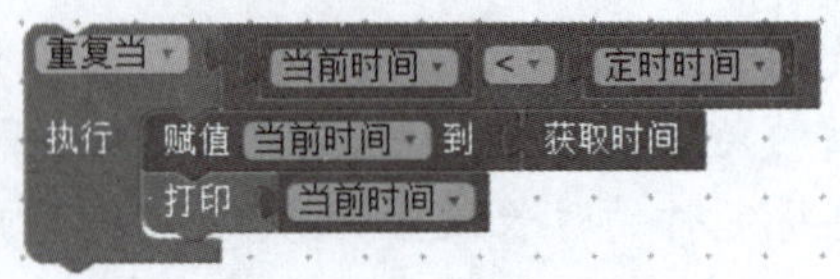

图 11–16　循环结构实现定时功能

(四) 定义“拔充电器”函数

拔充电器是通过机器人的移动动作实现的，执行起来比较简单。使用“函数”分类中的“函数定义”模块定义名为“拔充电器”的函数，可以使程序更加简明和清晰，如图 11–17 所示。

至 拔充电器
选择夹具 手爪
手爪 张开
移动到 X 200 Y 0 Z 0
延时 1 s
手爪 闭合
延时 1 s
相对移动 ΔX 0 ΔY 0 ΔZ 100
手爪 禁止

图 11–17　“拔充电器”函数

(五) 加入“打印”模块

在程序中适时加入“打印”模块，可增加程序的可读性。

机器人定时拔充电器完整程序示例如图 11–18 所示。

打印 “是否开始定时”
赋值 定时秒数 到 10
如果 定时秒数 > 0
执行 打印 “开始定时”
赋值 开始时间 到 获取时间
打印 开始时间
赋值 定时时间 到 开始时间 + 定时秒数
赋值 当前时间 到 获取时间
重复当 当前时间 < 定时时间
执行 赋值 当前时间 到 获取时间
打印 当前时间
拔充电器
打印 “拔充电器程序完成”
否则 打印 “未开始”

至 拔充电器
选择夹具 手爪
手爪 张开
移动到 X 200 Y 0 Z 0
延时 1 s
手爪 闭合
延时 1 s
相对移动 ΔX 0 ΔY 0 ΔZ 100
手爪 禁止

图 11–18　机器人定时拔充电器完整程序示例

微视频：Python 编程实现机器人定时拔充电器的程序编写

二、Python 编程实现

本任务中，主要通过 dType.gettime( ) 函数获取系统时间，从而实现定时功能，由条件语句判断定时是否开始，通过 dType.SetEndEffectorGripper( ) 函数控制手爪夹取充电器。程序中的坐标点位置需要根据实际情况进行设置。

机器人定时拔充电器示例程序如下：

```
#1.自定义"拔充电器"函数(先定义,后调用)
def close():
    dType.SetEndEffectorGripper(api, 1, 0, isQueued=1)
    #手爪张开
    dType.SetPTPCmd(api, 2, 200, 0, 0, 70, isQueued=0)
    #移动到点(200, 0, 0, 70)
    dType.SetWAITCmd(api,1000,isQueued=1)
    #延时1 s
    dType.SetEndEffectorGripper(api, 1, 1, isQueued=1)
    #手爪闭合
    dType.SetWAITCmd(api,1000,isQueued=1)
    #延时1 s
    dType.SetPTPCmd(api, 7, 0, 0, 100, 0, isQueued=0)
    #沿Z轴相对移动+100,到达安全位置
    dType.SetEndEffectorGripper(api, 0, 0, isQueued=1)
    #手爪禁止
#2.判断是否开始定时
print('是否开始定时')
seconds=10
#定义并赋值定时秒数
if seconds>0:
#3.条件为真,定时开始
    print('开始定时')
    start=dType.gettime()[0]
    #定义并获取开始时间，此处使用索引操作
    print(start)
    #输出开始时间
    time=start+seconds
    #定义定时时间,定时时间=开始时间+定时秒数
    current=dType.gettime()[0]
    #定义并获取当前时间
    #4.循环结构实现定时功能
    while current< time:
        current=dType.gettime()[0]
        #重新获取当前时间
        print(current)
        #输出当前时间
    #5.调用"拔充电器"函数
    close()
    print('拔充电器程序完成')
#6.条件为假,定时功能不执行
else:
    print('未开始')
```

微视频：智能机器人定时拔充电器任务实施效果演示

11.6　任务总结

任　务　书

<table>
<tr><td>情境三</td><td colspan="2">轻而易举——程序编写来帮忙</td><td>任务名称</td><td colspan="2">智能机器人定时拔充电器</td></tr>
<tr><td>班级</td><td></td><td>姓名</td><td></td><td>学号</td><td></td></tr>
<tr><td>日期</td><td></td><td>地点</td><td></td><td>指导教师</td><td></td></tr>
<tr><td>任务目标</td><td colspan="5"></td></tr>
<tr><td rowspan="5">主要设备、仪器、工具清单</td><td colspan="2">名称</td><td colspan="2">型号</td><td>数量</td></tr>
<tr><td colspan="2"></td><td colspan="2"></td><td></td></tr>
<tr><td colspan="2"></td><td colspan="2"></td><td></td></tr>
<tr><td colspan="2"></td><td colspan="2"></td><td></td></tr>
<tr><td colspan="2"></td><td colspan="2"></td><td></td></tr>
<tr><td>实施过程</td><td colspan="5"></td></tr>
<tr><td>成果展示与分析</td><td colspan="5"></td></tr>
<tr><td>总结反思</td><td colspan="5"></td></tr>
</table>

11.7 考核评价

<table>
<tr><td colspan="6">任务评价考核评分表</td></tr>
<tr><td colspan="2">姓名</td><td></td><td>任务名称</td><td colspan="2">智能机器人定时拔充电器</td></tr>
<tr><td>序号</td><td>考核项目</td><td>评分标准</td><td></td><td>扣分及扣分依据</td><td>得分</td></tr>
<tr><td rowspan="4">1</td><td rowspan="4">图形化编程
(40分)</td><td colspan="2">1. 正确画出程序流程图(10分)</td><td></td><td></td></tr>
<tr><td colspan="2">2. 使用图形化编程实现定时功能(10分)</td><td></td><td></td></tr>
<tr><td colspan="2">3. 使用图形化编程实现机器人定时拔充电器(10分)</td><td></td><td></td></tr>
<tr><td colspan="2">4. 完成程序的调试与完善(10分)</td><td></td><td></td></tr>
<tr><td rowspan="3">2</td><td rowspan="3">Python
编程
(50分)</td><td colspan="2">1. 使用 Python 编程实现定时功能(10分)</td><td></td><td></td></tr>
<tr><td colspan="2">2. 使用 Python 编程实现机器人定时拔充电器(30分)</td><td></td><td></td></tr>
<tr><td colspan="2">3. 完成程序的调试与完善(10分)</td><td></td><td></td></tr>
<tr><td rowspan="4">3</td><td rowspan="4">职业素养
(10分)</td><td colspan="2">1. 遵守课堂纪律,无安全事故(4分)</td><td rowspan="4"></td><td rowspan="4"></td></tr>
<tr><td colspan="2">2. 工位保持清洁,物品整齐(2分)</td></tr>
<tr><td colspan="2">3. 操作规范,爱护设备(2分)</td></tr>
<tr><td colspan="2">4. 自觉服从指导教师安排(2分)</td></tr>
<tr><td rowspan="2">4</td><td rowspan="2">违规扣分</td><td colspan="2">1. 机器人与其他设备碰撞(每次扣5分)</td><td rowspan="2"></td><td rowspan="2"></td></tr>
<tr><td colspan="2">2. 设备损坏(扣20分)</td></tr>
<tr><td colspan="2">总分</td><td colspan="4"></td></tr>
</table>

11.8 任务拓展

1. 本任务中,若图形化编程改用“直到”型循环结构实现定时判断,该如何编写语句?

2. 列举出生活中使用定时功能的场景。

情境 

事半功倍——智能机器人流水作业

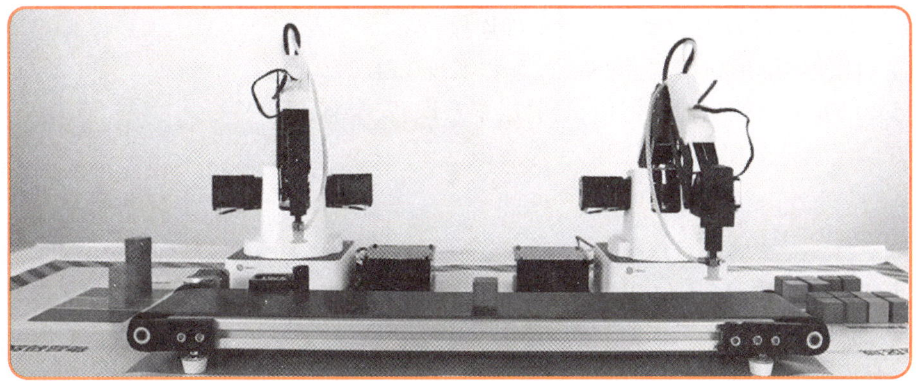

任务 12 智能机器人 LED 灯闪烁控制

【学习目标】

1. 了解发光二极管；
2. 熟悉机器人小臂 EIO 引脚构成及复用功能；
3. 能完成 LED 灯驱动电路的正确连接；
4. 能使用图形化编程和 Python 编程实现 LED 灯闪烁；
5. 培养节约耗材的好习惯，培养成本意识、安全意识；
6. 培养发散思维，加强团队合作意识。

【重点难点】

1. 能完成 LED 灯驱动电路的正确连接；
2. 能使用图形化编程和 Python 编程实现 LED 灯闪烁。

12.1 思维导图

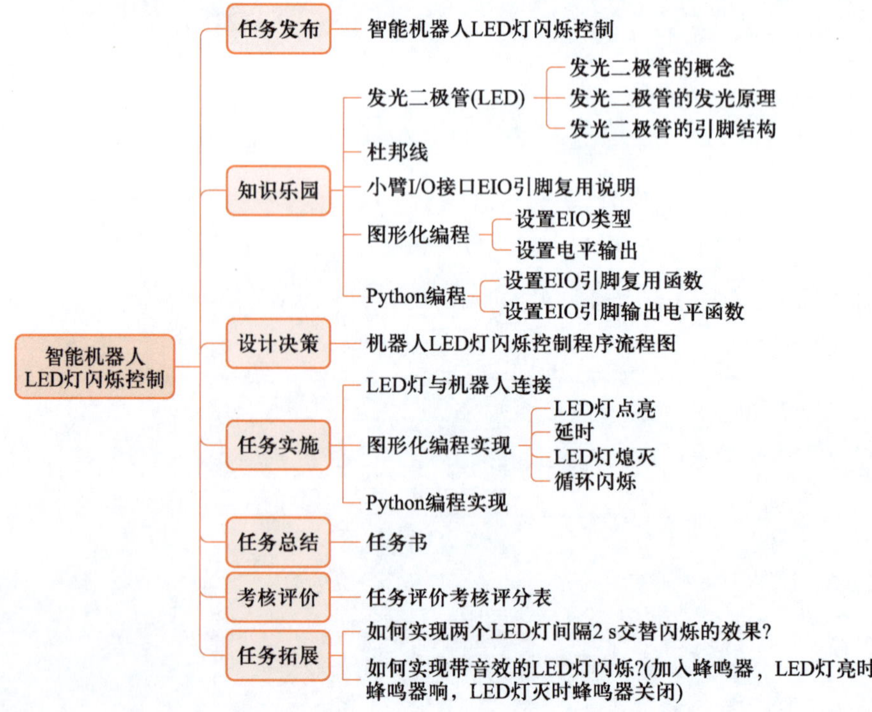

12.2　任务发布

微视频：智能机器人 LED 灯闪烁控制任务发布

任务名称	智能机器人 LED 灯闪烁控制
任务内容	LED 常用于各种电子电路、家电、仪表等设备中作为指示灯，起到提示或警示的作用。本任务要求使用图形化编程和 Python 编程两种编程方式，实现用机器人控制 LED 灯闪烁
运行环境	

12.3　知识乐园

微视频：发光二极管与杜邦线

一、发光二极管（LED）

（一）发光二极管的概念

发光二极管简称为 LED，是一种能直接将电能转变成光能的发光显示器件，其电路图形符号如图 12-1 所示。发光二极管和普通二极管相似，也是由一个 PN 结组成，也具有单向导电性。

图 12-1　发光二极管电路图形符号

（二）发光二极管的发光原理

发光二极管由含镓（Ga）、砷（As）、磷（P）、氮（N）等的半导体材料制成，正向导通时，电子与空穴的复合能辐射出可见光，因而具有发光的特性。发光二极管的正向伏安特性曲线很陡，电流较大，如图 12-2 所示，使用时需串联限流电阻以控制通过发光二极管的电流。

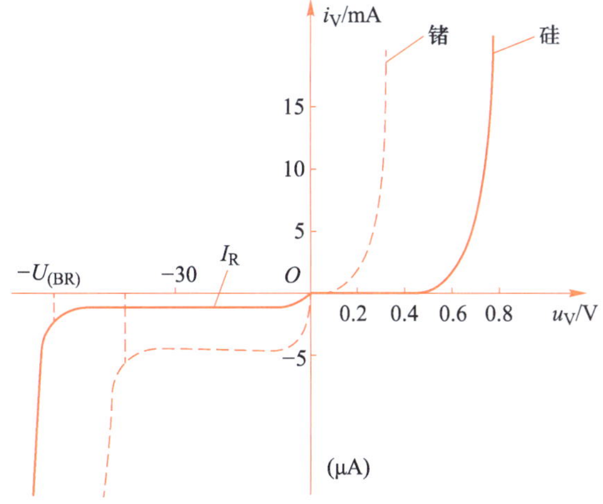

图 12-2　发光二极管的伏安特性曲线

（三）发光二极管的引脚结构

发光二极管有一长一短两个引脚，如图 12-3 所示，长的引脚是正极（阳极），短的是负极（阴极），连接时需注意方向。发光二极管可发出各种颜色的光，如红光、绿光或黄光等，常被用作电源指示或电平指示。

图片：
发光二极管

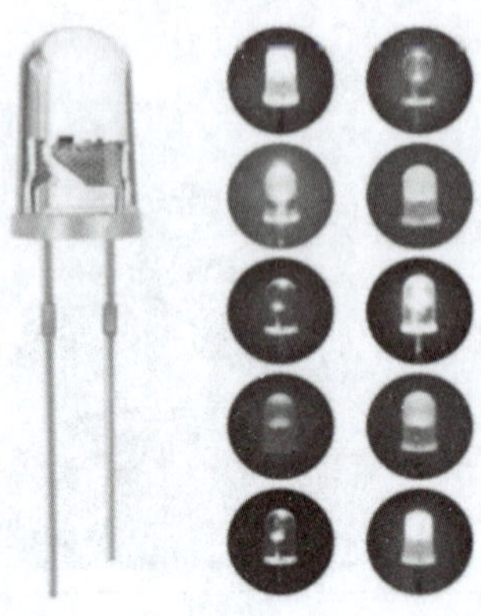

图 12-3　发光二极管

二、杜邦线

杜邦线无须焊接即可牢靠地与插针连接，可以快速进行电路试验，所以在电子电路实践中会经常用到。杜邦线分为公头和母头，如图 12-4 所示。

图 12-4　公头和母头的杜邦线

微视频：
小臂上的
输入 / 输
出接口

为方便辨认，常用红色杜邦线或其他鲜艳的亮色杜邦线连接正极，用黑、灰、白等暗色杜邦线连接负极。

三、小臂 I/O 接口 EIO 引脚复用说明

机器人的 I/O 接口采用统一编址的方式，且大部分引脚具有复用功能，可通过 I/O 接口实现高低电平输出、电平输入读取等功能，以控制机器人的外围设备。机器人小臂 I/O 接口的 EIO 引脚编址如图 12-5 所示。

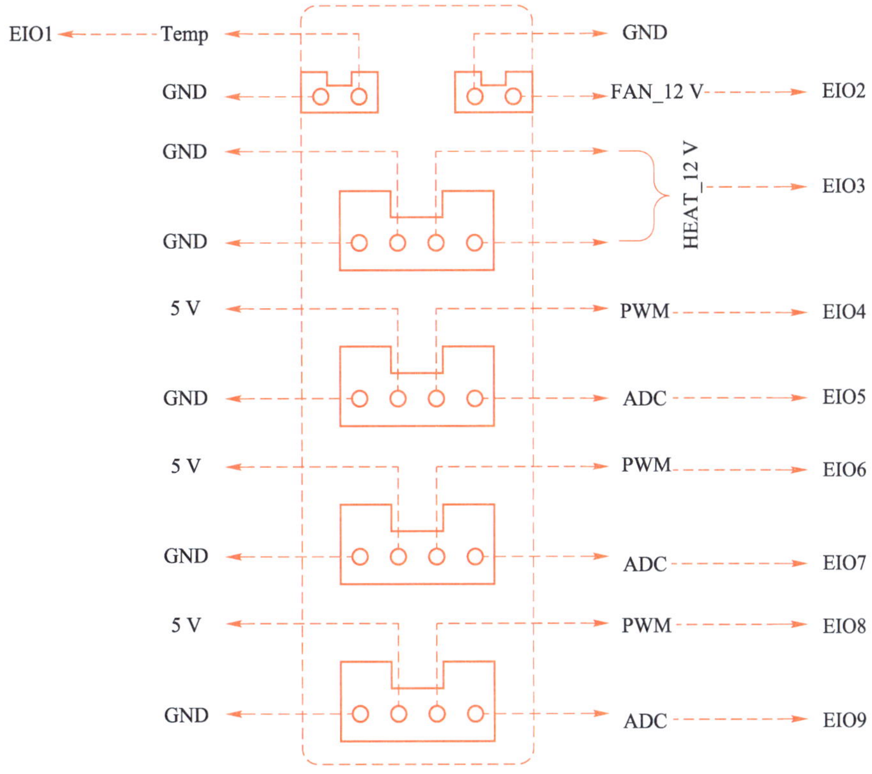

图 12-5　机器人小臂 I/O 接口的 EIO 引脚编址

引脚中有电平输出功能的是 EIO1、EIO2、EIO3、EIO4、EIO6、EIO8、EIO9；有电平输入功能的是 EIO1、EIO5、EIO7、EIO9；有 PWM（脉冲宽度调制）功能的是 EIO4、EIO6、EIO8；有 ADC 功能的是 EIO5、EIO7、EIO9。应用时可根据实际连接外设控制需求选择对应功能的引脚。小臂 I/O 接口的 EIO 引脚复用说明见表 12-1。

表 12-1　小臂 I/O 接口的 EIO 引脚复用说明

EIO 引脚	电压 /V	电平输出	PWM	电平输入	ADC
EIO1	3.3	√	—	√	—
EIO2	12	√	—	—	—
EIO3	12	√	—	—	—
EIO4	3.3	√	√	—	—
EIO5	3.3	—	—	√	√
EIO6	3.3	√	√	—	—
EIO7	3.3	—	—	√	√
EIO8	3.3	√	√	—	—
EIO9	3.3	√	—	√	√

拓展知识：脉冲宽度调制、ADC

脉冲宽度调制（PWM）是指利用微处理器的数字输出来模拟模拟信号的输出，它的信号是一个一个的方波，方波的高电平和低电平时间均可以调整。在一个脉冲周期内，高电平的时间与整个周期时间的比例称为占空比，通常可设置为0%~100%，高电平的时间被称为工作周期。PWM数字信号转换成模拟信号如图12-6所示，每个示意图都表示一个脉冲，调整脉冲的工作周期，即调整每个脉冲的高、低电平比例，就可以得到不同的电压输出值。

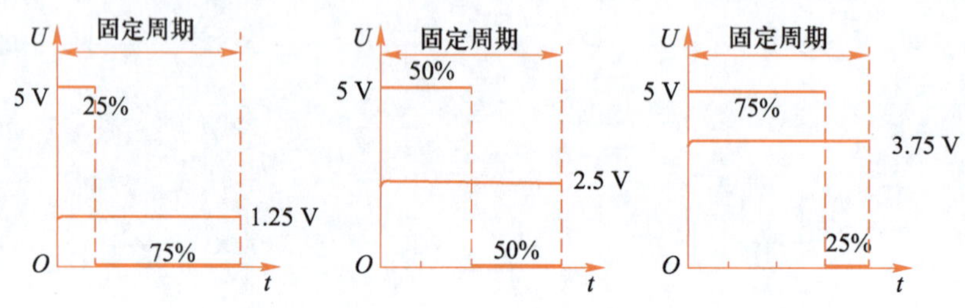

图 12-6　PWM 数字信号转换成模拟信号

ADC指模数转换器，即微处理器可以将感应器接收到的环境中的模拟信号转换为数字信号，一般用在数据采集方面。

微视频：图形化编程中的引脚设置模块

四、图形化编程

（一）设置EIO类型

“DobotAPI”下“I/O”分类中包含设置EIO引脚类型的功能模块，在“类型”下拉列表中可以定义机器人EIO的引脚类型，在“EIO”下拉列表中可以选择对应的EIO接口，如图12-7所示。

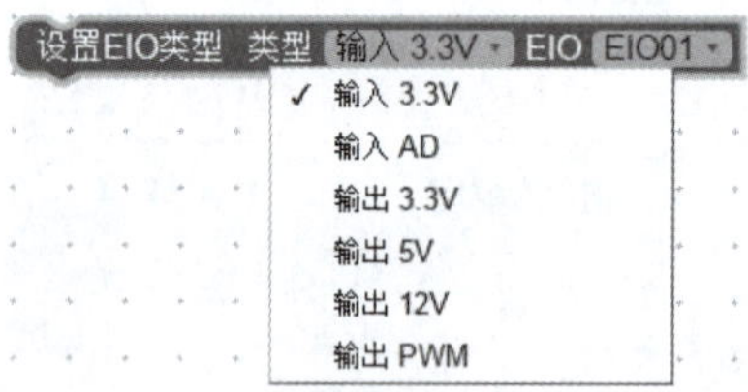

图 12-7　设置 EIO 类型

（二）设置电平输出

“DobotAPI”下“I/O”分类中包含设置EIO引脚输出电平的功能模块，可以设置机器人的EIO引脚输出**0**（即低电平）或**1**（即高电平），如图12-8所示。

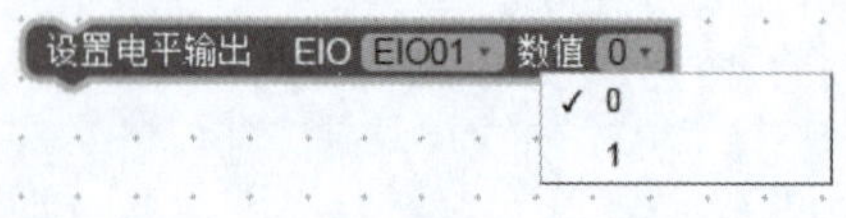

图 12-8　设置电平输出

五、Python 编程

此处介绍的 API 函数有设置 EIO 引脚复用函数、设置 EIO 引脚输出电平函数。

微视频：Python 编程中的引脚设置 API 函数

（一）设置 EIO 引脚复用函数

```
dType.SetIOMultiplexing(api, address, multiplex, isQueued=0)
```

功能：设置 EIO 引脚复用，在使用 EIO 引脚前需要设置引脚的复用功能。参数说明见表 12–2。

表 12–2　设置 EIO 引脚复用函数参数说明

参数	说明
api	使用 Dobot 库的对象，无须修改
address	EIO 引脚地址，取值范围：1~20
multiplex	EIO 引脚功能，取值范围：0~6 0：EIO 引脚不配置功能 1：EIO 引脚输出功能 2：EIO 引脚 PWM 输出功能 3：EIO 引脚输入功能 4：EIO 引脚 A/D 输入功能 5：EIO 引脚上拉输入功能 6：EIO 引脚下拉输入功能
isQueued	队列模式：**1** 表示队列模式，**0** 表示立即模式

（二）设置 EIO 引脚输出电平函数

```
dType.SetIODO(api, address, level, isQueued=0)
```

功能：设置 EIO 引脚输出电平。参数说明见表 12–3。

表 12–3　设置 EIO 引脚输出电平函数参数说明

参数	说明
api	使用 Dobot 库的对象，无须修改
address	EIO 引脚地址，取值范围：1~20
level	EIO 引脚输出电平：**0** 表示低电平，**1** 表示高电平
isQueued	队列模式：**1** 表示队列模式，**0** 表示立即模式

12.4　设计决策

使用杜邦线连接机器人的 EIO 引脚与 LED 灯，通过控制 EIO 引脚输出高、低电平，从而控制 LED 灯的亮灭，闪烁效果由延时功能实现。机器人 LED 灯闪烁控制程序流程图如图 12–9 所示。

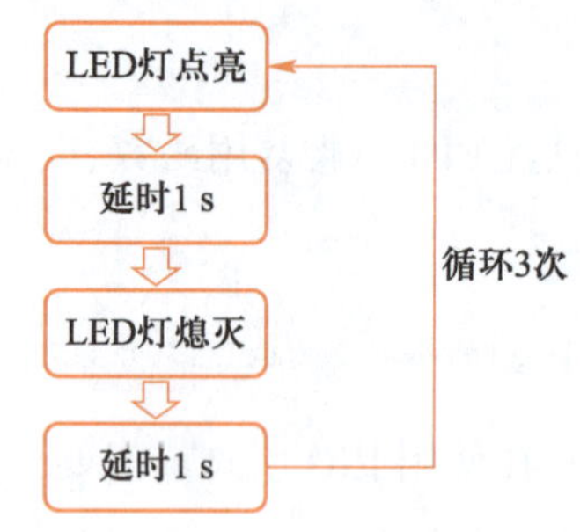

图 12-9 机器人 LED 灯闪烁控制程序流程图

12.5 任务实施

一、LED 灯与机器人连接

本任务实现 LED 灯闪烁控制，需要选择有电平输出功能的引脚（以 EIO4 引脚为例）。使用两根两头都是母头的杜邦线分别连接 LED 灯的两个引脚，红色杜邦线的一端连接 LED 灯的长引脚（正极），另一端连接机器人小臂 GP5 接口的 EIO4 引脚；黑色杜邦线的一端连接 LED 灯的短引脚（负极），另一端连接机器人小臂 GP5 接口的 GND 引脚，如图 12-10 所示。

图片：LED 灯与小臂连接

图 12-10 LED 灯与小臂连接

微视频：图形化编程实现 LED 灯闪烁控制的程序编写

机器人 EIO4 引脚的输出电压为 3.3 V，LED 的导通电压为 2 V 左右，由于 LED 的正向伏安特性曲线很陡，因此在设计 LED 驱动电路时，可在电路连接中串联限流电阻，以防止器件损坏。

二、图形化编程实现

按照已经构建好的流程图，从功能模块选择区中找出需要的模块并将其拖曳至程序构建区进行组合。

（一）LED 灯点亮

使用“I/O”分类中的“设置 EIO 类型”模块，选择“类型”为“输出 3.3V”，选择“EIO”为“EIO04”。然后设置 EIO4 引脚的输出电平为 **1**，即 EIO4 引脚连接的 LED 灯正极接 3.3 V 电压，LED 灯点亮，如图 12–11 所示。

图 12–11　LED 灯点亮

（二）延时

灯亮的时长和闪烁的间隔可根据控制要求自行定义，可使用“基础”分类中的“延时”模块，如图 12–12 所示。

图 12–12　延时

（三）LED 灯熄灭

设置 EIO4 引脚的输出电平为 **0**，即 EIO4 引脚输出电压为 0 V，LED 灯熄灭，如图 12–13 所示。

图 12–13　LED 灯熄灭

（四）循环闪烁

使用“循环”分类中的“指定次数循环”模块可使 LED 灯循环亮灭若干次，即实现闪烁效果。

机器人 LED 灯闪烁控制完整程序示例如图 12–14 所示。

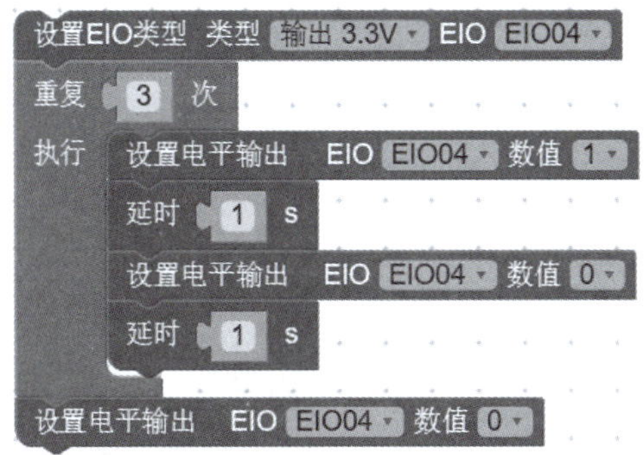

图 12–14　机器人 LED 灯闪烁控制完整程序示例

微视频：Python 编程实现 LED 灯闪烁控制的程序编写

微视频：智能机器人 LED 灯闪烁控制任务实施效果演示

三、Python 编程实现

本任务中，通过 dType.SetIOMultiplexing( ) 函数设置引脚复用功能，通过 dType.SetIODO() 函数设置输出电平，使用 for 语句实现 LED 灯循环闪烁。

机器人 LED 灯闪烁控制示例程序如下：

```
dType.SetIOMultiplexing(api, 4, 1, isQueued=0)
# 定义 EIO4 引脚复用模式为电平输出模式
for count in range(3):
#for 循环语句，循环 3 次
    dType.SetIODO(api, 4, 1, isQueued=0)
    # 设置 EIO4 为高电平，LED 灯点亮
    dType.SetWAITCmd(api, 1000, isQueued=1)
    # 延时 1 s
    dType.SetIODO(api, 4, 0, isQueued=0)
    # 设置 EIO4 为低电平，LED 灯熄灭
    dType.SetWAITCmd(api, 1000, isQueued=1)
    # 延时 1 s
dType.SetIODO(api, 4, 0, isQueued=0)
# 设置 EIO4 为低电平，LED 灯熄灭
```

12.6　任务总结

任　务　书

<table>
<tr><td>情境四</td><td colspan="2">事半功倍——智能机器人流水作业</td><td>任务名称</td><td colspan="2">智能机器人 LED 灯闪烁控制</td></tr>
<tr><td>班级</td><td></td><td>姓名</td><td></td><td>学号</td><td></td></tr>
<tr><td>日期</td><td></td><td>地点</td><td></td><td>指导教师</td><td></td></tr>
<tr><td>任务
目标</td><td colspan="5"></td></tr>
<tr><td rowspan="5">主要设备、
仪器、工具
清单</td><td colspan="2">名称</td><td colspan="2">型号</td><td>数量</td></tr>
<tr><td colspan="2"></td><td colspan="2"></td><td></td></tr>
<tr><td colspan="2"></td><td colspan="2"></td><td></td></tr>
<tr><td colspan="2"></td><td colspan="2"></td><td></td></tr>
<tr><td colspan="2"></td><td colspan="2"></td><td></td></tr>
<tr><td>实施
过程</td><td colspan="5"></td></tr>
<tr><td>成果
展示与
分析</td><td colspan="5"></td></tr>
<tr><td>总结
反思</td><td colspan="5"></td></tr>
</table>

12.7 考核评价

<table>
<tr><td colspan="5">任务评价考核评分表</td></tr>
<tr><td colspan="2">姓名</td><td>任务名称</td><td colspan="2">智能机器人 LED 灯闪烁控制</td></tr>
<tr><td>序号</td><td>考核项目</td><td>评分标准</td><td>扣分及扣分依据</td><td>得分</td></tr>
<tr><td rowspan="4">1</td><td rowspan="4">图形化编程（40 分）</td><td>1. 正确画出程序流程图（10 分）</td><td></td><td></td></tr>
<tr><td>2. 熟练使用图形化编程设置 EIO 引脚类型和输出电平（10 分）</td><td></td><td></td></tr>
<tr><td>3. 使用图形化编程实现机器人 LED 灯闪烁控制（10 分）</td><td></td><td></td></tr>
<tr><td>4. 完成程序软、硬件联调，显示正确（10 分）</td><td></td><td></td></tr>
<tr><td rowspan="3">2</td><td rowspan="3">Python 编程（50 分）</td><td>1. 熟练使用设置 EIO 引脚复用函数、设置 EIO 引脚输出电平函数（10 分）</td><td></td><td></td></tr>
<tr><td>2. 使用 Python 编程实现机器人 LED 灯闪烁控制（30 分）</td><td></td><td></td></tr>
<tr><td>3. 完成程序软、硬件联调，显示正确（10 分）</td><td></td><td></td></tr>
<tr><td rowspan="4">3</td><td rowspan="4">职业素养（10 分）</td><td>1. 遵守课堂纪律，无安全事故（4 分）</td><td rowspan="4"></td><td rowspan="4"></td></tr>
<tr><td>2. 工位保持清洁，物品整齐（2 分）</td></tr>
<tr><td>3. 操作规范，爱护设备（2 分）</td></tr>
<tr><td>4. 自觉服从指导教师安排（2 分）</td></tr>
<tr><td rowspan="2">4</td><td rowspan="2">违规扣分</td><td>1. 机器人与其他设备碰撞（每次扣 5 分）</td><td rowspan="2"></td><td rowspan="2"></td></tr>
<tr><td>2. 设备损坏（扣 20 分）</td></tr>
<tr><td colspan="2">总分</td><td colspan="3"></td></tr>
</table>

12.8 任务拓展

1. 如何实现两个 LED 灯间隔 2 s 交替闪烁的效果？

2. 如何实现带音效的 LED 灯闪烁？（加入蜂鸣器，LED 灯亮时蜂鸣器响，LED 灯灭时蜂鸣器关闭）

任务 13 智能机器人货物识别

【学习目标】

1. 了解光电传感器；
2. 熟悉机器人底座 EIO 引脚构成及复用功能；
3. 能完成光电传感器与机器人的正确连接；
4. 能使用图形化编程实现机器人货物识别；
5. 能使用 Python 编程实现机器人货物识别；
6. 培养举一反三、触类旁通的学习迁移能力。

【重点难点】

1. 能使用图形化编程实现机器人货物识别；
2. 能使用 Python 编程实现机器人货物识别。

13.1 思维导图

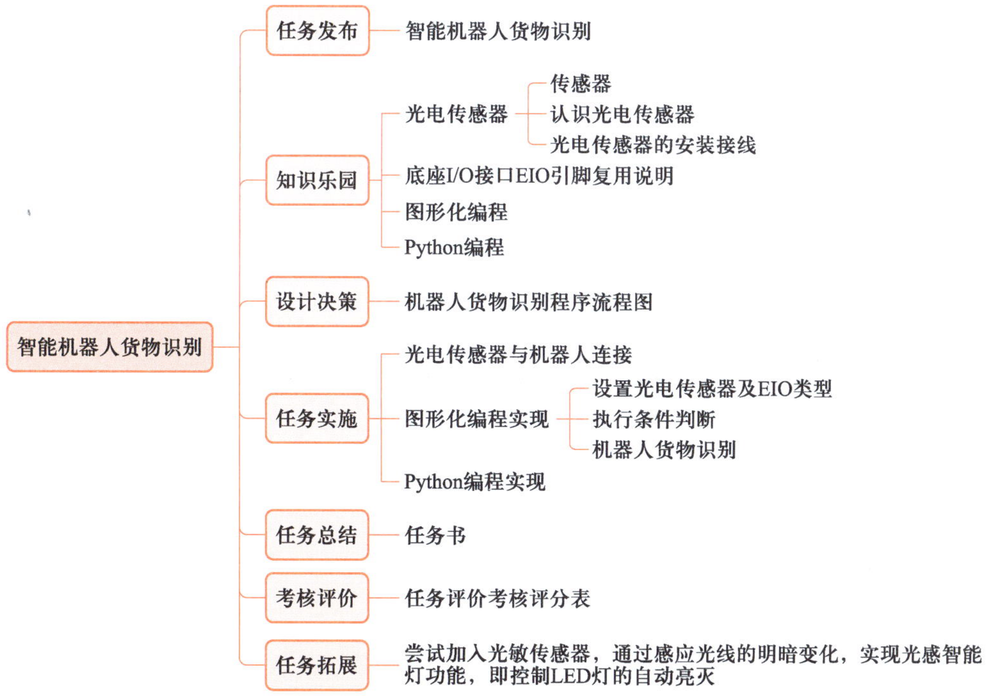

13.2 任务发布

微视频：智能机器人货物识别任务发布

任务名称	智能机器人货物识别
任务内容	货物自动识别在仓储、运输、包装及配送等物流环节上都能大显身手，使物流行业实现信息化和自动化。本任务要求采用传感器技术，通过编程的方式实现机器人货物识别
运行环境	

13.3 知识乐园

微视频：传感器与光电传感器

一、光电传感器

（一）传感器

传感器是一种检测装置，能感受到被测量的信息，并能将感受到的信息按一定规律变换成电信号或其他所需形式的信息输出，以满足信息的传输、处理、存储、显示、记录和控制等要求。

传感器一般是基于物理、化学和生物等学科的某些效应或原理按照一定的制造工艺研制出来的，它能“感知”被测量的大小与变化，并进行处理。传感器通常由敏感元件、转换元件（光电元件）、信号调节与转换电路和其他辅助电路组成，如图 13–1 所示。

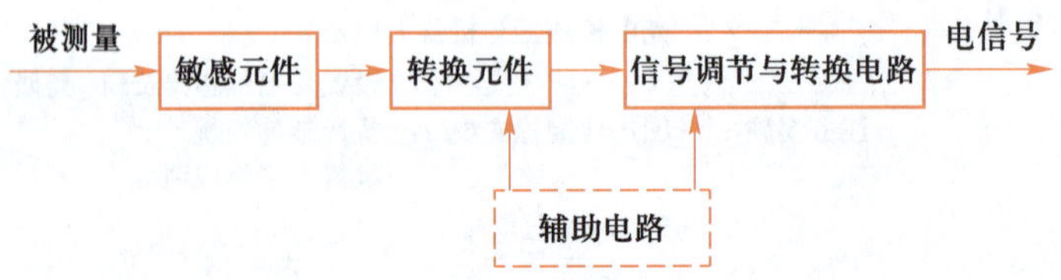

图 13–1　传感器的组成

（二）认识光电传感器

光电传感器又称为光电开关，是将光信号强度的变化转换成电信号变化的器件。光电传感器可根据需要做成多种形式，如图 13–2 所示。一般情况下，光电传感器由发送器、接收器和检测电路三部分构成，如图 13–3 所示。发送器对准目标发射光束，发射的光束一般来自半导体光源、发光二极管、激光二极管及红外发射二极管，光束不间断地发射，或者改变脉冲宽度；接收器由光电二极管、光电三极管、光电池组成，在接收器的前面，装有光学元件如透镜和光圈等；接收器后面是检测电路，它能滤出有效信号并应用该信号。

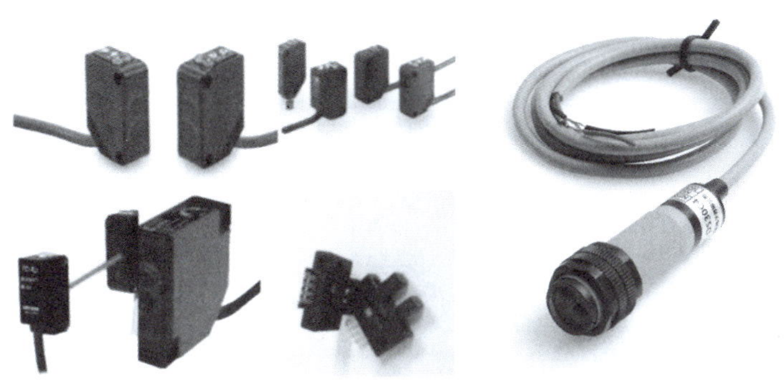

图 13-2　不同形式的光电传感器

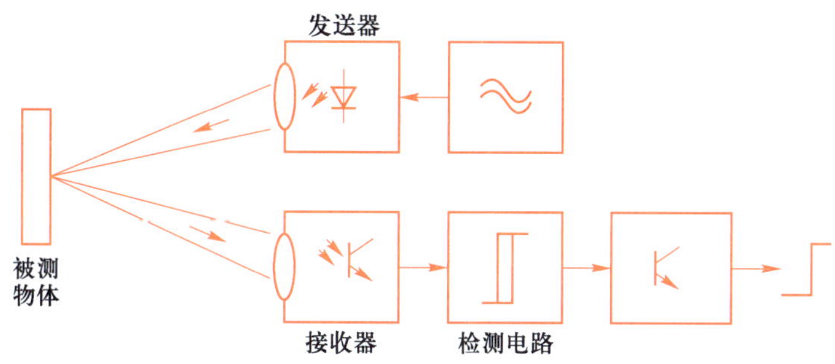

图 13-3　光电传感器的构成及工作原理

（三）光电传感器的安装接线

光电传感器按照其内部的光电元件来划分，有 NPN、PNP、NMOS、PMOS 几种类型，其中 NMOS 与 NPN 型、PMOS 与 PNP 型接线相同。各种光电传感器均有棕色、蓝色、黑色导线，如图 13-4 所示。棕色导线接电源正极；蓝色导线接电源负极；黑色导线为信号线，负责将获得的信号输入微处理器。NPN 型负载接在棕色导线与黑色导线之间，表示共正电压，输出负电压；PNP 型负载接在黑色导线与蓝色导线之间，表示共负电压，输出正电压，如图 13-5 所示。

棕色：电源正极

蓝色：电源负极

黑色：接负载端

图 13-4　光电传感器的引出线

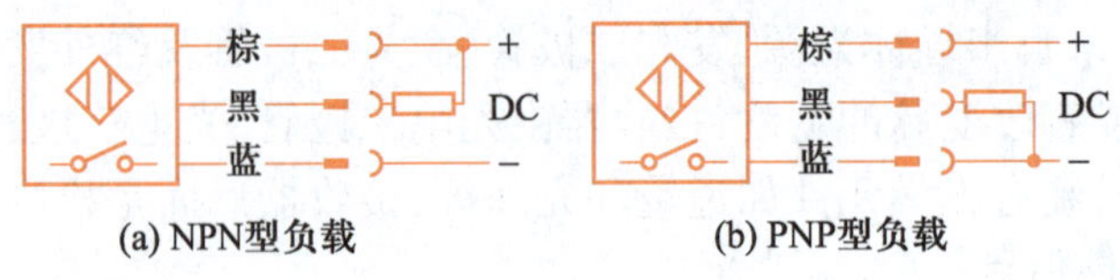

图 13-5　光电传感器接线图

二、底座 I/O 接口 EIO 引脚复用说明

微视频：机器人底座上的输入 / 输出接口

机器人底座 I/O 接口的 EIO 引脚编址如图 13-6 所示，底座 I/O 接口的 EIO 引脚复用说明见表 13-1。

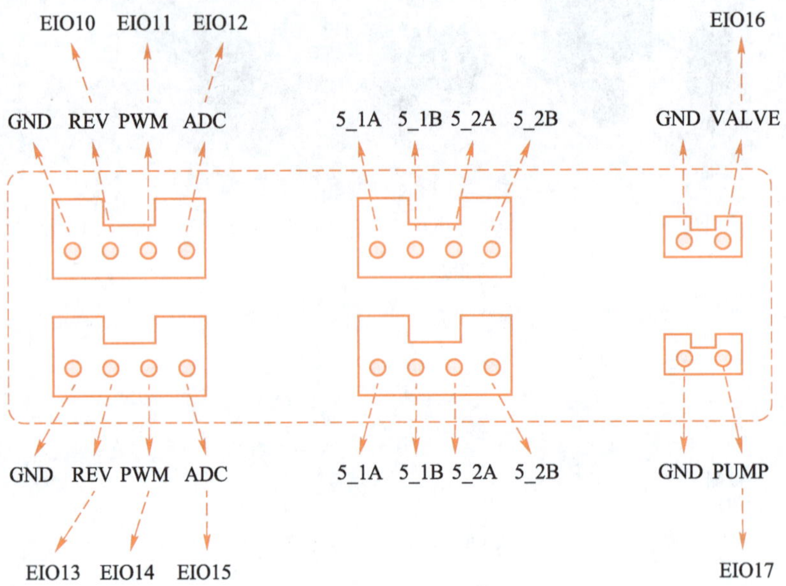

图 13-6　机器人底座 I/O 接口的 EIO 引脚编址

表 13-1　底座 I/O 接口的 EIO 引脚复用说明

EIO 引脚	电压 /V	电平输出	PWM	电平输入	ADC
EIO10	5	√	—	—	—
EIO11	3.3	√	√	—	—
EIO12	3.3	—	—	√	√
EIO13	5	√	—	—	—
EIO14	3.3	√	√	√	—
EIO15	3.3	√	—	√	√
EIO16	12	√	—	—	—
EIO17	12	√	—	—	—

三、图形化编程

微视频：图形化编程中相关模块介绍

（一）设置光电传感器

“DobotAPI”下“附加配件”分类中包含设置光电传感器使用的功能模块，可以设置光电传感器的版本、端口及开关状态，如图 13–7 所示。

图 13–7　设置光电传感器

（二）获取电平输入

“DobotAPI”下“I/O”分类中包含“获取电平输入”模块，可以获取 EIO 引脚的输入电平，如图 13–8 所示。

图 13–8　获取电平输入

四、Python 编程

微视频：Python 编程中相关 API 函数介绍

此处介绍的 API 函数有设置光电传感器函数、读取 EIO 引脚输入电平函数。

（一）设置光电传感器函数

```
dType.SetInfraredSensor(api, isEnable, infraredPort, version=0)
```

功能：设置光电传感器参数。参数说明见表 13–2。

表 13–2　设置光电传感器函数参数说明

参数	说明
api	使用 Dobot 库的对象，无须修改
isEnable	使能标志：**0** 表示未使能，**1** 表示使能
infraredPort	光电传感器连接的机器人接口，根据电路连接选择对应的接口：GP1、GP2、GP4、GP5
version	版本号：0 表示 1.0 版本，1 表示 2.0 版本

(二) 读取 EIO 引脚输入电平函数

```
dType.GetIODI(api, address)
```

功能:读取 EIO 引脚输入电平。参数说明见表 13-3。

表 13-3　读取 EIO 引脚输入电平函数参数说明

参数	说明
api	使用 Dobot 库的对象,无须修改
address	EIO 引脚地址,取值范围:1~20

13.4　设计决策

机器人的货物识别功能通过光电传感器实现。先将传感器与机器人连接,然后通过条件判断结构检测传送带上有无货物,判断条件为传感器的输出信号,当有货物出现时,LED 灯闪烁 3 次。机器人货物识别程序流程图如图 13-9 所示。

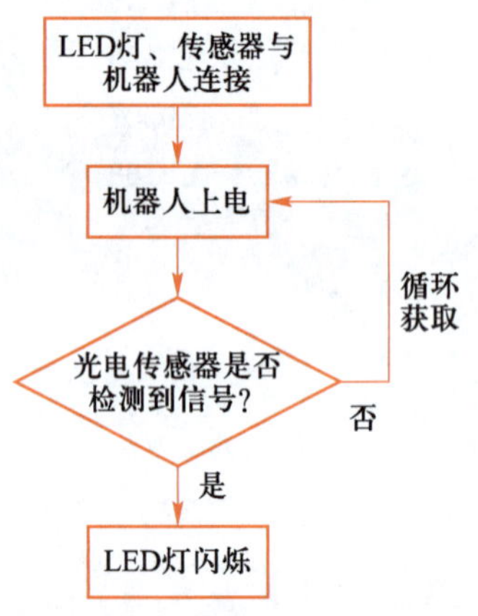

图 13-9　机器人货物识别程序流程图

13.5　任务实施

一、光电传感器与机器人连接

选择机器人底座的 GP2 接口与光电传感器连接,光电传感器有 3 条导线,蓝色导线(GND)和棕色导线(VCC)连接机器人 GP2 接口的 GND 引脚和 EIO13 引脚(可输出 5 V 电压),黑色导线(SIG 信号线)连接 GP2 接口的 EIO15 引脚,使用 EIO15 引脚的电平输入功能,如图 13-10 所示。

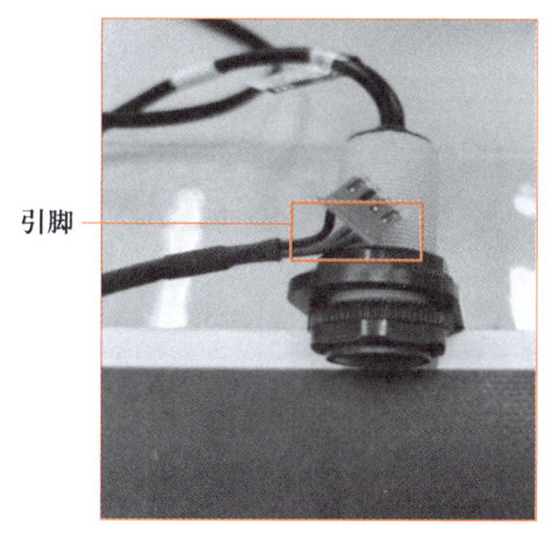

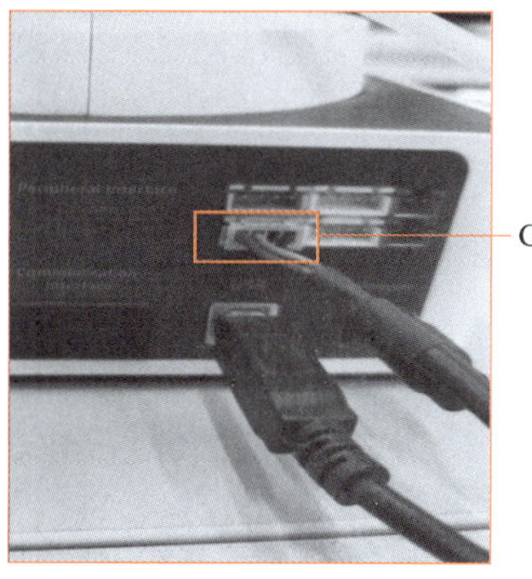

图片：光电传感器电路接线

图 13-10　光电传感器电路接线

注意

在生产线货物识别系统中，光电传感器作为信号输入元件与机器人连接。接线前应首先识别其信号输出以及电源正、负极的引出线；然后明确光电传感器的型号，本任务采用 E18-D80NK 型传感器，为直流三线漫反射式 NPN 型红外感应开关。对于 NPN 型三极管输出的光电传感器，其棕色导线接 DC 5 V 电源正极（额定电压 5 V），蓝色导线接电源负极，黑色导线接具有 3.3 V 输入功能的 I/O 引脚（共正电压）。

二、图形化编程实现

按照已经构建好的流程图，从功能模块选择区中找出需要的模块并将其拖曳至程序构建区进行组合。

微视频：图形化编程实现智能机器人货物识别的程序编写

（一）设置光电传感器及 EIO 类型

光电传感器与 GP2 接口连接，并设置为“开”状态。设置 EIO13 引脚为电平“输出 5V”，EIO15 引脚为电平“输入 3.3V”，如图 13-11 所示。当 EIO15 引脚为低电平时，光电传感器检测到物品，LED 灯闪烁。

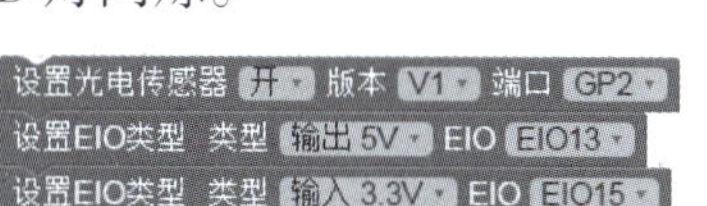

图 13-11　设置光电传感器及 EIO 类型

（二）执行条件判断

使用“逻辑”分类中的“条件判断”模块来判断是否有货物出现。判断条件应为 EIO15 引脚的输出信号，EIO15 引脚为低电平时，检测到货物，用到“I/O”分类中的“获取电平输入”模块，如图 13-12 所示。

图 13-12　条件判断是否有货物

（三）机器人货物识别

当传感器有信号时，LED 灯闪烁 3 次；当传感器无信号时，LED 灯熄灭。机器人货物识别完整程序示例如图 13-13 所示。

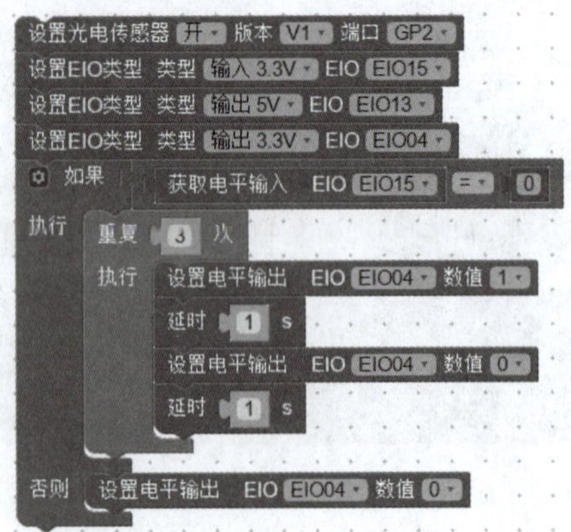

图 13-13　机器人货物识别完整程序示例

微视频：Python 编程实现智能机器人货物识别的程序编写

三、Python 编程实现

本任务中，通过 dType.SetInfraredSensor( ) 函数设置传感器参数，通过 dType.GetIODI( ) 函数获取传感器信号，使用 if 语句实现货物识别条件判断。

机器人货物识别示例程序如下：

```
dType.SetInfraredSensor(api, 1, 1, version=0)
# 设置传感器打开，连接 GP2 端口
dType.SetIOMultiplexing(api, 13, 1, isQueued=0)
# 设置 EIO13 引脚为电平输出类型
dType.SetIOMultiplexing(api, 15, 3, isQueued=0)
# 设置 EIO15 引脚为电平输入类型
dType.SetIOMultiplexing(api, 4, 1, isQueued=0)
# 设置 EIO4 引脚为电平输出类型
if (dType.GetIODI(api, 15)[0]) == 0:
# 如果光电传感器检测到物块
    for count in range(3):
    # 循环 3 次
        dType.SetIODO(api, 4, 1, isQueued=0)
        # 点亮 LED 灯
        dType.SetWAITCmd(api, 1000, isQueued=1)
        # 延时 1000 ms，即 1 s
        dType.SetIODO(api, 4, 0, isQueued=0)
        # 熄灭 LED 灯
        dType.SetWAITCmd(api, 1000, isQueued=1)
        # 延时 1000 ms，即 1 s
else:
# 否则
    dType.SetIODO(api, 4, 0, isQueued=0)
    # 熄灭 LED 灯
```

微视频：智能机器人货物识别任务实施效果演示

13.6 任务总结

任　务　书

<table>
<tr><td>情境四</td><td colspan="2">事半功倍——智能机器人流水作业</td><td>任务名称</td><td colspan="2">智能机器人货物识别</td></tr>
<tr><td>班级</td><td></td><td>姓名</td><td></td><td>学号</td><td></td></tr>
<tr><td>日期</td><td></td><td>地点</td><td></td><td>指导教师</td><td></td></tr>
<tr><td>任务
目标</td><td colspan="5"></td></tr>
<tr><td rowspan="5">主要设备、
仪器、工具
清单</td><td colspan="2">名称</td><td colspan="2">型号</td><td>数量</td></tr>
<tr><td colspan="2"></td><td colspan="2"></td><td></td></tr>
<tr><td colspan="2"></td><td colspan="2"></td><td></td></tr>
<tr><td colspan="2"></td><td colspan="2"></td><td></td></tr>
<tr><td colspan="2"></td><td colspan="2"></td><td></td></tr>
<tr><td>实施
过程</td><td colspan="5"></td></tr>
<tr><td>成果
展示与
分析</td><td colspan="5"></td></tr>
<tr><td>总结
反思</td><td colspan="5"></td></tr>
</table>

13.7 考核评价

<table>
<tr><th colspan="5">任务评价考核评分表</th></tr>
<tr><td colspan="2">姓名</td><td></td><td>任务名称</td><td>智能机器人货物识别</td></tr>
<tr><td>序号</td><td>考核项目</td><td>评分标准</td><td>扣分及扣分依据</td><td>得分</td></tr>
<tr><td rowspan="4">1</td><td rowspan="4">图形化编程（40分）</td><td>1. 正确画出程序流程图（10分）</td><td></td><td></td></tr>
<tr><td>2. 熟练设置光电传感器参数及EIO引脚类型（10分）</td><td></td><td></td></tr>
<tr><td>3. 使用图形化编程实现机器人货物识别（10分）</td><td></td><td></td></tr>
<tr><td>4. 完成程序软、硬件联调，显示正确（10分）</td><td></td><td></td></tr>
<tr><td rowspan="3">2</td><td rowspan="3">Python编程（50分）</td><td>1. 熟练使用设置光电传感器函数和读取EIO引脚输入电平函数（10分）</td><td></td><td></td></tr>
<tr><td>2. 使用Python编程实现机器人货物识别（30分）</td><td></td><td></td></tr>
<tr><td>3. 完成程序软、硬件联调，显示正确（10分）</td><td></td><td></td></tr>
<tr><td rowspan="4">3</td><td rowspan="4">职业素养（10分）</td><td>1. 遵守课堂纪律，无安全事故（4分）</td><td rowspan="4"></td><td rowspan="4"></td></tr>
<tr><td>2. 工位保持清洁，物品整齐（2分）</td></tr>
<tr><td>3. 操作规范，爱护设备（2分）</td></tr>
<tr><td>4. 自觉服从指导教师安排（2分）</td></tr>
<tr><td rowspan="2">4</td><td rowspan="2">违规扣分</td><td>1. 机器人与其他设备碰撞（每次扣5分）</td><td rowspan="2"></td><td rowspan="2"></td></tr>
<tr><td>2. 设备损坏（扣20分）</td></tr>
<tr><td colspan="2">总分</td><td colspan="3"></td></tr>
</table>

13.8 任务拓展

尝试加入光敏传感器，通过感应光线的明暗变化，实现光感智能灯功能，即控制LED灯的自动亮灭。

任务 14
智能机器人传送带输送货物

【学习目标】

1. 了解传送带流水线；
2. 掌握传送带与机器人的连接方法；
3. 能使用图形化编程实现机器人传送带输送货物；
4. 能使用 Python 编程实现机器人传送带输送货物；
5. 培养独立思考、发现并解决问题的能力。

【重点难点】

1. 能使用图形化编程实现机器人传送带输送货物；
2. 能使用 Python 编程实现机器人传送带输送货物。

14.1　思维导图

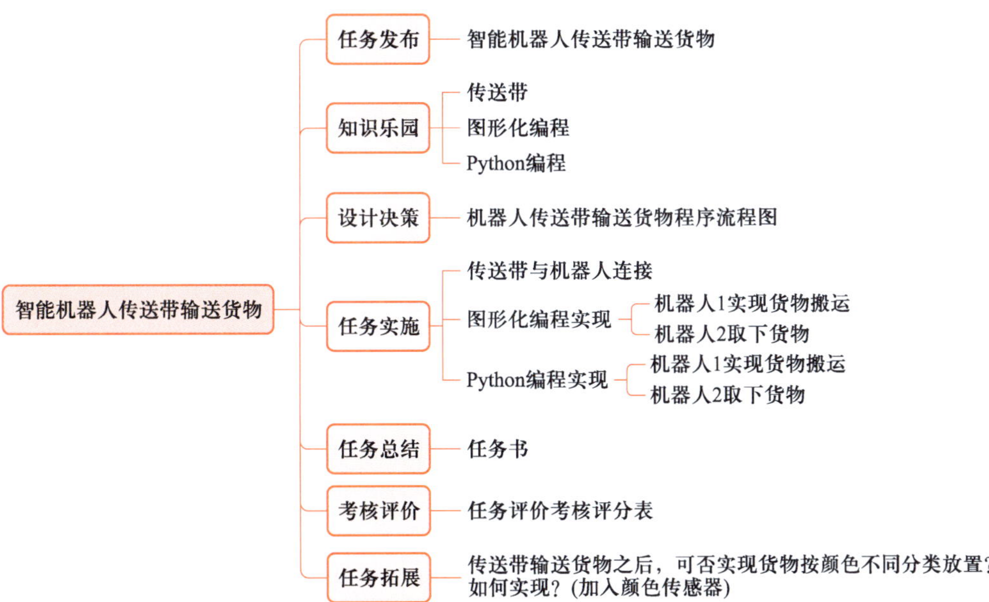

14.2 任务发布

微视频：智能机器人传送带输送货物任务发布

任务名称	智能机器人传送带输送货物
任务内容	传送带可用于货物的输送，是物料搬运系统机械化和自动化不可缺少的组成部分。本任务由两台机器人合作完成，一台负责往传送带上搬运货物，另一台负责取下货物，要求通过编程的方式实现机器人连续输送货物
运行环境	

14.3 知识乐园

微视频：传送带

一、传送带

生产流水线中，用于传送成品、材料、机件等的传输装置就是生产线传送带。传送带广泛应用于机械、家电、注塑、邮电、食品等各行业中，包括物件的组装、检测、调试、包装及运输等。生产线传送带是现代工业加工系统迅速发展的一个重要组成部分，其优点是能减轻劳动强度，节约时间，消除差错，提高运输自动化水平及管理水平，提高物流效率等。

传送带一般按牵引件的有无进行分类，可以分为具有牵引件的传送带设备和没有牵引件的传送带设备。具有牵引件的传送带设备种类繁多，主要有带式输送机、板式输送机、小车式输送机、自动扶梯、自动人行道、刮板输送机、埋刮板输送机、斗式输送机、斗式提升机、悬挂输送机和架空索道等。没有牵引件的传送带设备常见的有作旋转运动的辊子、螺旋输送机。

带式输送机是在一定的线路上连续输送物料的物料搬运机械，又称为连续输送机，如图 14-1 所示。带式输送机可进行水平、倾斜和垂直输送，也可组成空间输送线路，输送线路一般是固定的。带式输送机输送能力大、运距长，还可在输送过程中同时完成若干工艺操作，所以应用十分广泛。

图 14-1　带式输送机

二、图形化编程

微视频：图形化编程中设置电动机速度模块

"DobotAPI" 下的 "附加配件" 分类中包含 "设置传送带" 模块，可以设置传送带的电动机运行速度，如图 14-2 所示。在 "电机" 下拉列表中可以选择电动机，速度设置范围为 0~120 mm/s。将速度设置为 0 mm/s 时，传送带停止运行。

图 14-2　设置传送带

电动机反转的方法：在速度数值前添加负号 "–"，表示传送带反方向运行。

三、Python 编程

微视频：设置电动机速度 API 函数

此处介绍的 API 函数是设置传送带电动机函数。

```
dType.SetEMotor(api, index, isEnabled, speed, isQueued=0)
```

功能：设置电动机速度。调用此函数后，电动机会以一定的速度不停运行，参数说明见表 14-1。

表 14–1　设置传送带电动机函数参数说明

参数	说明
api	使用 Dobot 库的对象,无须修改
index	电动机编号:0 表示 STEPPER1,1 表示 STEPPER2
isEnabled	电动机控制使能,**0** 表示未使能,**1** 表示使能
speed	电动机控制速度(脉冲个数 /s):最大速度不超过 33953/s
isQueued	队列模式:**1** 表示队列模式,**0** 表示立即模式

14.4　设计决策

机器人 1 实现货物搬运功能,机器人 2 连接光电传感器和传送带电动机,将传送带上输送的货物取下。开始运行后,机器人 1 吸取货物放置到传送带上,传送带电动机开始运行,传输货物,当光电传感器检测到货物时,传送带停止运行,机器人 2 将货物取下。机器人传送带输送货物程序流程图如图 14–3 所示。

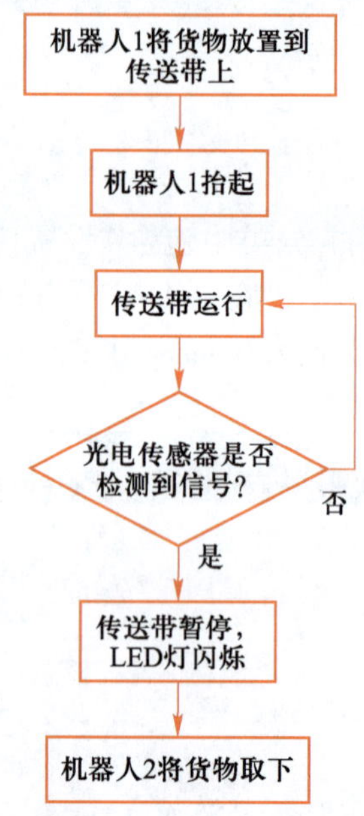

图 14–3　机器人传送带输送货物程序流程图

14.5　任务实施

一、传送带与机器人连接

将传送带的电动机接口与机器人 2 底座的 STEPPER1 接口连接,光电传感器与机器人 2 底座的 GP2 接口连接,如图 14–4 所示。

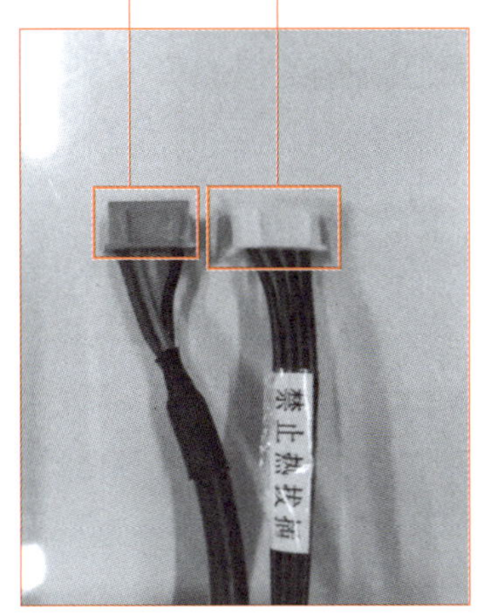

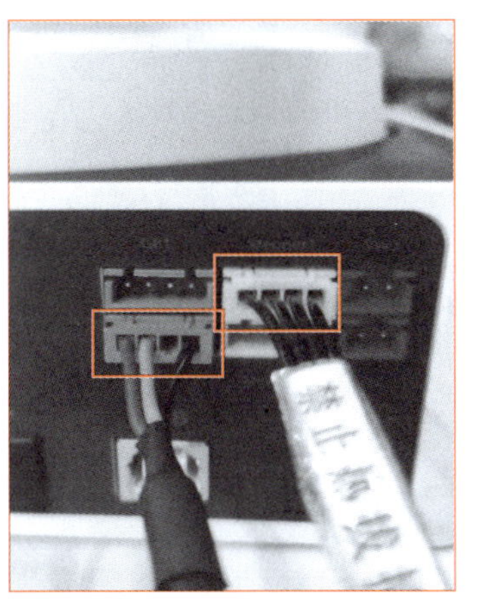

图 14-4　传送带与机器人连接

二、图形化编程实现

（一）机器人 1 实现货物搬运

机器人 1 从安全位置起始，移动到货物存放的位置，使用吸盘吸取到货物后，放到传送带指定位置，如图 14-5 所示。

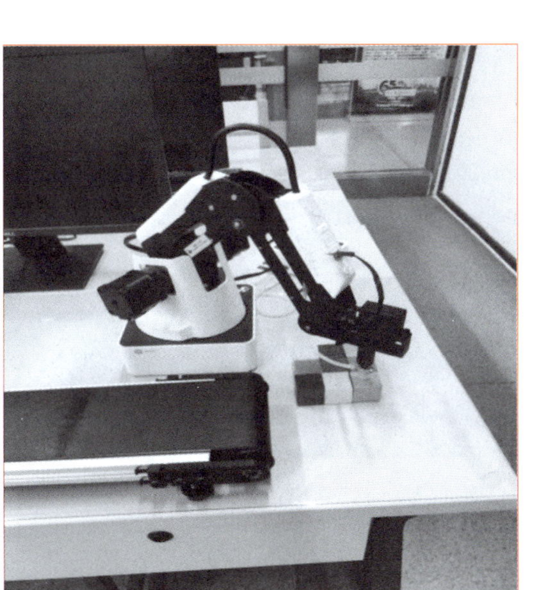

图 14-5　机器人 1 货物搬运

机器人 1 传送带货物搬运程序如图 14-6 所示。

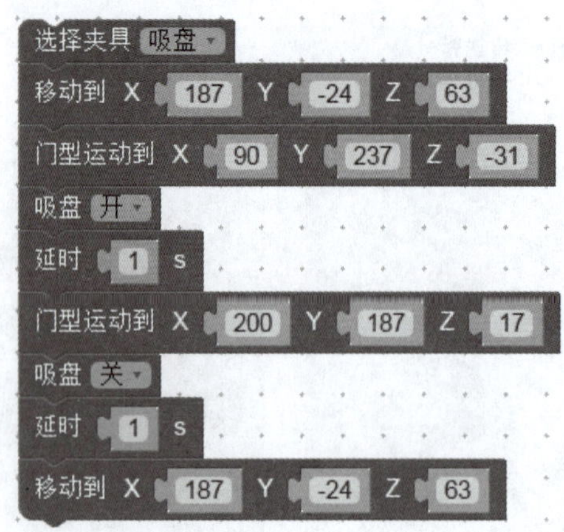

图 14-6　机器人 1 传送带货物搬运程序

微视频：图形化编程实现机器人 2 取下传送带输送货物的程序编写

（二）机器人 2 取下货物

机器人 2 检测到货物后，将货物从传送带取下，如图 14-7 所示。

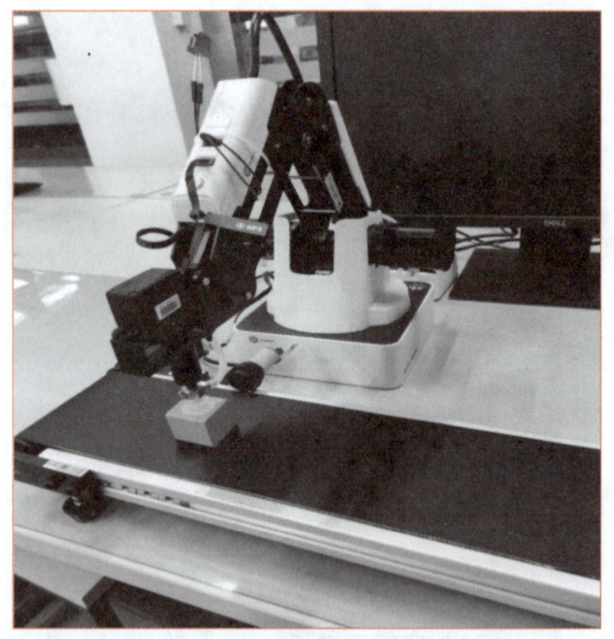

图 14-7　机器人 2 取下货物

1. 光电传感器及 EIO 类型设置

设置光电传感器为“开”，选择机器人 2 的“GP2”接口，黑色信号线连接 EIO15 引脚，设置为“输入 3.3V”；棕色电源线连接 EIO13 引脚，设置为“输出 5V”；LED 灯连接 EIO4 引脚，设置为“输出 3.3V”，如图 14-8 所示。

2. 传送带运行

当传感器无检测信号时，传送带持续运行，使用“循环”分类中的“重复当”模块实现，循环条件为 EIO15 引脚输入电平为 **1**，此时选择机器人 2 的电动机 STEPPER1，电动机以 50 mm/s 的速度运行，如图 14-9 所示。

设置光电传感器 开 版本 V1 端口 GP2
设置EIO类型 类型 输出 5V EIO EIO13
设置EIO类型 类型 输入 3.3V EIO EIO15
设置EIO类型 类型 输出 3.3V EIO EIO04

图 14-8　光电传感器及 EIO 类型设置

图 14-9　传送带运行

3. 货物出现，传送带停止

当传感器检测到货物时，传送带停止运行，使用“逻辑”分类中的“条件判断”模块实现，判断条件为 EIO15 引脚输入电平为 **0**，此时设置电动机速度为 0 mm/s，同时 LED 灯闪烁 3 次。

机器人 2 取下传送带输送货物程序如图 14-10 所示。

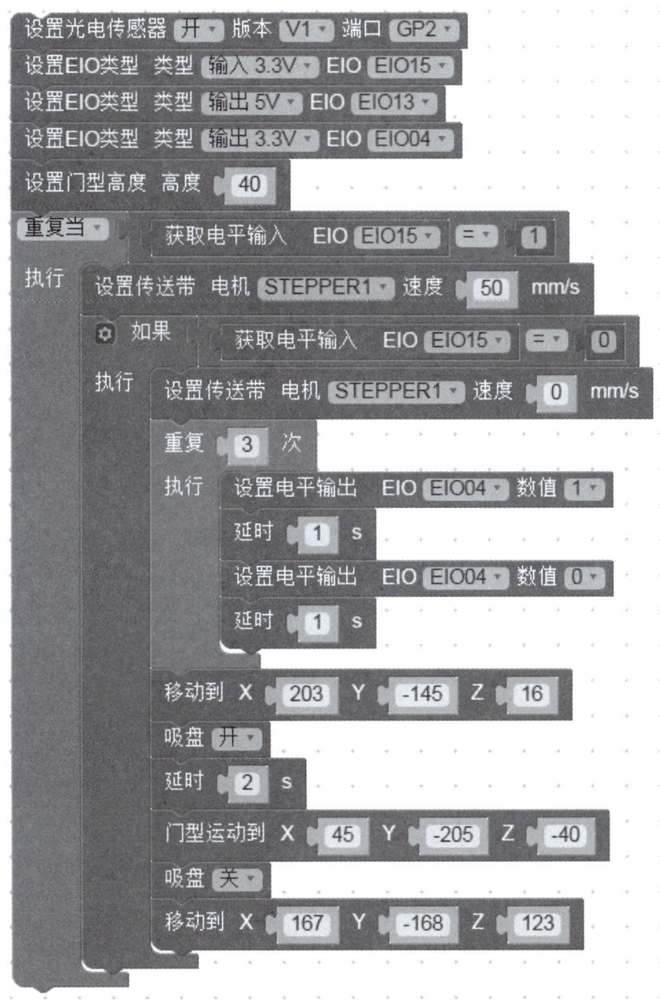

图 14-10　机器人 2 取下传送带输送货物程序

三、Python 编程实现

本任务中，机器人 1 实现货物搬运；机器人 2 通过 dType.SetEMotor( ) 函数设置电动机速度，使用 while 循环语句控制传送带以一定的速度连续运行，使用 if 条件判断语句检测有无货物。

机器人传送带输送货物示例程序如下：

（一）机器人 1 实现货物搬运

微视频：Python 编程实现机器人 1 货物搬运的程序编写

```
dType.SetPTPCmd(api, 1, 187, -24, 63, 54, isQueued=0)
#机器人移动到初始位置 (187,-24,63,54)
dType.SetPTPCmd(api, 0, 90, 237, -31, -8, isQueued=0)
#门型运动到货物存放位置 (90,237,-31,-8)
dType.SetEndEffectorSuctionCup(api, 1, 1, isQueued=1)
#吸盘启动,吸取货物
dType.SetWAITCmd(api, 1000, isQueued=1)
#延时 1 s
dType.SetPTPCmd(api, 0, 200, 187, 17, 0, isQueued=0)
#门型运动将货物放至传送带 (200,187,17,0) 处
dType.SetEndEffectorSuctionCup(api, 0, 1, isQueued=1)
#吸盘停止,放下货物
dType.SetWAITCmd(api, 1000, isQueued=1)
#延时 1 s
dType.SetPTPCmd(api, 1, 187, -24, 63, 54, isQueued=0)
#移动到初始位置 (187,-24,63,54)
```

（二）机器人 2 取下货物

微视频：Python 编程实现机器人 2 取下传送带输送货物的程序编写

```
#1.光电传感器及 EIO 类型设置
dType.SetInfraredSensor(api, 1, 1, version=0)
#设置传感器版本为 1,端口为 GP2
dType.SetIOMultiplexing(api, 15, 3, isQueued=0)
#传感器信号线连接 EIO15,输入功能
dType.SetIOMultiplexing(api, 13, 1, isQueued=0)
#传感器电源线连接 EIO13,输出 5 V
dType.SetIOMultiplexing(api, 4, 1, isQueued=0)
#LED 灯正极连接 EIO4
dType.SetPTPJumpParams(api, 40, 100, isQueued=0)
```

```
# 设置门型高度为 40
#2. 传感器无检测信号,传送带运行
while(dType.GetIODI(api, 15)[0]) == 1:
    # 当传感器无信号时
    dType.SetEMotor(api, 0, 1, 5000, isQueued=0)
    # 步进电动机速度为 5000 脉冲个数 /s
    #3. 若传感器检测到货物,传送带停止运行,LED 灯闪烁 3 次后,机器人 2 取下货物
    if (dType.GetIODI(api, 15)[0]) == 0:
    # 传感器检测到货物时
    dType.SetEMotor(api, 0, 0, 0, isQueued=0)
    # 步进电动机速度为 0
    for count in range(3):
    #LED 灯循环闪烁 3 次
        dType.SetIODO(api, 4, 1, isQueued=0)
        #LED 灯点亮
        dType.SetWAITCmd(api, 1000, isQueued=1)
        # 延时 1 s
        dType.SetIODO(api, 4, 0, isQueued=0)
        #LED 灯熄灭
        dType.SetWAITCmd(api, 1000, isQueued=1)
        # 延时 1 s
    dType.SetPTPCmd(api, 0, 203, -145, 16, 0, isQueued=0)
    # 机器人 2 移动至传送带货物停止位置 (203,-145,16,0)
    dType.SetEndEffectorSuctionCup(api, 1, 1, isQueued=1)
    # 吸盘启动,吸取货物
    dType.SetWAITCmd(api, 2000, isQueued=1)
    # 延时 2 s
    dType.SetPTPCmd(api, 0, 45, -205, -40, 0, isQueued=0)
    # 门型运动到货物放置位置 (45,-205,-40,0)
    dType.SetEndEffectorSuctionCup(api, 0, 1, isQueued=1)
    # 吸盘停止,放下货物
    dType.SetPTPCmd(api, 1, 167, -168, 123, 0, isQueued=0)
    # 移动到安全位置 (167,-168,123,0)
```

微视频：智能机器人传送带输送货物任务实施效果演示

14.6 任务总结

任务书

<table>
<tr><td>情境四</td><td colspan="2">事半功倍——智能机器人流水作业</td><td>任务名称</td><td colspan="2">智能机器人传送带输送货物</td></tr>
<tr><td>班级</td><td></td><td>姓名</td><td></td><td>学号</td><td></td></tr>
<tr><td>日期</td><td></td><td>地点</td><td></td><td>指导教师</td><td></td></tr>
<tr><td>任务
目标</td><td colspan="5"></td></tr>
<tr><td rowspan="5">主要设备、
仪器、工具
清单</td><td colspan="2">名称</td><td colspan="2">型号</td><td>数量</td></tr>
<tr><td colspan="2"></td><td colspan="2"></td><td></td></tr>
<tr><td colspan="2"></td><td colspan="2"></td><td></td></tr>
<tr><td colspan="2"></td><td colspan="2"></td><td></td></tr>
<tr><td colspan="2"></td><td colspan="2"></td><td></td></tr>
<tr><td>实施
过程</td><td colspan="5"></td></tr>
<tr><td>成果
展示与
分析</td><td colspan="5"></td></tr>
<tr><td>总结
反思</td><td colspan="5"></td></tr>
</table>

14.7 考核评价

任务评价考核评分表				
姓名		任务名称	智能机器人传送带输送货物	
序号	考核项目	评分标准	扣分及扣分依据	得分
1	图形化编程（40 分）	1. 正确画出程序流程图（10 分）		
		2. 使用图形化编程实现机器人 1 货物搬运（10 分）		
		3. 使用图形化编程实现机器人 2 取下传送带输送货物（10 分）		
		4. 完成程序软、硬件联调，符合控制要求（10 分）		
2	Python 编程（50 分）	1. 使用 Python 编程实现机器人 1 货物搬运（10 分）		
		2. 使用 Python 编程实现机器人 2 取下传送带输送货物（30 分）		
		3. 完成程序软、硬件联调，符合控制要求（10 分）		
3	职业素养（10 分）	1. 遵守课堂纪律，无安全事故（4 分）		
		2. 工位保持清洁，物品整齐（2 分）		
		3. 操作规范，爱护设备（2 分）		
		4. 自觉服从指导教师安排（2 分）		
4	违规扣分	1. 机器人与其他设备碰撞（每次扣 5 分）		
		2. 设备损坏（扣 20 分）		
总分				

14.8 任务拓展

传送带输送货物之后，可否实现货物按颜色不同分类放置？如何实现？（加入颜色传感器）

任务 15 智能机器人货物自主码垛

【学习目标】

1. 了解货物码垛；
2. 能使用图形化编程实现机器人货物自主码垛；
3. 能使用 Python 编程实现机器人货物自主码垛；
4. 培养团队合作意识和互帮互助精神。

【重点难点】

1. 能使用图形化编程实现机器人货物自主码垛；
2. 能使用 Python 编程实现机器人货物自主码垛。

15.1 思维导图

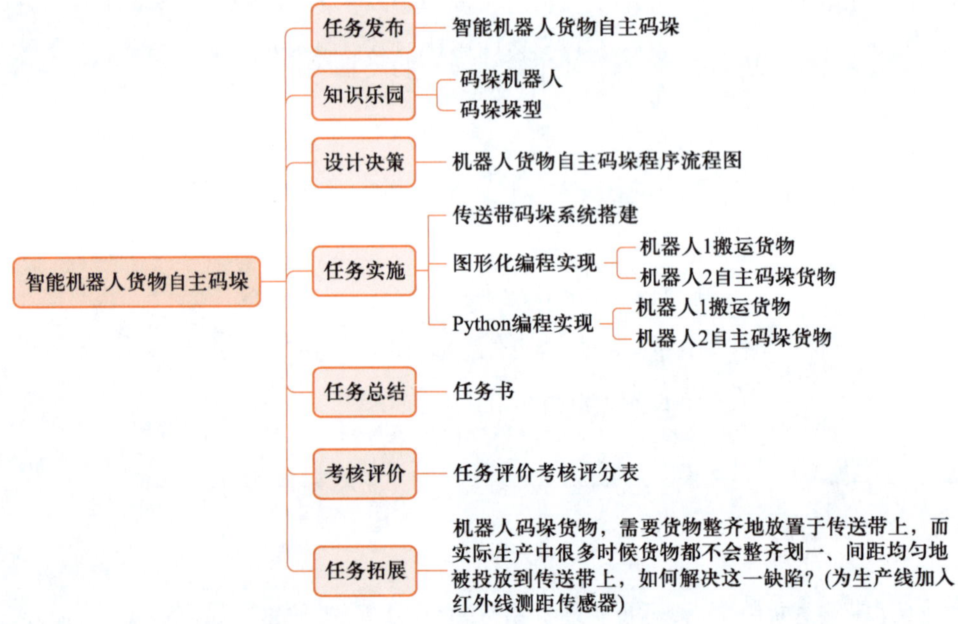

15.2　任务发布

微视频：智能机器人货物自主码垛任务发布

任务名称	智能机器人货物自主码垛
任务内容	码垛是工业机器人的典型应用。本任务由两台机器人合作完成，一台从指定区域将货物依次取出，搬运至传送带；另一台将货物从传送带取下，按照特定的垛型进行堆放，要求通过编程的方式实现机器人自主码垛
运行环境	

15.3　知识乐园

一、码垛机器人

微视频：码垛机器人及码垛垛型

码垛是将相同的货物，按照特定的垛型进行自动堆码的过程，可堆码多层。码垛机器人是将输送机输送来的物料、工件或货物，按照客户工艺要求的工作方式自动堆叠成垛，并将成垛的物料进行输送的装置，如图 15–1 所示。码垛机器人提高了生产线的工业自动化水平，使得生产线更加高效智能，大大降低了劳动强度，广泛应用于化工、饮料、食品、啤酒、塑料等自动化生产企业。

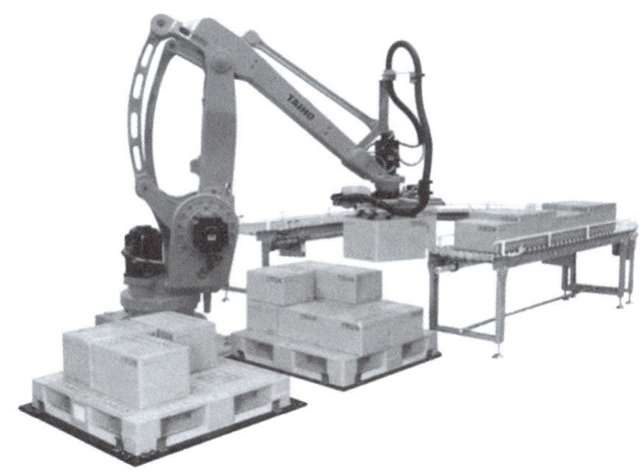

图 15–1　码垛机器人

二、码垛垛型

码垛垛型指的是码垛时货物堆叠的方式，即货物按一定规律整齐、平稳地码放在托盘上的样式。根据生产中货物的实际堆叠样式，码垛垛型通常有重叠式垛型和交错式垛型两种，其中重叠式垛型又分为一维重叠（X 方向、Y 方向或 Z 方向）、二维重叠（XY 平面、YZ 平面或 XZ 平面）和三维重叠（XYZ 三维空间），交错式垛型又分为正反交错式垛型、旋转交错式垛型和纵横交错式垛型。常见码垛垛型如图 15–2 所示。

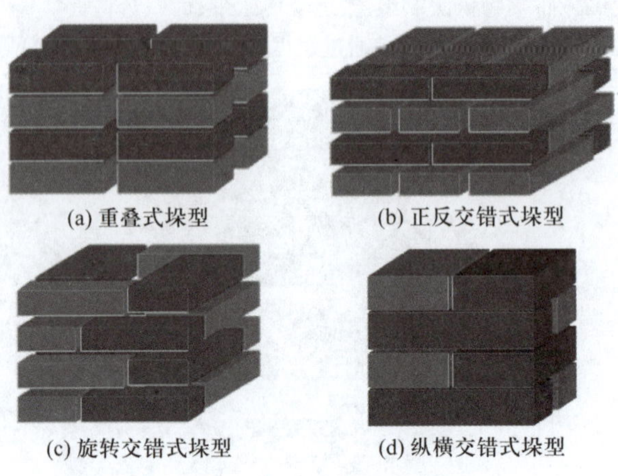

图 15–2　常见码垛垛型

15.4　设计决策

机器人 1 实现货物搬运功能，将货物从指定区域依次取出，放置到传送带上，传送带开始运行。当传感器检测到货物时，传送带停止运行，机器人 2 移动到货物上方，将货物依次取下，并按照指定垛型码垛。机器人货物自主码垛程序流程图如图 15–3 所示。

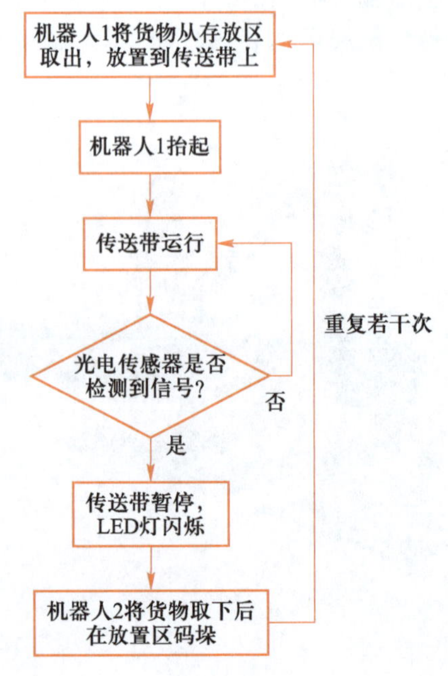

图 15–3　机器人货物自主码垛程序流程图

15.5　任务实施

一、传送带码垛系统搭建

传送带码垛系统由机器人 1、机器人 2、LED 灯、传送带和光电传感器组成，如图 15-4 所示。机器人 1 用于搬运货物，放至传送带固定位置；机器人 2 连接传送带电动机、LED 灯及光电传感器，用于物品码垛。

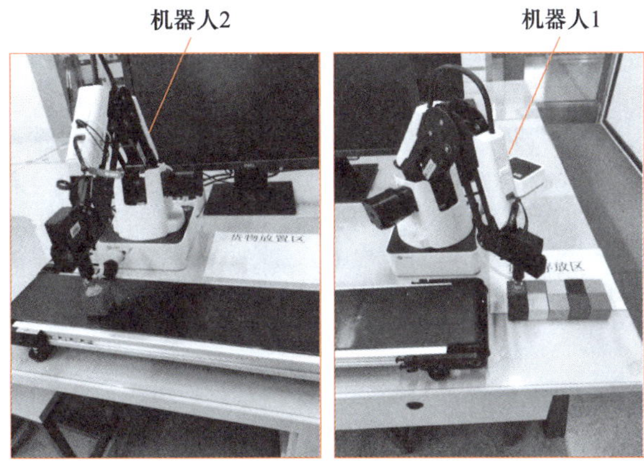

图 15-4　传送带码垛系统

二、图形化编程实现

微视频：图形化编程实现机器人 1 货物搬运的程序编写

（一）机器人 1 搬运货物

1. 存放区拾取货物位置计算

本任务以码垛 12 个货物块为例，存放区货物位置如图 15-5 所示。

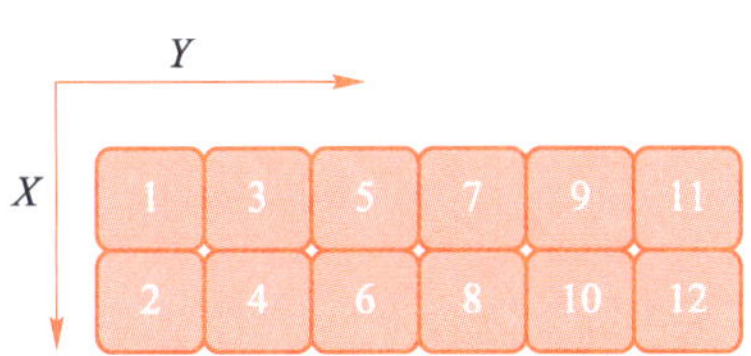

图 15-5　存放区货物位置

引入第 i 号货物对应的行数为 hang，列数为 lie。假设 1 号货物的坐标位置为基准位置，沿 X、Y 方向的偏移值设为 offsx、offsy，则第 i 号货物对应拾取的行、列及相应偏移值的计算方式为：

```
hang=((i-1)/6)+1;
lie=((i-1)%6)+1;
offsx=(hang-1)*30;        # 货物的长度为 30 mm
offsy=(lie-1)*30;
```

可以看到，如果使用传统计数方式从 1 开始计数，会产生很多加 1、减 1 的操作，增加计算的复杂性。因此在编程中常常从 0 开始计数，即货物号为 0~11，行数为 0~1，列数为 0~5，则计算方式可优化为：

```
hang=i/6;
lie=i%6;
offsx=hang*30;
offsy=lie*30;
```

使用变量和数学运算的方式得到货物的 *X* 和 *Y* 坐标，如图 15-6 所示。

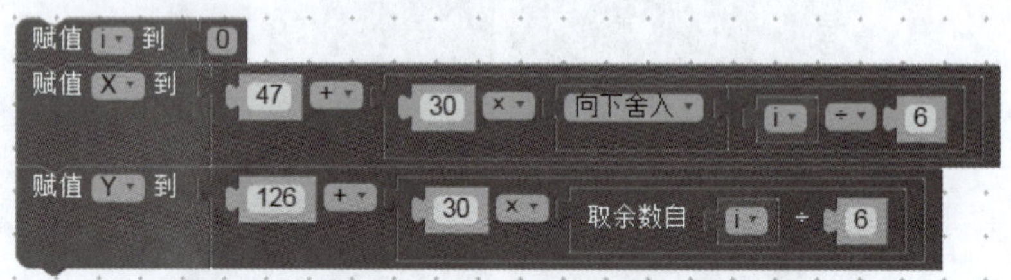

图 15-6　存放区货物位置坐标

2. 循环搬运货物

通过循环指令，得到机器人 1 搬运货物到指定位置的程序如图 15-7 所示（机器人吸取和放置货物的位置坐标可根据实际需求改动）。

选择夹具 吸盘
赋值 i 到 0
重复 12 次
执行
移动到 X 182 Y -5 Z 54
赋值 X 到 47 + 30 × 向下舍入 i ÷ 6
赋值 Y 到 126 + 30 × 取余数自 i ÷ 6
门型运动到 X X Y Y Z -23
吸盘 开
延时 2 s
门型运动到 X 179 Y 150 Z 18
吸盘 关
延时 2 s
相对移动 ΔX 0 ΔY 0 ΔZ 20
赋值 i 到 i + 1
延时 20 s

图 15-7　机器人 1 搬运货物程序

机器人 1 的暂停时间

机器人 1 和机器人 2 同时运行，机器人 1 将货物放至传送带上，需延时一定的时间（例如 20 s），待机器人 2 将货物码垛完毕，再拾取下一个货物。

（二）机器人 2 自主码垛货物

微视频：图形化编程实现机器人 2 货物自主码垛的程序编写

1. 设置光电传感器及 EIO 类型

设置光电传感器为“开”，选择机器人 2 的“GP2”接口，黑色信号线连接 EIO15 引脚，设置为“输入 3.3V”；棕色电源线连接 EIO13 引脚，设置为“输出 5V”；LED 灯连接 EIO4 引脚，设置为“输出 3.3V”，如图 15–8 所示。

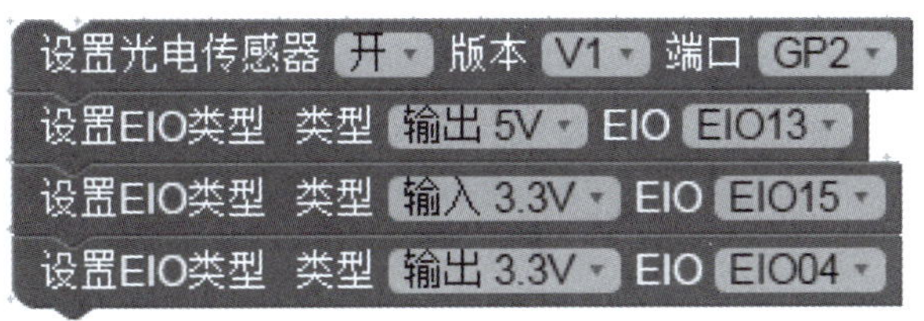

图 15–8　光电传感器及 EIO 类型设置

2. 放置区码垛货物位置计算

令 1、2、3、4 号货物为第 1 层，5、6、7、8 号货物为第 2 层，9、10、11、12 号货物为第 3 层，如图 15–9 所示。

图 15–9　放置区货物位置图

第 i 号货物对应的行数为 puthang，列数为 putlie，层数为 putceng。假设 1 号货物的坐标位置为基准位置，沿 X、Y、Z 方向的偏移值设为 putoffsx、putoffsy、putoffsz。从 0 开始计数，则第 i 号货物对应拾取的行、列及相应偏移值的计算方式为：

```
putceng=i/4;
puthang=(i%4)/2;
putlie=(i%4)%2;
```

```
putoffsx=hang*30;
putoffsy=lie*30;
putoffsz=putceng*30;
```

机器人 2 从传送带取下货物在放置区进行货物码垛的程序如图 15–10 所示(机器人吸取和放置货物的位置坐标可根据实际需求改动)。

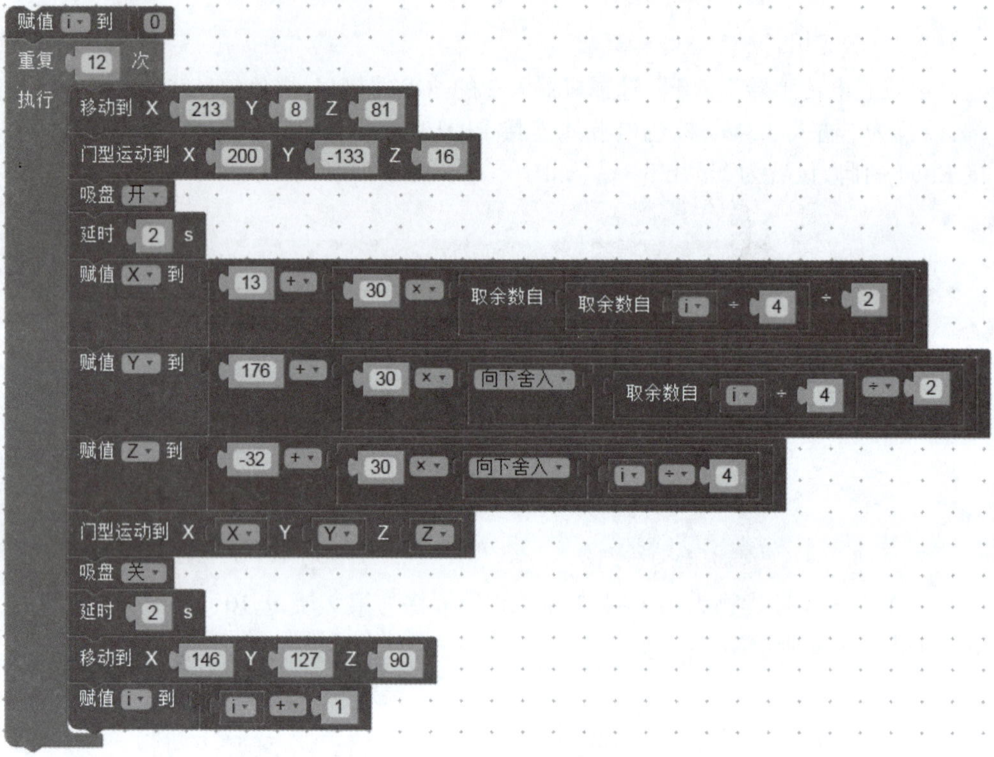

```
赋值 i 到 0
重复 12 次
执行 移动到 X 213 Y 8 Z 81
     门型运动到 X 200 Y -133 Z 16
     吸盘 开
     延时 2 s
     赋值 X 到 13 + 30 × 取余数自 取余数自 i ÷ 4 ÷ 2
     赋值 Y 到 176 + 30 × 向下舍入 取余数自 i ÷ 4 ÷ 2
     赋值 Z 到 -32 + 30 × 向下舍入 i ÷ 4
     门型运动到 X X Y Y Z Z
     吸盘 关
     延时 2 s
     移动到 X 146 Y 127 Z 90
     赋值 i 到 i + 1
```

图 15–10　机器人 2 放置区货物码垛程序

3. 机器人 2 传送带货物自主码垛

传送带开始运行，当传感器检测到货物时，传送带电动机停止运行，LED 灯闪烁 3 次，机器人 2 开始对货物进行码垛。

机器人 2 自主码垛货物程序如图 15–11 所示。

三、Python 编程实现

本任务中，由机器人 1 和机器人 2 配合实现流水线货物搬运并自主码垛的过程，以常见的码垛形式为例。

```
设置光电传感器 开 版本 V1 端口 GP2
设置EIO类型 类型 输入 3.3V EIO EIO15
设置EIO类型 类型 输出 5V EIO EIO13
设置EIO类型 类型 输出 3.3V EIO EIO04
赋值 i 到 0
重复 12 次
执行 重复当 获取电平输入 EIO EIO15 = 1
    执行 设置传送带 电机 STEPPER1 速度 40 mm/s
    如果 获取电平输入 EIO EIO15 = 0
    执行 设置传送带 电机 STEPPER1 速度 0 mm/s
        重复 3 次
        执行 设置电平输出 EIO EIO04 数值 1
             延时 1 s
             设置电平输出 EIO EIO04 数值 0
             延时 1 s
        移动到 X 213 Y 8 Z 81
        门型运动到 X 200 Y -133 Z 16
        吸盘 开
        延时 2 s
        赋值 X 到 13 + 30 × 取余数自 取余数自 i ÷ 4 ÷ 2
        赋值 Y 到 176 + 30 × 向下舍入 取余数自 i ÷ 4 ÷ 2
        赋值 Z 到 -32 + 30 × 向下舍入 i ÷ 4
        门型运动到 X X Y Y Z Z
        吸盘 关
        延时 2 s
        移动到 X 146 Y 127 Z 90
        赋值 i 到 i + 1
设置传送带 电机 STEPPER1 速度 0 mm/s
```

图 15-11　机器人 2 自主码垛货物程序

机器人货物自主码垛示例程序如下：

（一）机器人 1 搬运货物

微视频：Python 编程实现机器人 1 货物搬运的程序编写

```
i=0
# 定义变量 i 并赋初值为 0
for count in range(12):
# 循环搬运货物 12 次
```

```
    dType.SetPTPCmd(api,2,182,-5,54,63,isQueued=0)
    #机器人移动到初始位置(182,-5,54,63)
    X=47+30*math.floor(i/6)
    #第i号货物对应的X坐标,math.floor()函数为数字向下舍入
    Y=126+30*(i%6)
    #第i号货物对应的Y坐标
    dType.SetPTPCmd(api,0,X,Y,-23,0,isQueued=0)
    #门型运动到货物存放位置(X,Y,-23,0)
    dType.SetEndEffectorSuctionCup(api,1,1,isQueued=1)
    #吸盘启动,吸取货物
    dType.SetWAITCmd(api,2000,isQueued=1)
    #延时2s
    dType.SetPTPCmd(api,0,179,150,18,0,isQueued=0)
    #门型运动将货物放至传送带(179,150,18,0)处
    dType.SetEndEffectorSuctionCup(api,0,1,isQueued=1)
    #吸盘停止,放下货物
    dType.SetWAITCmd(api,2000,isQueued=1)
    #延时2s
    dType.SetPTPCmd(api,7,0,0,20,0,isQueued=0)
    #机器人抬起20mm,以防机器人与货物发生碰撞
    i=i+1
    #变量i加1,开始搬运第i+1个货物
    dType.SetWAITCmd(api,20000,isQueued=1)
    #等待20s,再拾取下一个货物
```

（二）机器人2自主码垛货物

微视频：Python 编程实现机器人 2 货物自主码垛的程序编写

```
#1.光电传感器及EIO类型设置
dType.SetInfraredSensor(api, 1, 1, version=0)
#设置传感器版本为1,端口为GP2
dType.SetIOMultiplexing(api, 15, 3, isQueued=0)
#传感器信号线连接EIO15,输入功能
dType.SetIOMultiplexing(api, 13, 1, isQueued=0)
#传感器电源线连接EIO13,输出5V
dType.SetIOMultiplexing(api, 4, 1, isQueued=0)
#LED灯正极连接EIO4
i=0
#定义变量i并赋初值为0
for count in range(12):
#循环码垛12个货物
    #2.传感器无检测信号,传送带运行
    while(dType.GetIODI(api, 15)[0]) == 1:
    #当传感器无信号时
        dType.SetEMotor(api, 0, 1, 4000, isQueued=0)
```

```
        # 步进电动机速度为 4000 脉冲个数 /s
        #3. 若传感器检测到货物,传送带停止运行,LED 灯闪烁 3 次后,机器人 2 取下货物
        if (dType.GetIODI(api, 15)[0]) == 0:
        # 传感器检测到货物时
            dType.SetEMotor(api, 0, 0, 0, isQueued=0)
            # 步进电动机速度为 0
            for count in range(3):
            #LED 灯循环闪烁 3 次
                dType.SetIODO(api, 4, 1, isQueued=0)
                #LED 灯点亮
                dType.SetWAITCmd(api, 1000, isQueued=1)
                # 延时 1 s
                dType.SetIODO(api, 4, 0, isQueued=0)
                #LED 灯熄灭
                dType.SetWAITCmd(api, 1000, isQueued=1)
                # 延时 1 s
            dType.SetPTPCmd(api, 2, 213, 8, 81, -15, isQueued=0)
            # 机器人移动到初始位置 (213,8,81,-15)
            dType.SetPTPCmd(api, 0, 200, -133, 16, 0, isQueued=0)
            # 门型运动到传送带货物停止位置 (200,-133,16,0)
            dType.SetEndEffectorSuctionCup(api, 1, 1, isQueued=1)
            # 吸盘启动,吸取货物
            dType.SetWAITCmd(api, 2000, isQueued=1)
            # 延时 2 s
            X=13+30*((i%4)%2)
            # 第 i 号货物对应的 X 坐标
            Y=176+30*math.floor((i%4)/2)
            # 第 i 号货物对应的 Y 坐标,math.floor() 函数为数字向下舍入
            Z=-32+30*math.floor(i/4)
            # 第 i 号货物对应的 Z 坐标
            dType.SetPTPCmd(api, 0, X, Y, Z, 0, isQueued=0)
            # 门型运动到货物放置位置 (X,Y,Z,0)
            dType.SetEndEffectorSuctionCup(api, 0, 1, isQueued=1)
            # 吸盘停止,放下货物
            dType.SetWAITCmd(api, 1000, isQueued=1)
            # 延时 2 s
            dType.SetPTPCmd(api, 2, 146, 127, 90, 10, isQueued=0)
            # 移动到安全位置 (146,127,90,10)
            i=i+1
            # 变量 i 加 1, 开始码垛第 i+1 个货物
    dType.SetEMotor(api, 0, 0, 0, isQueued=0)
    # 步进电动机速度为 0
```

微视频：智能机器人货物自主码垛任务实施效果演示

15.6 任务总结

任务书

<table>
<tr><td>情境四</td><td colspan="2">事半功倍——智能机器人流水作业</td><td>任务名称</td><td colspan="2">智能机器人货物自主码垛</td></tr>
<tr><td>班级</td><td></td><td>姓名</td><td></td><td>学号</td><td></td></tr>
<tr><td>日期</td><td></td><td>地点</td><td></td><td>指导教师</td><td></td></tr>
<tr><td>任务
目标</td><td colspan="5"></td></tr>
<tr><td rowspan="5">主要设备、
仪器、工具
清单</td><td colspan="2">名称</td><td colspan="2">型号</td><td>数量</td></tr>
<tr><td colspan="2"></td><td colspan="2"></td><td></td></tr>
<tr><td colspan="2"></td><td colspan="2"></td><td></td></tr>
<tr><td colspan="2"></td><td colspan="2"></td><td></td></tr>
<tr><td colspan="2"></td><td colspan="2"></td><td></td></tr>
<tr><td>实施
过程</td><td colspan="5"></td></tr>
<tr><td>成果
展示与
分析</td><td colspan="5"></td></tr>
<tr><td>总结
反思</td><td colspan="5"></td></tr>
</table>

15.7　考核评价

<table>
<tr><th colspan="5">任务评价考核评分表</th></tr>
<tr><td>姓名</td><td></td><td>任务名称</td><td colspan="2">智能机器人货物自主码垛</td></tr>
<tr><td>序号</td><td>考核项目</td><td>评分标准</td><td>扣分及扣分依据</td><td>得分</td></tr>
<tr><td rowspan="4">1</td><td rowspan="4">图形化编程
（40 分）</td><td>1. 正确画出程序流程图（10 分）</td><td></td><td></td></tr>
<tr><td>2. 使用图形化编程实现机器人 1 存放区拾取货物（10 分）</td><td></td><td></td></tr>
<tr><td>3. 使用图形化编程实现机器人 2 放置区货物自主码垛（10 分）</td><td></td><td></td></tr>
<tr><td>4. 完成软、硬件联调，符合控制要求（10 分）</td><td></td><td></td></tr>
<tr><td rowspan="3">2</td><td rowspan="3">Python
编程
（50 分）</td><td>1. 使用 Python 编程实现机器人 1 存放区拾取货物（10 分）</td><td></td><td></td></tr>
<tr><td>2. 使用 Python 编程实现机器人 2 放置区货物自主码垛（30 分）</td><td></td><td></td></tr>
<tr><td>3. 完成软、硬件联调，符合控制要求（10 分）</td><td></td><td></td></tr>
<tr><td rowspan="4">3</td><td rowspan="4">职业素养
（10 分）</td><td>1. 遵守课堂纪律，无安全事故（4 分）</td><td rowspan="4"></td><td rowspan="4"></td></tr>
<tr><td>2. 工位保持清洁，物品整齐（2 分）</td></tr>
<tr><td>3. 操作规范，爱护设备（2 分）</td></tr>
<tr><td>4. 自觉服从指导教师安排（2 分）</td></tr>
<tr><td rowspan="2">4</td><td rowspan="2">违规扣分</td><td>1. 机器人与其他设备碰撞（每次扣 5 分）</td><td rowspan="2"></td><td rowspan="2"></td></tr>
<tr><td>2. 设备损坏（扣 20 分）</td></tr>
<tr><td colspan="2">总分</td><td colspan="3"></td></tr>
</table>

15.8　任务拓展

机器人码垛货物，需要货物整齐地放置于传送带上，而实际生产中很多时候货物都不会整齐划一、间距均匀地被投放到传送带上，如何解决这一缺陷？（为生产线加入红外线测距传感器）

情境 五

独具慧眼——智能机器人垃圾分拣

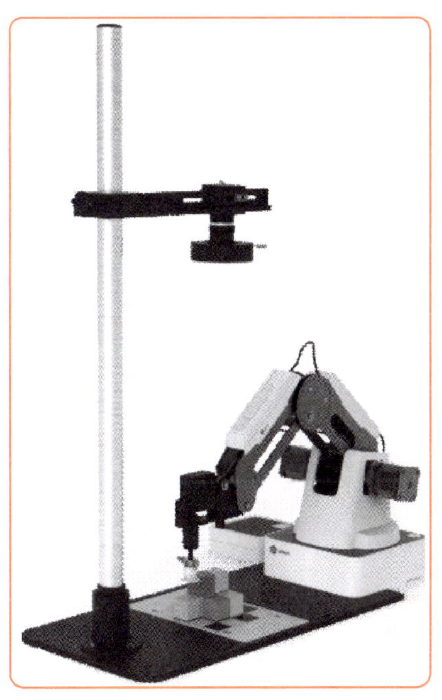

任务 16
智能机器人手眼标定

【学习目标】

1. 了解机器视觉系统；
2. 了解视觉系统的光源、镜头和工业相机；
3. 了解视觉标定基本原理；
4. 能完成机器人手眼标定；
5. 培养良好的学习习惯，以及自主学习、终身学习的意识和能力。

【重点难点】

能完成机器人手眼标定。

16.1 思维导图

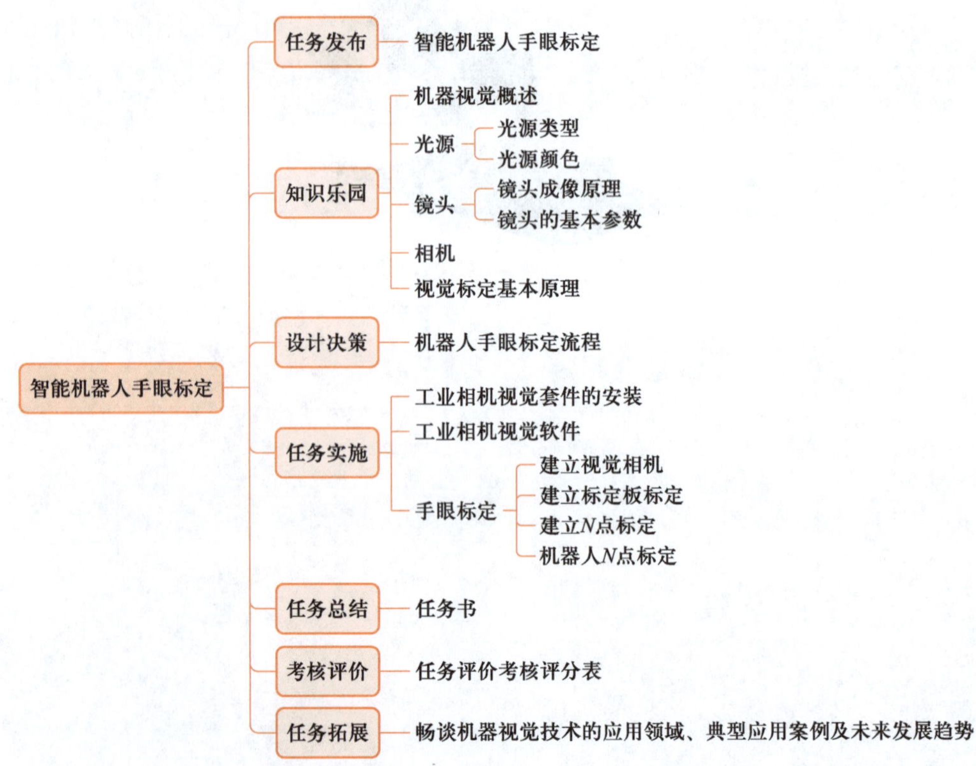

16.2　任务发布

微视频：智能机器人手眼标定任务发布

任务名称	智能机器人手眼标定
任务内容	在机器人视觉系统中，工业相机相当于系统的“眼睛”，多轴机器人相当于系统的“手臂”，故视觉系统通常又被称为手眼系统。本任务要求采用 N 点标定法，对相机和机器人进行标定，实现机器人对物块的精确定位
运行环境	

16.3　知识乐园

微视频：机器视觉概述

一、机器视觉概述

机器视觉（又称计算机视觉）是人工智能领域最热门的技术之一，能够赋予机器人“看”的能力。视觉能够为人类提供至少 70% 的外界信息，机器人通过配备机器视觉系统，可以用来感知周围世界，模拟人类的视觉效果，识别周围环境目标，从而提高生产的柔性和自动化程度。机器视觉是一门涉及人工智能、神经生物学、心理物理学、计算机科学、图像处理、模式识别等多个领域的交叉学科，是实现工业生产高度自动化、机器人智能化、自主车导航、目标跟踪，以及各种工业检测、医疗和军事应用的核心内容之一，也是实现智能机器人的关键因素之一。

机器视觉系统通过机器视觉产品（即图像摄取装置，分 CMOS 和 CCD 两种）将被测物转换成图像信号，传送给专用的图像处理系统；图像处理系统将图像的像素分布、亮度、颜色等信息转变成数字信号，并对这些信号进行各种运算来抽取目标特征，进而根据判别结果控制设备动作，如图 16–1 所示。

在一些不适于人工作业的危险工作环境或者人工视觉难以满足要求的场合，常用机器视觉来替代人工视觉。同时，在大批量重复性工业生产过程中，采用机器视觉检测方法可以大大提高生产效率。机器视觉还易于实现信息集成，是实现计算机集成制造的基础技术。

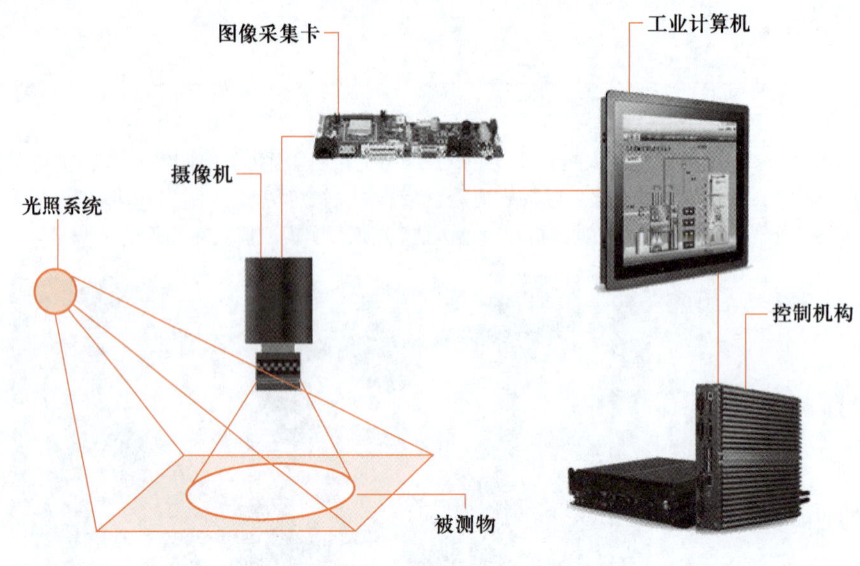

图 16-1　机器视觉系统

微视频：光源类型与光源颜色

二、光源

光线在人们的生活中不可缺少，其为人们提供了看清事物外部形态、表面结构、距离和色彩等方面的条件。有了光线，人们才得以认识周围的一切。同样，对于机器视觉系统而言，如果相机无法看到零件和标记，也就无法进行识别和检测。因此，光源是影响机器视觉相机能否正常采集图像的重要因素。

（一）光源类型

光源是指正在发光的物体，可以是天然的或人造的，机器视觉系统中的光源通常是 LED 光源。LED 光源由多颗 LED 排列而成，可以设计成不同的结构，实现不同的光源照射角度。光源按其照明方法不同，可分为环形光源、条形光源、同轴光源、圆顶光源、面光源。

1. 环形光源

特点：360° 照射无死角，照射角度、颜色组合设计灵活，能够突出物体的三维信息，如图 16-2 所示。

图 16-2　环形光源

应用场景：PCB 基板检测、IC 元件检测、电子元件检测、集成电路字符检测、通用外观检测等。

2. 条形光源

特点：发光面尺寸、颜色组合设计灵活，照射角度以及安装角度可以根据现场使用情况随意调整；具有一定的指向性，光源漫射板可以根据现场需求拆除或者自行安装，且多个条形光源能够组合使用。单个或多个条形光源是给较大方形结构被测物打光的首选光源，如图 16–3 所示。

图 16–3 条形光源

应用场景：金属表面检测、各种字符读取检测、图像扫描、LCD 面板检测等。

3. 同轴光源

特点：可以消除被测物表面不平整引起的阴影，通过分光镜的设计，能够提高成像清晰度，如图 16–4 所示。

图 16–4 同轴光源

应用场景:光滑表面划伤检测、芯片以及硅晶片破损检测、Mark 点定位、条码识别等。

4. 圆顶光源(穹顶光源)

特点:半球结构设计,空间 360° 漫反射,光线打到被测物上很均匀,如图 16-5 所示。

图 16-5 圆顶光源

应用场景:曲面、弧形表面检测,表面存在凹凸的物体检测,金属以及玻璃等表面反光强烈的物体表面检测等。

5. 面光源(背光源)

特点:高密度 LED 灯阵列排布,表面是光学扩散材料,发出的是均匀的扩散光,颜色及尺寸等均可选,且可以定制,如图 16-6 所示。

图 16-6 面光源

应用场景:零件尺寸测量、电子元器件外形检测、透明物体的划痕检测以及污点检测等。

(二) 光源颜色

光源的颜色对图像的成像也有影响,LED 光源有多种颜色可以选择,包括红色、绿色、蓝色、白色，还有红外、紫外。针对不同检测物体的表面特征和材质，选用不同颜色，也就是不同波长的光源，能够达到更加理想的拍摄效果。

每一种光源都有自己的光谱，而相机的图像会受到光谱的影响。不同波长的光对物体的穿透力不同，波长越长，光对物体的穿透力越强；波长越短，光在物体表面的扩散率越大。光源颜色的适用场景见表 16–1。

表 16–1　光源颜色的适用场景

光源颜色	波长 /nm	适用场景
白色（W）	色温界定	适用性广，亮度高，拍摄彩色图像时使用较多
蓝色（B）	430 ~ 480	银色背景产品（如钣金、车加工件等）、薄膜上金属印刷品
红色（R）	600 ~ 720	可以透过一些比较暗的物体，例如底材黑色的透明软板孔位定位、绿色线路板线路检测、透光膜厚度检测等
绿色（G）	510 ~ 530	红色背景产品、银色背景产品（如钣金、车加工件等）
红外（IR）	780 ~ 1 400	属于不可见光，其透过力强，一般用于 LCD 屏检测等
紫外（UV）	190 ~ 400	触摸屏 ITO 检测、布料表面破损检测、点胶溢胶检测、金属表面划痕检测等

三、镜头

微视频：镜头成像原理及基本参数

机器视觉系统中，镜头的选取也是比较关键的一环，镜头选取的好坏会影响整个系统的成败。镜头是由一块或者多块光学玻璃或塑料组成的透镜组，作用是收集光线，以产生清晰的图像。

（一）镜头成像原理

相机运用的就是凸透镜的成像规律，镜头成像原理如图 16–7 所示。类似于人眼成像，镜头就是一个凸透镜，相当于人眼结构的晶状体，胶片就是视网膜。凸透镜是根据光的折射原理制成的，照射在物体上的光线经过凸透镜折射后，将物体的像成在胶片上，物距、相距的关系与凸透镜的成像规律完全一样。

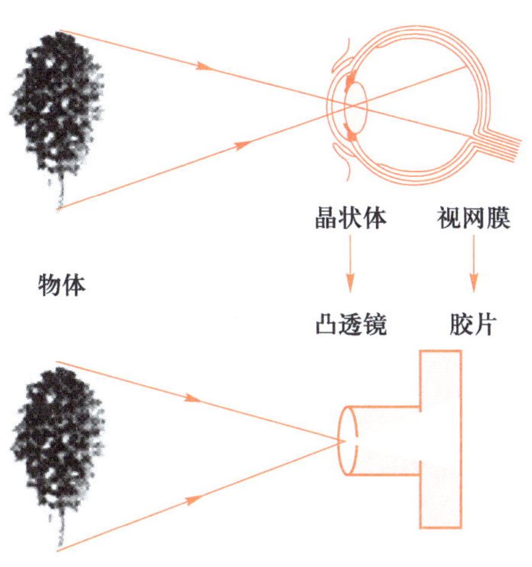

图 16–7　镜头成像原理

拓展知识：凸透镜的成像规律

① 2 倍焦距以外，成倒立缩小实像；1 倍焦距到 2 倍焦距之间，成倒立放大实像；1 倍焦距以内，成正立放大虚像。

② 成实像时，物和像在凸透镜异侧；成虚像时，物和像在凸透镜同侧。

总结起来就是：1 倍焦距分虚实（和正倒），2 倍焦距分大小；物近像远像变大，物远像近像变小。

凸透镜成像示意图如图 16-8 所示。

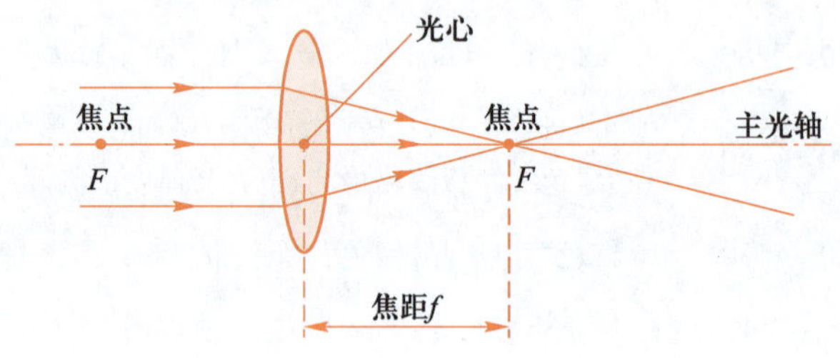

图 16-8　凸透镜成像示意图

（二）镜头的基本参数

镜头的基本参数有视场、焦距、工作距离、分辨率、光圈、景深等，如图 16-9 所示。

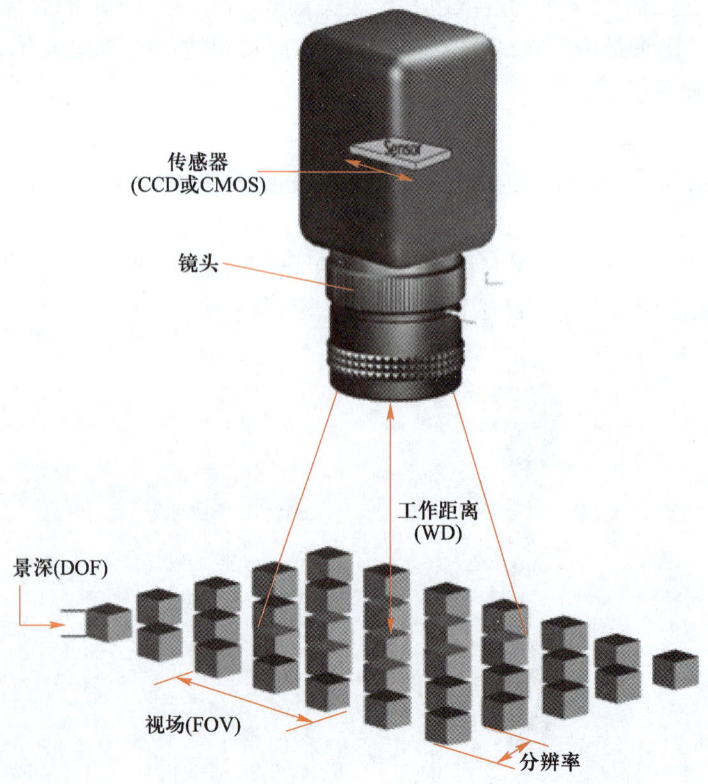

图 16-9　镜头的基本参数

① 视场：代表镜头能够观察到的最大范围，通常以角度来表示，视场越大，观测范围越大。

② 焦距：光学系统中衡量光的聚集或发散程度的参数，是从透镜中心到光聚集焦点的距离，也是相机中从镜片中心到胶片等成像平面的距离。

镜头焦距的长短决定着视场角的大小，焦距越短，视场角越大，观察范围也越大，但远处的物体看不清楚；焦距越长，视场角越小，观察范围也越小，很远的物体也能看清楚。

说明

在机器视觉系统中，调焦直接影响光测设备的测量效果。选择焦距时应该充分考虑是要观察细节还是要有较大的观测范围。如需观测近距离大场面，应选择小焦距的广角镜头；如需观察细节，则应选择焦距较大的长焦镜头。

对光学镜头可进行手动调焦，但其调节过程长，调焦精度受人为影响较大，成像效果往往不能满足需要，而自动调焦技术则可以很好地解决这一问题。

③ 工作距离：从镜头前端到被测物之间的距离。

④ 分辨率：可透过成像系统区分的物体最小特征尺寸。

⑤ 光圈：用来控制光线通过镜头进入机身内感光面光量的装置，通常位于镜头内。对于已经制造好的镜头，感光面不可以随意改变，但是可以通过在镜头内部加入多边形或圆形且面积可变的孔径光栅来达到控制镜头进光量的目的，这个装置就是光圈。当光线不足时，把光圈调大，自然可以让更多的光线进入相机，反之亦然。除了调整进光量之外，光圈还有一个重要的作用就是调整画面的景深。

⑥ 景深：指在被测物聚焦清楚后，在物体前后的一定距离内，其影像仍然清晰的范围，如图 16-10 所示。景深随镜头的光圈、焦距、拍摄距离而变化。光圈越大，景深越小；光圈越小，景深越大。焦距越长，景深越小；焦距越短，景深越大。拍摄距离越近，景深越小；拍摄距离越远，景深越大。

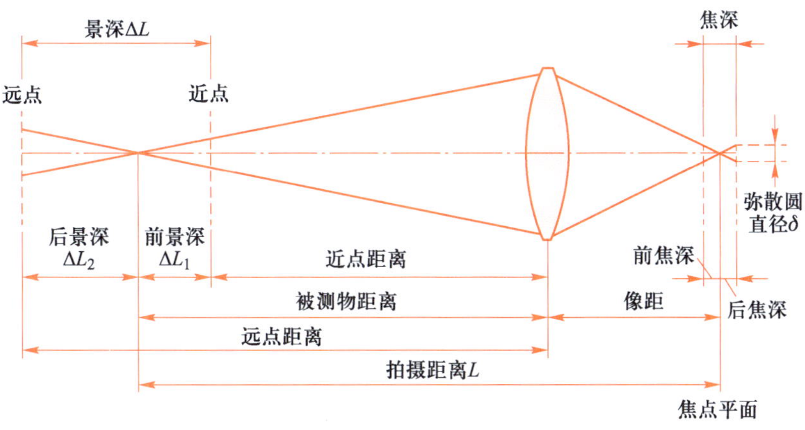

图 16-10　景深

四、相机

微视频：相机及小孔成像原理

工业生产中的视觉传感器，也常被称为工业相机，简称相机。相机在机器视觉系统中是必不可少的，其本质的功能就是将光信号转变成有序的电信号。一般来说，工业相机主要由图像传感器、内部处理电路、数据接口、I/O 接口、光学接口等基本模块组成。

结合工业相机构成的基本模块以及不同的选型维度来看，工业相机有以下几种分类方式。

① 按输出图像信号格式分类：分为模拟相机与数字相机。模拟相机采集到的是模拟信号，模拟信号要经过数字采集卡转换为数字信号，因此受噪声影响较大，分辨率低，且帧率一般固定；而数字相机的信号受噪声干扰较少，因此其动态范围高，图像质量更好。目前工业上多采用数字相机。

② 按图像输出色彩分类：分为黑白相机与彩色相机。黑白相机输出的是没有颜色信息的灰度信号值；而彩色相机输出的图像是彩色的，又分为真彩色相机和伪彩色相机。

③ 按传感器像素排列方式分类：分为面阵相机和线阵相机。

④ 按数据接口类型分类：分为网口相机、USB 3.0 相机、万兆网口相机、Camera Link 相机、CoaXPress 相机等。

⑤ 按光学接口类型分类：分为 C 口相机、CS 口相机、M12 口相机、F 口相机、M58 口相机等。

⑥ 按传感器芯片类型分类：分为 CCD 相机（图 16-11）和 CMOS 相机。这两种相机的成像工作原理没有本质区别，所不同的是在同样的条件下，CCD 相机的成像通透性、明锐度以及色彩的丰富性、准确性都比较出色，但是其制造工艺比较复杂，成本较高，对电能的消耗比较大；CMOS 相机的制造成本和电能消耗要比 CCD 相机低很多，但其通透性一般，对色彩的还原能力也比较弱。

图 16-11　CCD 相机

拓展知识：小孔成像原理

大约两千五百年前，我国的学者——墨翟（墨子）和他的学生，做了世界上第一个小孔成倒像的实验，解释了小孔成倒像的原因，这是对光沿直线传播的第一次科学解释。用一个带有小孔的板遮挡在墙体与物之间，墙体上就会形成物的倒影，把这种现象称为小孔成像，前后移动中间的板，墙体上像的大小也会随之发生变化。小孔成像说明了光沿直线传播的性质，其原理如图 16–12 所示。

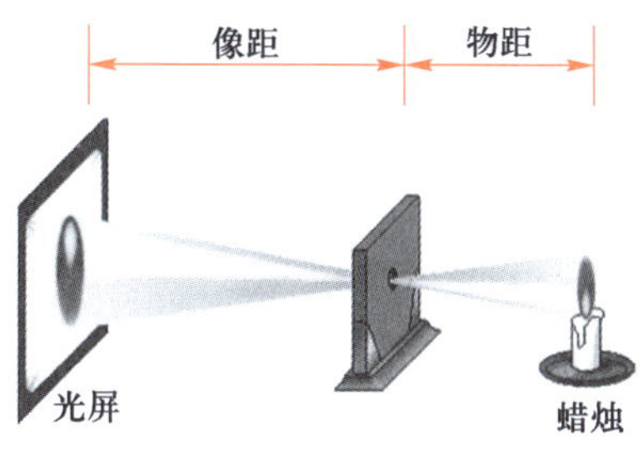

图 16–12　小孔成像原理

在发明相机之前，人们就已经开始利用小孔成像原理制造各类光学成像装置，称为暗箱。暗箱被认为是照相机的祖先，照相机的成像原理即来源于小孔成像。镜头是智能化的小孔，通过不同的镜头组件实现不同的焦段。

五、视觉标定基本原理

微视频：视觉标定基本原理

机器人视觉标定的目的是建立相机和机器人之间的联系，实现相机和机器人在空间位置上的定位一致性。建立联系的过程实际上是将相机的坐标系和机器人的世界坐标系进行转换，用到的是 *N* 点标定法。*N* 点标定法通过采集 *N* 点像素坐标和物理坐标，实现相机坐标系和执行机构物理坐标系之间的转换，*N* 需要大于或等于 4。机器视觉手眼标定原理如图 16–13 所示。

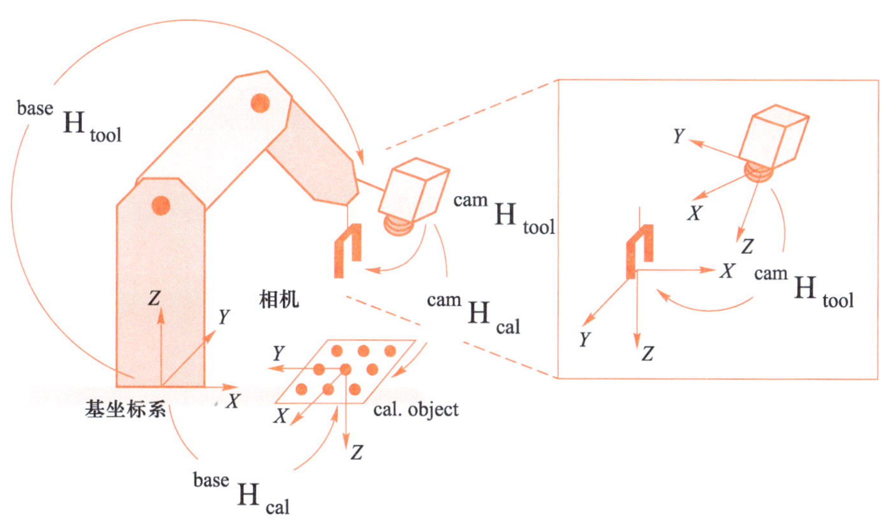

图 16–13　机器视觉手眼标定原理

16.4　设计决策

安装视觉套件，选用环形光源，调节对焦环和光圈，使相机形成效果清晰的图像。启动视觉算法平台软件，建立机器视觉标定方案，采用“9 点标定”方式对相机进行标定，控制机器人依次按顺序找到标定板上相应点位，并将点位位置信息填写在“编辑标定点”对话框中的对应位置上，生成标定文件并保存。机器人手眼标定流程如图 16–14 所示。

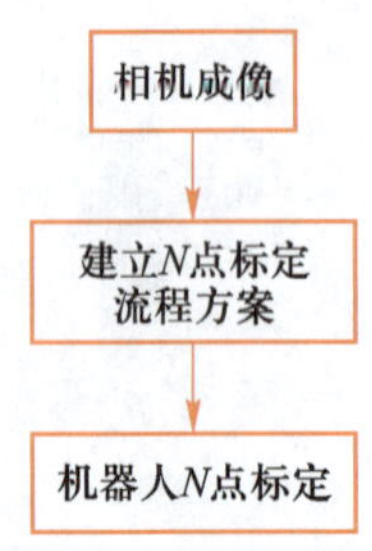

图 16–14　机器人手眼标定流程

在进行手眼标定时要保证机器人与相机之间的安全距离，同时确认在机器人运动范围内不得有障碍物，防止在标定过程中机器人发生碰撞。

16.5　任务实施

微视频：智能机器人手眼标定任务实施

一、工业相机视觉套件的安装

视觉套件主要由工业相机、镜头、光源、USB 连接线、加密狗、相机安装套件等组成，如图 16–15 所示。本任务采用分辨率为 2 592 × 1 944 的彩色工业相机、12 mm 定焦镜头、白色环形光源。相机参数见表 16–2，光源参数见表 16–3，镜头参数见表 16–4。

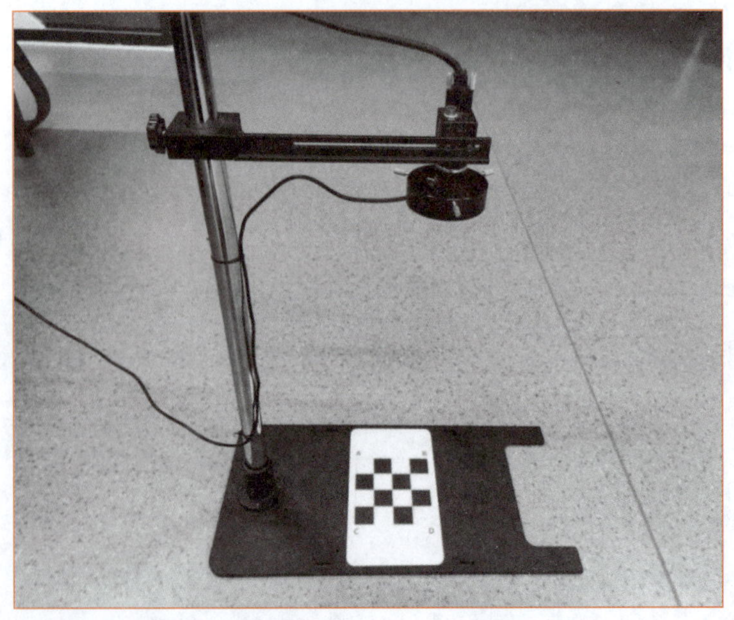

图 16–15　视觉套件

表 16-2 相机参数

彩色工业相机	
型号	MV-CE050-30UC
传感器尺寸	1/2.5" CMOS
传感器型号	AR0521
有效像素	500 万
色彩	彩色
像元尺寸	2.2 μm × 2.2 μm
帧率 / 分辨率	31@2 592 × 1 944
快门类型	卷帘曝光
曝光控制	自动 / 手动
外壳尺寸	29 mm × 29 mm × 30 mm
数据接口	USB 3.0
工作温度	0~50 ℃
镜头接口	C-Mount

表 16-3 光源参数

白色辅助光源	
型号	JHZM-A40-W
发光颜色	白色
LED 数量	48 个发光二极管
照度	40 000 lx
亮度	连续可调式，调节范围 0~100%，色温不变
波长	455~457.5 nm
输出电压	12 V
输出功率	3.5~5 W
工作距离	35~110 mm
尺寸规格	内径：40 mm；外径：70 mm；高度：25 mm
质量	0.48 kg
工作环境	温度：0~40 ℃；湿度：20%~85% RH

表 16-4　镜头参数

12 mm 定焦镜头	
型号	MVL-HF1228M-6MP
焦距	12 mm
像面最大尺寸	1/1.8" (ϕ9 mm)
光圈范围	F2.8~F16
光圈控制	手动
焦点控制	手动
工作温度	-10~50 ℃
光学畸变	-0.38%
法兰后焦	17.526 mm
最近摄距	0.06 m
接口	C-Mount
滤镜螺纹	M27 × 0.5
大小	ϕ29 mm × 35.36 mm

二、工业相机视觉软件

Dobot VisionStudio 视觉算法平台集成机器视觉多种算法组件，适用多种应用场景，可快速组合算法，实现对工件或被测物的查找、测量、缺陷检测等。其拥有强大的视觉分析工具库，可简单灵活地搭建机器视觉应用方案，无须编程，能满足视觉定位、测量、检测和识别等视觉应用需求。Dobot VisionStudio 主界面主要由菜单栏、快捷工具栏、工具栏、流程编辑区域、图像显示区域、结果显示区域、状态显示区域组成，如图 16-16 所示。

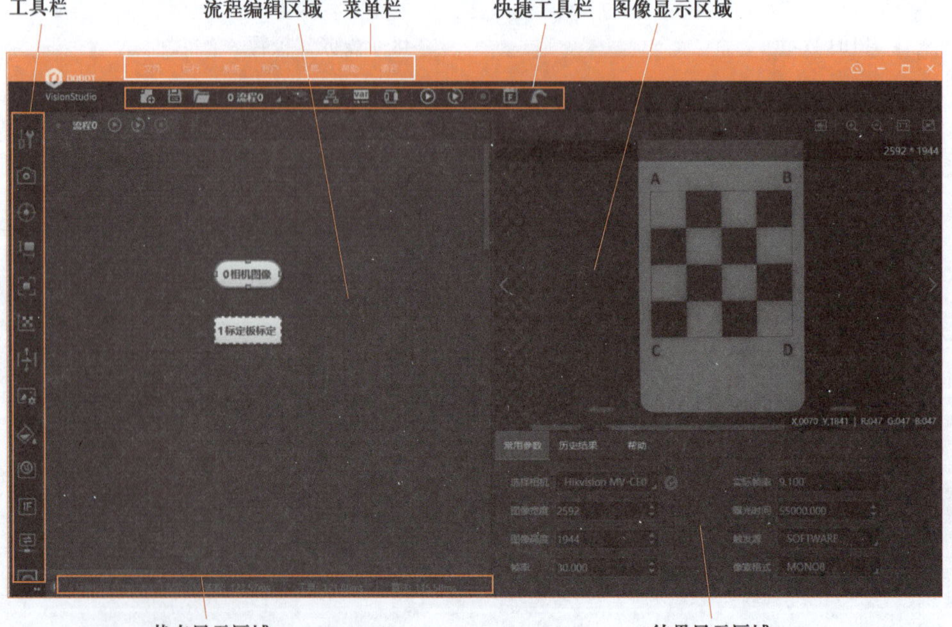

图 16-16　Dobot VisionStudio 主界面

三、手眼标定

（一）建立视觉相机

选择“采集”项目中的“相机图像”。双击主面板中的“0 相机图像”，弹出“0 相机图像”对话框。在“常用参数”选项卡下，单击“选择相机”下拉列表框，选择相机“Hikvision MV-CE050-30UC(00D81492218)”，“像素格式”选择“MONO8”。切换至“触发设置”选项卡，单击“触发源”下拉列表框，选择“SOFTWARE”软件触发方式，其他设置保持默认，如图 16-17 所示。

图 16-17　相机图像设置

完成相机图像设置，单击“连续执行”按钮，相机拍摄到的图像会在图像显示区域实时显示，如图 16-18 所示。

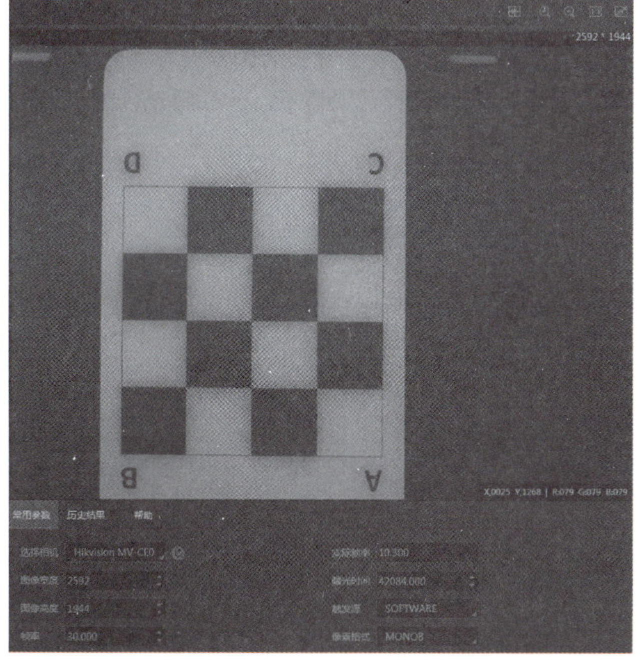

图 16-18　相机拍摄图像

说明

1. 若图像显示区域中画面不清晰,可通过手动转动镜头的光圈环来调整进光量;或者手工转动对焦环对焦,使相机成像清晰,如图 16-19 所示。一般先将光圈值调为 2.8,再调节对焦环。

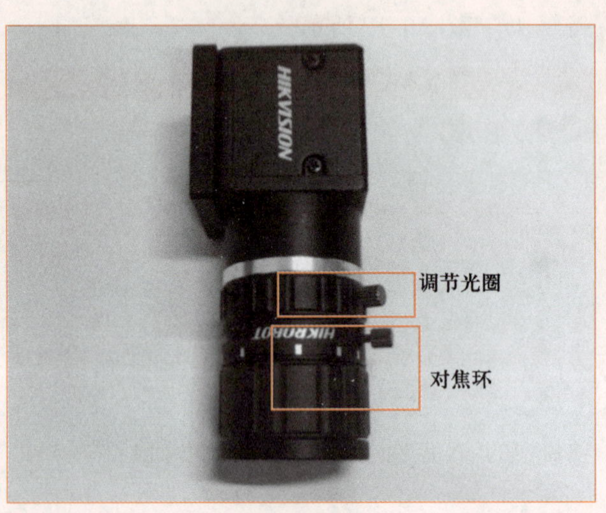

图 16-19 光圈和对焦环

2. 光圈环和对焦环调整完成后,再对相机图像的曝光时间进行微调整,使图像的亮度均匀、对比度高。

3. 若视野大小不合适,可上下调整镜头的工作距离。

4. MONO8 格式存储下来的图像为单色,一般用于灰度图的呈现;RGB24 格式是彩色模式,一般用于颜色识别。

(二) 建立标定板标定

选择“标定”项目中的“标定板标定”,并建立“0 相机图像”和“1 标定板标定”的通信连接。双击“1 标定板标定”,弹出“1 标定板标定”对话框。在“基本参数”选项卡下,“输入源”选择“0 相机图像 . 图像数据”;“标定参数”中,“物理尺寸”设置为“25.000”,表示标定板每个格子的边长尺寸,其他参数保持默认,如图 16-20 所示。

说明

确定“1 标定板标定”在主面板中的位置后,将光标移动到“0 相机图像”方框,当光标形状变为十字后拖动光标连接到“1 标定板标定”,即可建立“0 相机图像”和“1 标定板标定”的通信连接。

图 16–20　标定板标定设置

（三）建立 *N* 点标定

选择“标定”项目中的“N 点标定”，建立“1 标定板标定”和“2 N 点标定”的通信连接。双击“2 N 点标定”，本任务选用“9 点标定”方式标定，故将平移次数设置为 9。单击“单次执行”按钮，图像显示区域的显示效果如图 16–21 所示，说明相机各参数已设置好，可开始进行标定。机器人手眼标定方案流程如图 16–22 所示。

图 16–21　*N* 点标定图像

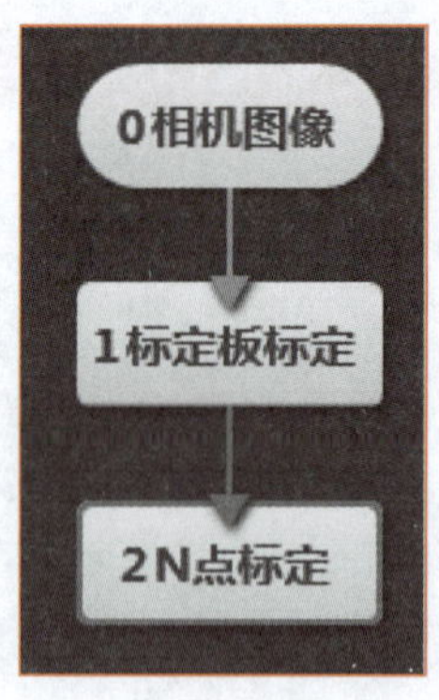

图 16-22　机器人手眼标定方案流程

(四) 机器人 *N* 点标定

单击工具栏中的“机器人”按钮，打开 DobotStudio 控制面板，选择正确的 COM 口，并将机器人的末端设置为“笔”，单击“Connect”按钮，连接机器人，如图 16-23 所示。

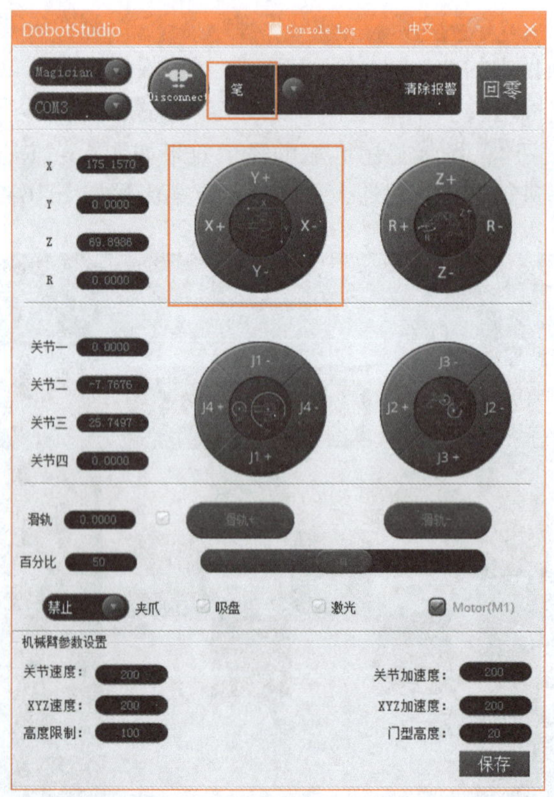

图 16-23　控制面板

通过控制面板操作机器人，将机器人末端笔尖移动到标定点位置，按照 9 个标定点的顺序依次标定。打开“2 N 点标定”的“编辑标定点”对话框，如图 16-24 所示，将机器人的笛卡儿坐标填入对应点的物理坐标中，单击“生成标定文件”按钮，设置保存路径完成标定。

图 16–24　填写物理坐标

机器人 N 点标定如图 16–25 所示。

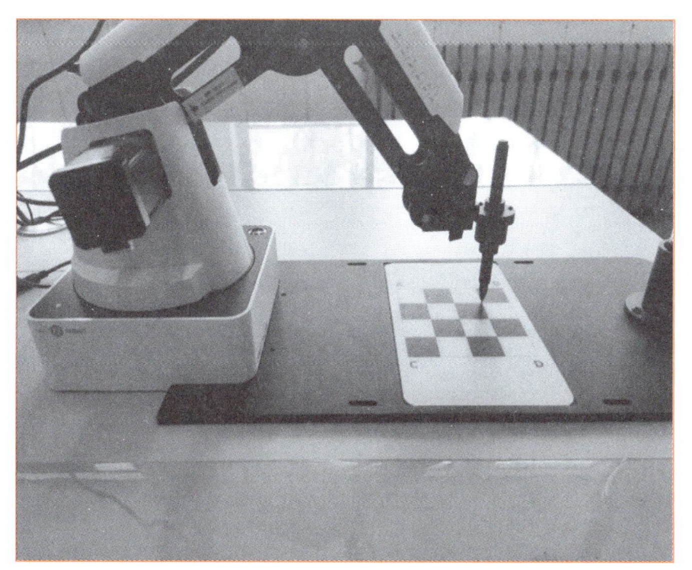

图 16–25　机器人 N 点标定

微视频：智能机器人手眼标定任务实施效果演示

说明

若相机与机器人的相对位置发生变化或机器人发生丢步等，需重新进行标定。

16.6 任务总结

任务书

<table>
<tr><td>情境五</td><td colspan="2">独具慧眼——智能机器人垃圾分拣</td><td>任务名称</td><td colspan="2">智能机器人手眼标定</td></tr>
<tr><td>班级</td><td></td><td>姓名</td><td></td><td>学号</td><td></td></tr>
<tr><td>日期</td><td></td><td>地点</td><td></td><td>指导教师</td><td></td></tr>
<tr><td>任务
目标</td><td colspan="5"></td></tr>
<tr><td rowspan="5">主要设备、
仪器、工具
清单</td><td colspan="2">名称</td><td colspan="2">型号</td><td>数量</td></tr>
<tr><td colspan="2"></td><td colspan="2"></td><td></td></tr>
<tr><td colspan="2"></td><td colspan="2"></td><td></td></tr>
<tr><td colspan="2"></td><td colspan="2"></td><td></td></tr>
<tr><td colspan="2"></td><td colspan="2"></td><td></td></tr>
<tr><td>实施
过程</td><td colspan="5"></td></tr>
<tr><td>成果
展示与
分析</td><td colspan="5"></td></tr>
<tr><td>总结
反思</td><td colspan="5"></td></tr>
</table>

16.7　考核评价

任务评价考核评分表				
姓名		任务名称	智能机器人手眼标定	
序号	考核项目	评分标准	扣分及扣分依据	得分
1	相机成像（40 分）	1. 相机、镜头、光源正确安装（5 分）		
		2. 计算机与相机接口正确连接（5 分）		
		3. 工作距离调整适当（10 分）		
		4. 触发相机，调整镜头光圈环和对焦环，获得清晰图像（20 分）		
2	N 点标定（50 分）	1. 正确建立 N 点标定流程方案（10 分）		
		2. 获取 9 个清晰的标定点（10 分）		
		3. 操作机器人，获取标定点的物理坐标（10 分）		
		4. 完成 N 点标定，生成标定文件（20 分）		
3	职业素养（10 分）	1. 遵守课堂纪律，无安全事故（4 分）		
		2. 工位保持清洁，物品整齐（2 分）		
		3. 操作规范，爱护设备（2 分）		
		4. 自觉服从指导教师安排（2 分）		
4	违规扣分	1. 机器人与其他设备碰撞（每次扣 5 分）		
		2. 设备损坏（扣 20 分）		
总分				

16.8　任务拓展

畅谈机器视觉技术的应用领域、典型应用案例及未来发展趋势。

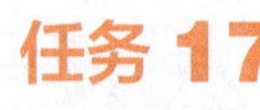

任务 17 智能机器人颜色识别与物块分拣

【学习目标】

1. 了解数字图像及像素、分辨率等概念；
2. 了解图像处理与识别；
3. 了解常用的两种颜色模型；
4. 能完成机器人颜色识别与物块分拣的任务；
5. 培养勇于探究、积极寻求有效的问题解决方法的能力。

【重点难点】

能完成机器人颜色识别与物块分拣的任务。

17.1 思维导图

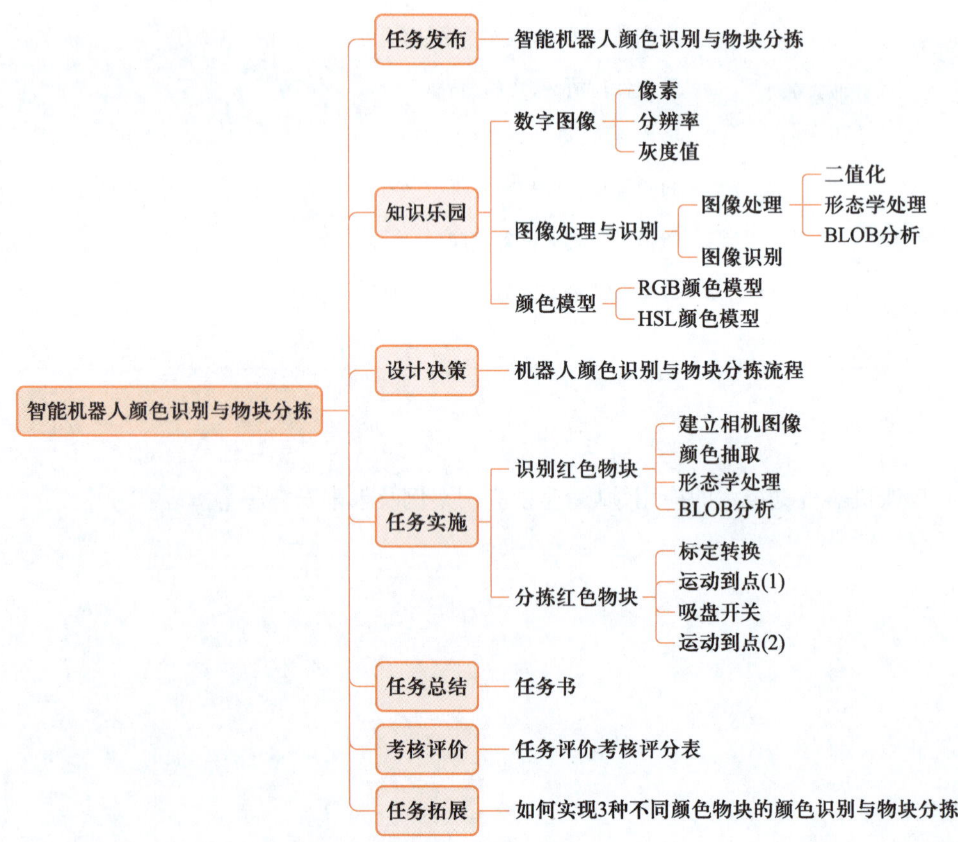

17.2　任务发布

微视频：智能机器人颜色识别与物块分拣任务发布

任务名称	智能机器人颜色识别与物块分拣
任务内容	机器人视觉系统的智能之处在于能够分辨所采集图像中包含的信息，最基本的便是颜色信息。本任务要求把机器视觉与机器人相结合，利用工业视觉系统对图像进行处理分析，识别物块颜色，对不同颜色的物块进行拾取和码放
运行环境	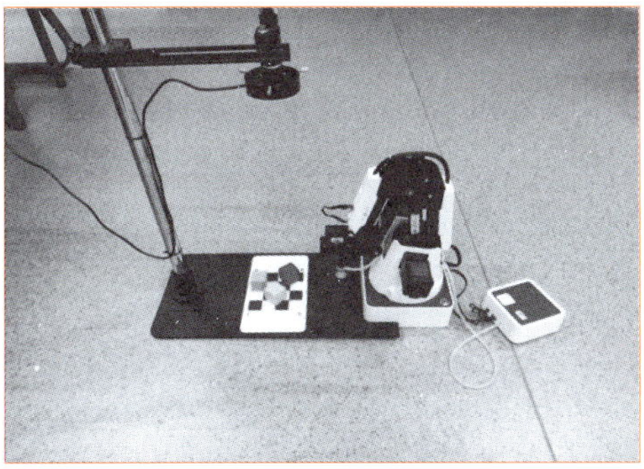

17.3　知识乐园

颜色作为重要的图像视觉特征，是人类视觉感知的主要内容之一，人们辨别事物的首个因素往往是颜色。颜色识别是机器视觉中的一个主要应用，其基于物体表面颜色特性差异，通过一定的算法来识别出不同的颜色，从而实现各种检测及控制。颜色信息作为物体识别的重要特征，被广泛应用于车辆识别、环境垃圾检测、交通标识以及交通信号检测等。

一、数字图像

在计算机中，图像是以数字方式记录、处理和保存的，所以这里的图像也可以说是数字图像。数字图像就是能够在计算机上显示和处理的图像，可根据其特性分为两大类——位图和矢量图。

微视频：数字图像及像素、分辨率、灰度值的定义

位图通常由数字阵列表示，常见格式有 BMP、JPG、GIF 等；矢量图由矢量数据库表示，接触最多的就是 PNG 图形。一般而言，使用数字摄像机或数字照相机得到的图像都是位图图像。本书中提到的“图像”和“数字图像”都是指位图图像。

（一）像素

像素是图像显示的基本单位，全称为图像元素，通常被视为图像的最小完整采样。每个像素都承载着图像中的信息，单从像素的概念来说，每个这样的信息元素并不能简单地看作一个点或者一个方块，而是一个信息的抽象采样，但是在很多情况下，它们采用点或者方块表示。

图像可以看作一个个采样点的集合，单位面积内的像素越多，代表分辨率越高，所显示的图像就越接近真实物体。当然，图片的清晰度不只由像素决定，像素只是分辨率的尺寸单位，而不代表图像质量。简单地说，像素就是图像的点的数值，点画成线，线画成面。

（二）分辨率

分辨率泛指图像或显示系统对细节的分辨能力，分辨率多用于表示图像清晰度，分辨率越高，代表图像质量越好，越能表现出更多的细节。图像分辨率是指每英寸图像内的像素点数。分辨率越高，像素的点密度越高，图像越逼真；但相对的，因为记录的信息过多，文件也就越大。

（三）灰度值

灰度值是像素光强弱信息的表示，是真实世界图像量化的表现方法。数字图像的每个像素通常由 8 位二进制数来保存，这样就有 256（0 ~ 255）种灰度表示。通常灰度值从最黑到最白为从 0 到 255。光线进入感光元件，如果光强达到感光元件的极限，此像素为纯白色，对应于内存中该像素灰度值为 255；如果完全没有光线，此像素为纯黑色，对应于内存中该像素灰度值为 0。

二、图像处理与识别

微视频：
图像处理
与图像识别

（一）图像处理

图像处理是指使用电子计算机对量化的数字图像进行处理，处理的目的是使输出图像具有更好的效果，以便于人的观察；也可能是为图像分析和识别做准备，此时的图像处理是一种预处理步骤，输出图像将进一步供其他图像分析、识别算法使用。

图像处理的输入是从传感器或其他来源获取的原始数字图像，输出是经过处理后的输出图像，如图 17-1 所示。例如，为提高信噪比，需要对图像滤去干扰、噪声，进行几何、彩色校正等；若图像信息微弱，无法辨识，要进行增强处理；或对图像进行变换，以便进行人机分析；为了从图像中找到需要识别的东西，要对图像进行分割，也就是进行定位和分离，以区分不同的东西。以上所述都属于图像处理的范畴，图像处理包括图像编码、图像增强、图像压缩、图像分割等。

图 17-1　图像处理

1. 二值化

无论是灰度图像还是彩色图像，其数据量都是巨大的，在计算机中都占用了大量的存储空间。为减少图像的存储空间，提高计算机处理图像的速度，必须首先对图像进行二值化。

二值化是进行图像分割前经常使用的一种颜色处理方法。在二值化图像时，会把大于某个临界灰度值的像素灰度设为灰度极大值（255，即白色），把小于这个值的像素灰度设为灰度极小值（0，即黑色），从而实现二值化。

图像二值化一般采用阈值分割法。二值图像是图像二值化的结果，在二值图像中，像素值只有 0 和 1。也就是说，二值图像是一个对比清晰、非黑即白的单色图像，如图 17-2（a）所示。

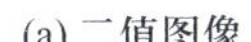
(a) 二值图像

(b) 灰度图像

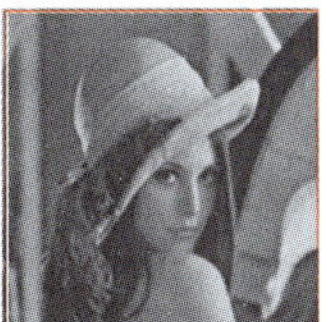
(c) RGB图像

图 17-2　二值图像、灰度图像与 RGB 图像

图片：二值图像、灰度图像与 RGB 图像

拓展知识

- 灰度图像：在二值图像中进一步加入许多介于黑色与白色之间的颜色深度，就构成了灰度图像，如图 17-2（b）所示。每种灰度（颜色深度）称为一个灰度级，可以在 0~255 之间取值。
- RGB 图像：计算机显示彩色图像时采用最多的就是 RGB 模型，即对于每个像素，通过控制 R、G、B 的合成比例来决定最终的显示颜色。使用 RGB 模型给出的 3 个数值来存储的图像数据称为 RGB 图像，如图 17-2（c）所示。在 RGB 图像中，每个像素都使用 24 位二进制数表示，因此 RGB 图像也称为 24 位真彩色图像。
- 索引图像：索引图像是一种把像素值直接作为 RGB 调色板下标的图像，它有两个分量，分别是数据矩阵和彩色映射矩阵。一般而言，索引图像存放色彩较简单的图像，RGB 图像存放色彩较复杂的图像。

2. 形态学处理

形态学处理的主要作用是改善图像的质量和准确度，并且可以在一定程度上减少图像噪声。形态学处理操作包括膨胀、腐蚀、开运算和闭运算等，其中膨胀和腐蚀是最基本的两种形态学处理操作。

膨胀是求每个位置领域内最大值的操作，它会把这个最大值作为该位置的输出像素值，从而使图像中的高亮区域逐渐增大，即原图中的白色高亮区沿着边缘扩大。腐蚀与膨胀是相反的操作，腐蚀是求领域内的最小值，使得图像中的高亮区域逐渐变小。膨胀与腐蚀的效果如图 17-3 所示。

(a) 原图

(b) 膨胀

(c) 腐蚀

图 17-3　膨胀与腐蚀的效果

开运算先腐蚀后膨胀，使图像的轮廓变得光滑，使狭窄的连接断开，消除细毛刺，滤除噪声，同时不会对物体的形状、面积造成明显的影响。闭运算先膨胀后腐蚀，能够弥合狭窄的间断，填充小的孔洞，填补轮廓线中的断裂，同时也会平滑轮廓的一部分。

3. BLOB 分析

BLOB 是指图像中的最大连通区域，通常代表一个完整的对象或特征。BLOB 分析是对输入的灰度图像进行二值分割，通过连通域分析方法在二值图中对 BLOB 块进行提取、筛选、排序与特征计算，获取目标物体 BLOB 的特征，如存在性、数量、位置、形状、方向等。

BLOB 分析是图像处理中比较常用的分析工具，广泛应用于物体的检测、识别和跟踪。BLOB 分析的本质是基于不同的邻域类型，将具有相同灰度值范围的像素集合在一起，视为同一个检测对象，如图 17-4 所示。邻域类型可分为 4 邻域、8 邻域和 *m* 邻域（*m* 邻域主要用于消除 8 邻域带来的二义性）。

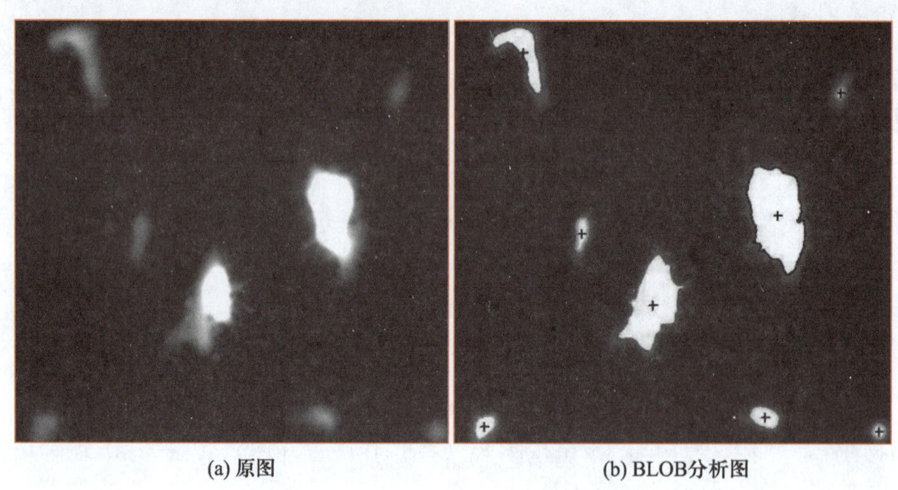

图 17-4　BLOB 分析

（二）图像识别

图像处理的最终目的是实现图像识别和检测。图像识别主要研究图像中各目标的性质和相互关系，识别出目标对象的类别，从而理解图像的含义。

对图像识别环节来说，输入是图像（一般是经过图像处理后的图像），输出是类别和图像的结构分析，如图 17-5 所示。而结构分析的结果则是对图像进行描述，从而对图像的重要信息得到一种理解和解释。

微视频：两种颜色模型

图 17-5　图像识别

三、颜色模型

颜色模型是对颜色通过一定的标准进行简化规范得到的。在不同的机器视觉系统中,应该根据被测物的不同特性选择合适的颜色模型来进行图像处理。

(一) RGB 颜色模型

根据人眼的结构,所有颜色都可以看作是由三种基本颜色——红色 (R)、绿色 (G) 和蓝色 (B) 按照不同的比例组合而成的。基于 R、G、B 三基色的颜色表示称为 RGB 颜色模型。RGB 颜色模型是工业界的一种颜色标准,它通过对 R、G、B 三个颜色通道的变化以及它们相互之间的叠加来得到各式各样不同的颜色。

每个像素的颜色通常用分别代表 R、G、B 的 3 个字节来表示,每个字节为 8 bit,表示 0 ~ 255 之间不同的亮度值。例如,B 分量如果是 0,则表示该像素点吸收了全部蓝色光;如果是 255,则表示该像素点反射了全部蓝色光。RGB 颜色模型几乎包括了人类视力所能感知的所有颜色,是目前应用最广的颜色系统之一。RGB 24 bit 彩色立方体如图 17-6 所示。

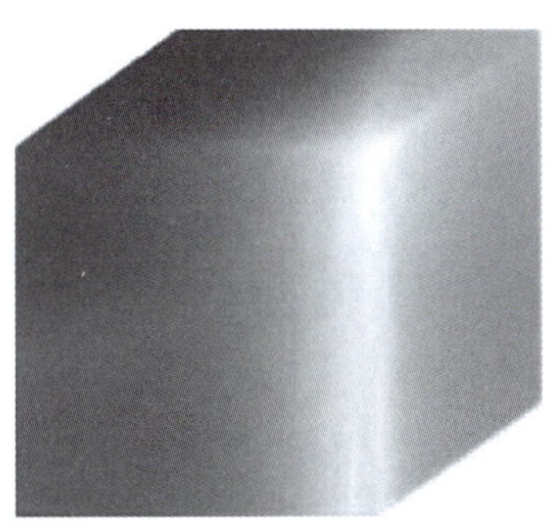

图 17-6　RGB 24 bit 彩色立方体

图片:
RGB 24 bit
彩色立
方体

(二) HSL 颜色模型

颜色是外界光刺激作用于人的视觉器官而产生的主观感觉。RGB 颜色模型是从物理学角度出发描述颜色的,而 HSL 颜色模型则是从人眼的主观感觉出发描述颜色的。

颜色有 3 个基本属性,分别是色调(Hue)、饱和度(Saturation)和亮度(Luminance)。基于这 3 个基本属性,提出了一种重要的颜色模型,即 HSL 颜色模式。其中,色调(H)指物体色彩的基本基调,即物体的主要色彩倾向;饱和度(S)指色彩的鲜艳程度,也称为色彩的纯度,饱和度越高,颜色越深;亮度(L)是人对光强度的感受,光波的能量越大,亮度越大。

HSL 颜色模型是通过对 H、S、L 三个颜色通道的变化以及它们相互之间的叠加来得到各种颜色的,可用六角形锥体表示,HSL 色彩空间如图 17-7 所示。HSL 颜色模型也几乎包括了人类视力所能感知的所有颜色,也是应用广泛的颜色系统之一。

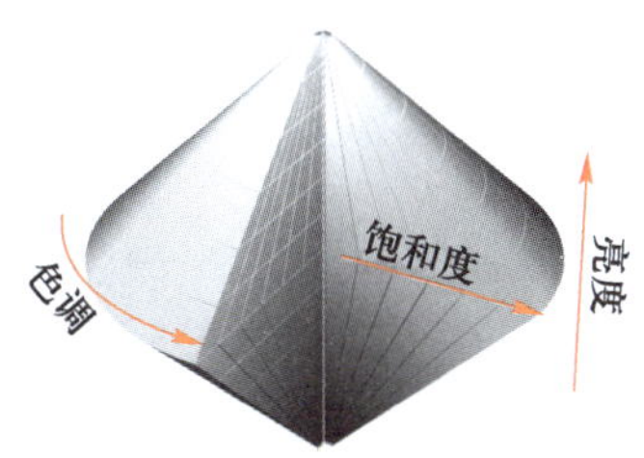

图 17-7　HSL 色彩空间

图片:
HSL 色彩
空间

17.4 设计决策

本任务利用机器视觉系统识别物块颜色，由机器人将特定颜色（以红色为例）的物块分拣出来。先利用相机获取彩色图像，设置颜色空间及 RGB 通道值，对红色物块进行颜色抽取；再对颜色抽取后的图像进行处理分析，调用手眼标定文件，完成红色物块的分拣任务。机器人颜色识别与物块分拣流程如图 17-8 所示。

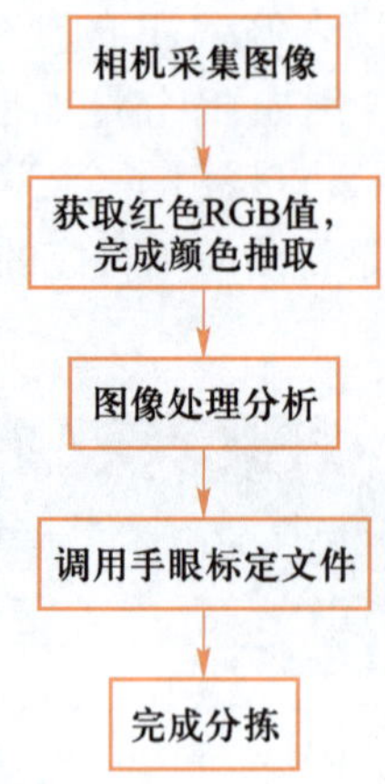

图 17-8 机器人颜色识别与物块分拣流程

17.5 任务实施

微视频：智能机器人颜色识别与物块分拣任务实施

一、识别红色物块

（一）建立相机图像

1. 设置相机参数

选择“采集”项目中的“相机图像”。双击“0 相机图像”，在弹出的对话框中设置相机属性，选择相机“Hikvision MV-CE050-30UC（00D81492218）”，“像素格式”选择“RGB24”，“触发源”选择“SOFTWARE”软件触发方式，如图 17-9 所示。

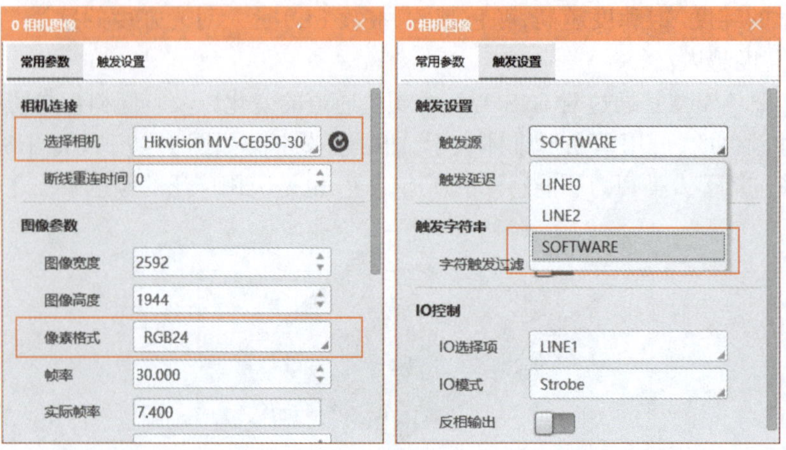

图 17-9 相机图像设置

2. 获取 RGB 值

调整光圈环和对焦环，设置相机曝光时间，使相机获得清晰的图像。将光标放置在图像显示区域的红色物块上，显示界面右下角会显示该物块相应的 RGB 数值，变动光标在红色物块上的不同位置，可以获得 RGB 数值的最大值和最小值，如图 17–10 所示。

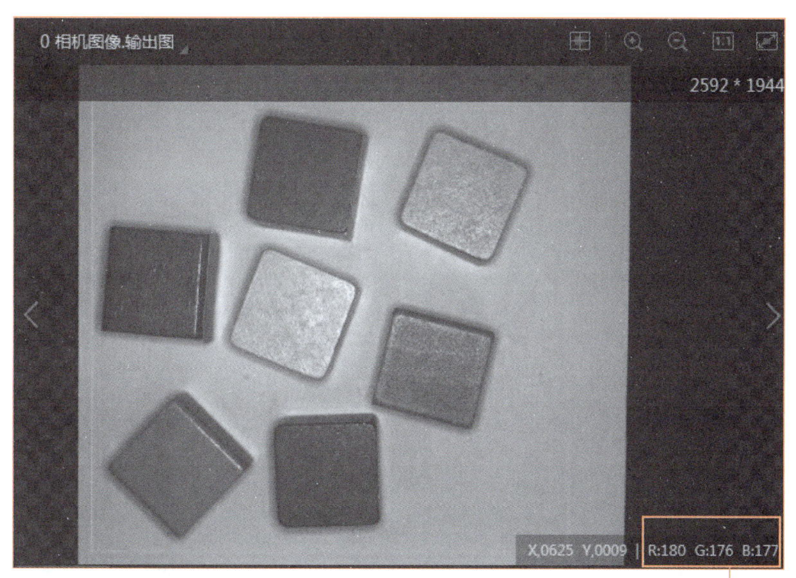

图 17–10　获取 RGB 数值

注意

记录 RGB 数值时，要确保光线条件不发生变化，因为视觉相机反馈的 RGB 数值会根据周围光线变化而略有不同，而 RGB 数值的变化会直接影响机器人能否正确抓取目标颜色物块。

(二) 颜色抽取

选择“颜色处理”项目中的“颜色抽取”。双击“1 颜色抽取”，在弹出的对话框中设置“基本参数”选项卡，“输入源”选择“0 相机图像 . 图像数据”，选中“ROI 创建”区域的“绘制”单选按钮，“形状”选择矩形绘制框，在图像显示区域绘制 ROI 区域(感兴趣区域)，需要覆盖住视觉检测区域。将记录后的 RGB 数值填入“运行参数”选项卡下 3 个通道的下限和上限中，其余参数保持默认，如图 17–11 所示。颜色抽取后的红色物块输出图像如图 17–12 所示。

说明

颜色抽取就是对图像进行二值化的过程。

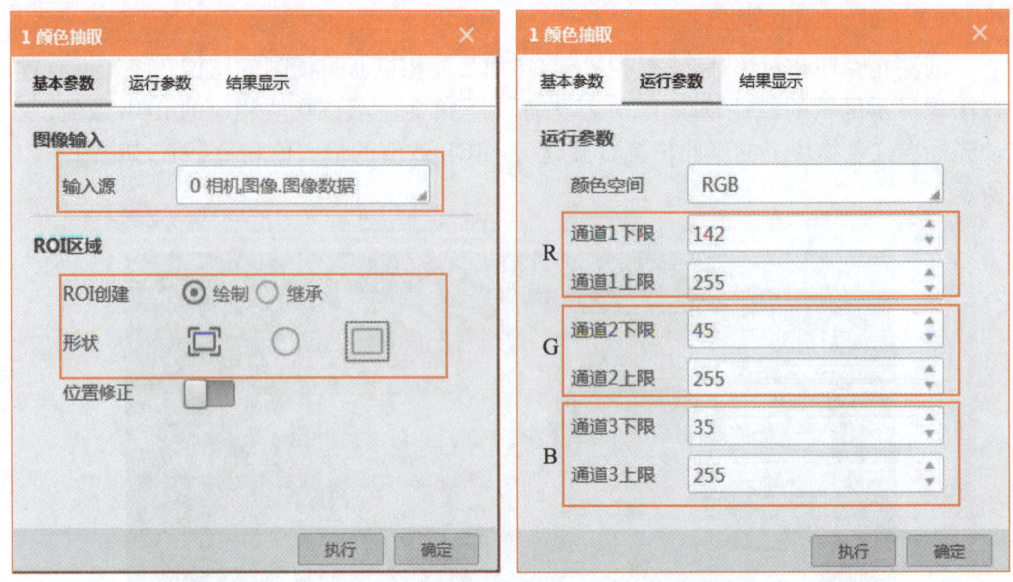

图 17–11 颜色抽取设置

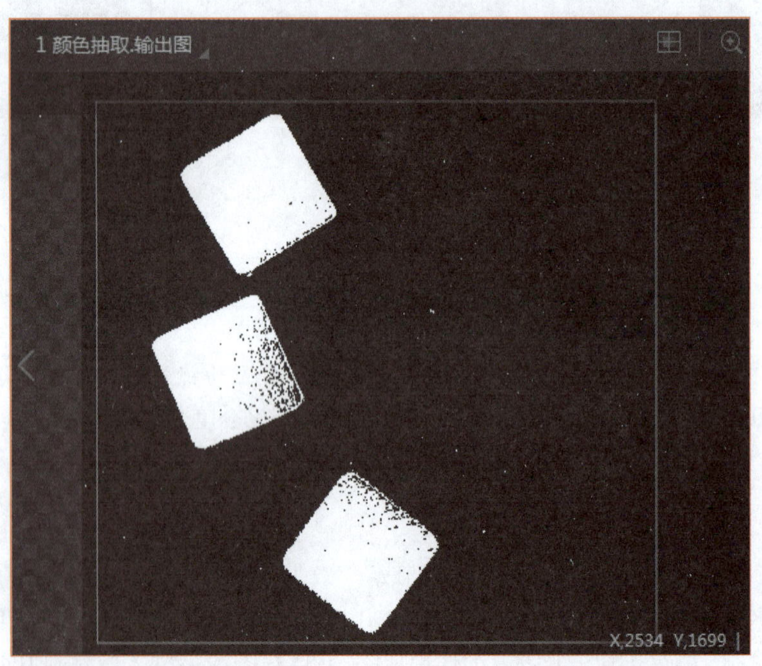

图 17–12 颜色抽取后的红色物块输出图像

（三）形态学处理

选择“图像处理”项目中的“形态学处理”。双击“2 形态学处理”，在弹出对话框的“基本参数”选项卡下设置图像输入源、ROI 区域，输入源应为颜色抽取输出图像，ROI 区域为要进行形态学处理的区域，需手动进行绘制。在“运行参数”选项卡下，“形态学类型”选择“膨胀”，可填充图像内的细小空洞，消除包含在目标区域中的小颗粒噪声，其他参数可根据实际情况进行设置，如图 17-13 所示。形态学处理后的红色物块输出图像如图 17-14 所示。

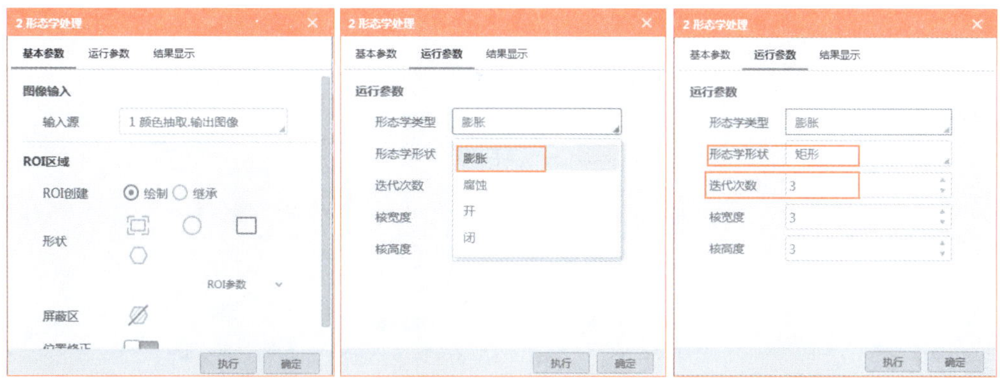

图 17-13　形态学处理设置

图 17-14　形态学处理后的红色物块输出图像

（四）BLOB 分析

选择“定位”项目中的“BLOB 分析”。双击“3 BLOB 分析”，在弹出对话框的“基本参数”选项卡下设置图像输入源、ROI 区域。在“运行参数”选项卡下，“阈值方式”选择“不进行二值化”，“极性”选择“亮于背景”，如图 17-15 所示。BLOB 分析结果如图 17–16 所示，在结果显示区域中可以看到红色物块的数量、面积、周长、质心坐标、角度等结果。

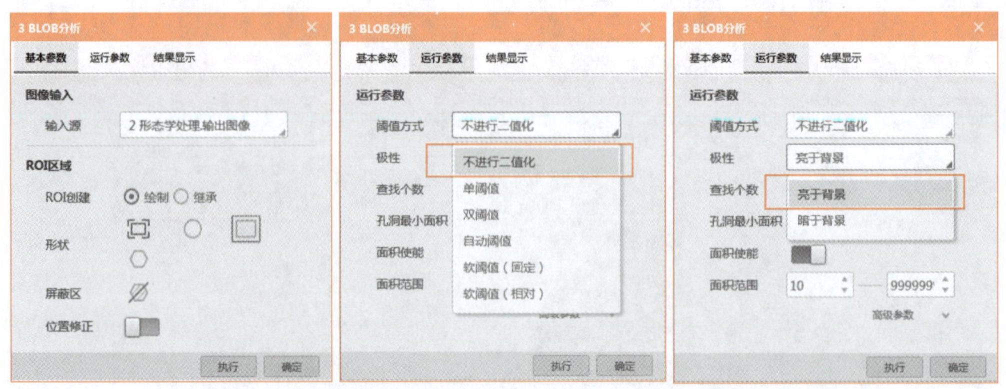

图 17–15　BLOB 分析设置

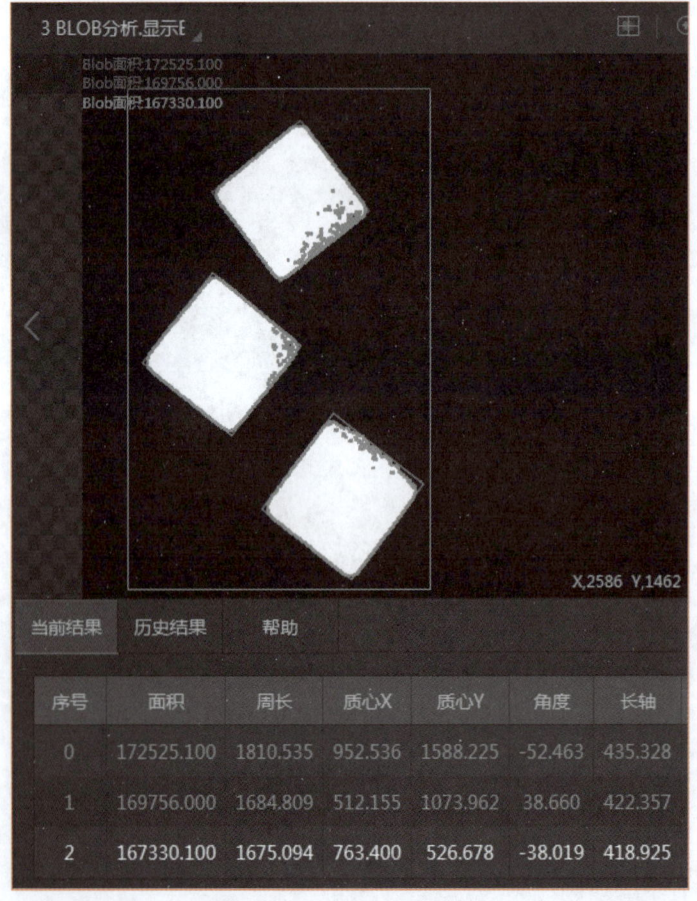

序号	面积	周长	质心X	质心Y	角度	长轴
0	172525.100	1810.535	952.536	1588.225	-52.463	435.328
1	169756.000	1684.809	512.155	1073.962	38.660	422.357
2	167330.100	1675.094	763.400	526.678	-38.019	418.925

图 17–16　BLOB 分析结果

二、分拣红色物块

（一）标定转换

选择“标定”项目中的“标定转换”，将 BLOB 分析后的图像坐标转化为机械坐标。双击“4 标定转换”，在弹出对话框的“基本参数”选项卡下，“输入源”选择“3 BLOB 分析 . 二值化图像”；“输入方式”选择“按点”，“图像点”选择“3 BLOB 分析”→“质心点”，加载手眼标定时生成的标定文件，文件格式为 .iwcal，如图 17–17 所示。

图 17–17　标定转换设置

（二）运动到点（1）

选择“机器人命令”项目中的“运动到点”，拾取红色物块。双击“5 运动到点”，在弹出对话框的“基本参数”选项卡下，“运动模式”选择“JUMP”（可根据实际情况选择机器人到达不同点位的运动模式）。本任务通过操作机器人实现对红色物块的拾取分拣，故将 X、Y 坐标设置为标定转换后的标定物理坐标。“X”选择“4 标定转换”→“输出点”→“标定物理坐标 X”；“Y”选择“4 标定转换”→“输出点”→“标定物理坐标 Y”；“Z”选项输入拾取目标高度值，可以将机器人手动拖动到红色物块的高度，在 DobotStudio 控制面板中读取 Z 轴数值，然后手动输入；“R”选项输入拾取目标角度值（不考虑角度时，可设置为 0），如图 17–18 所示。

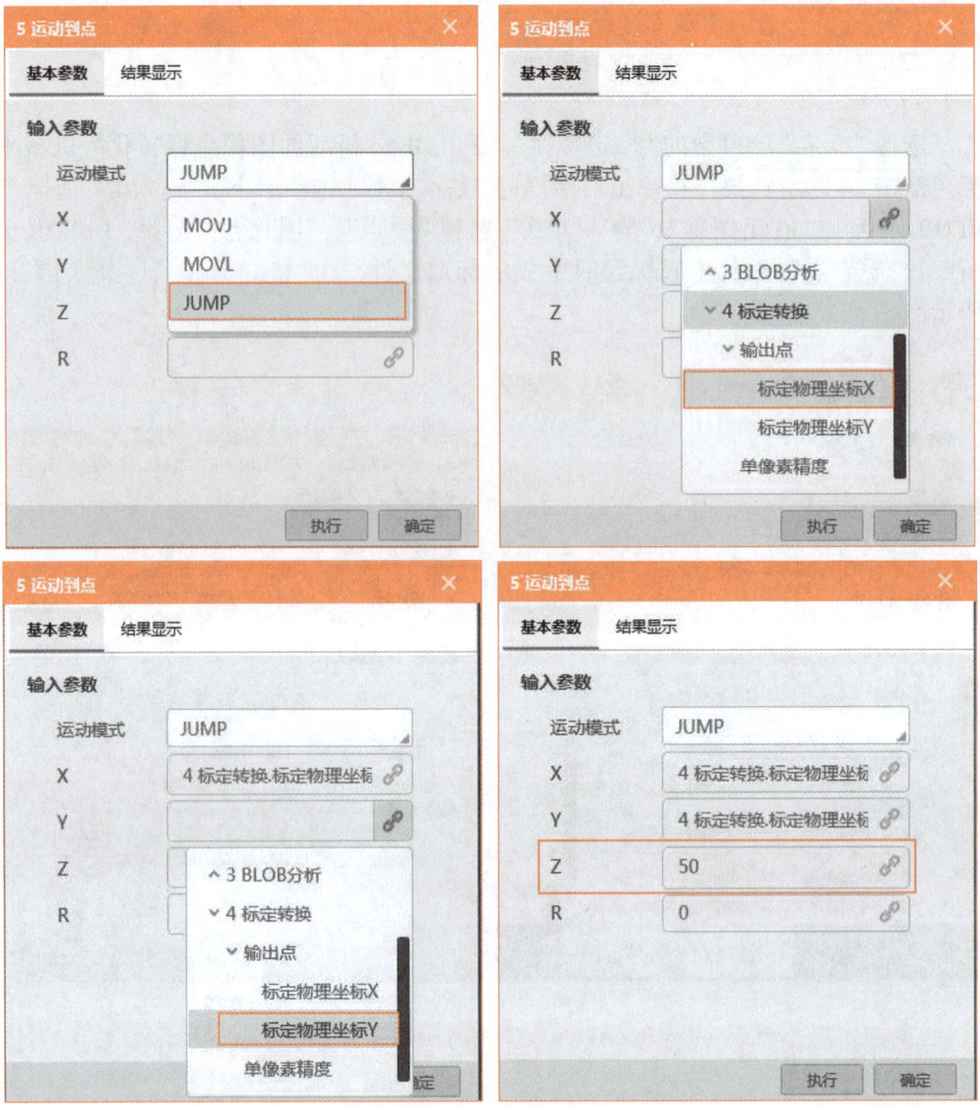

图 17-18　拾取位置坐标设置

（三）吸盘开关

选择“机器人命令”项目中的“吸盘开关”。双击“6 吸盘开关”，弹出对应对话框。吸盘开关控制机器人吸盘的开与关，此命令一般成对出现，即有开就有关，在此步中将吸盘开关设置为“开启”，即吸盘开始工作，吸取红色物块，如图 17-19 所示。同理可完成“8 吸盘开关”的设置，将吸盘开关设置为“关闭”，放下红色物块，关闭吸盘。

（四）运动到点（2）

双击“7 运动到点”，在弹出的对话框中设置红色物块放置的位置。在“基本参数”选项卡下，“运动模式”选择“JUMP”，物块的放置位置可根据实际需求手动设置，还可以将机器人手动拖动到物块的放置位置，在 DobotStudio 控制面板中读取坐标值，然后手动输入，如图 17-20 所示。

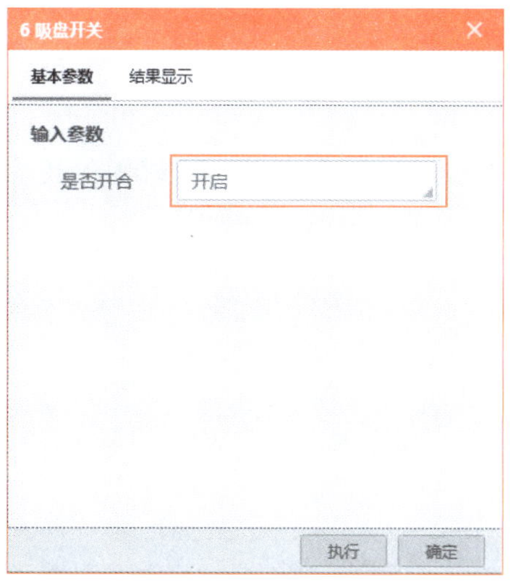

图 17-19　吸盘开关设置

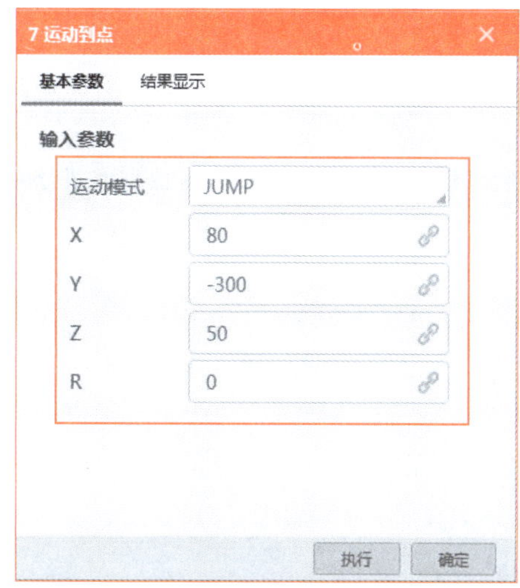

图 17-20　放置位置坐标设置

机器人颜色识别与物块分拣方案流程如图 17-21 所示。

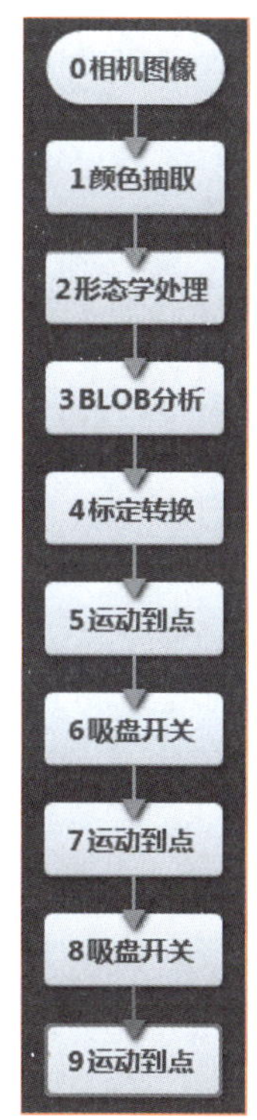

图 17-21　机器人颜色识别与物块分拣方案流程

微视频：智能机器人颜色识别与物块分拣任务实施效果演示

说明

流程中增加的“9 运动到点”，为机器人运动的过渡点。

17.6 任务总结

任务书

<table>
<tr><td>情境五</td><td colspan="2">独具慧眼——智能机器人垃圾分拣</td><td>任务名称</td><td colspan="2">智能机器人颜色识别与物块分拣</td></tr>
<tr><td>班级</td><td></td><td>姓名</td><td></td><td>学号</td><td></td></tr>
<tr><td>日期</td><td></td><td>地点</td><td></td><td>指导教师</td><td></td></tr>
<tr><td>任务
目标</td><td colspan="5"></td></tr>
<tr><td rowspan="5">主要设备、
仪器、工具
清单</td><td colspan="2">名称</td><td colspan="2">型号</td><td>数量</td></tr>
<tr><td colspan="2"></td><td colspan="2"></td><td></td></tr>
<tr><td colspan="2"></td><td colspan="2"></td><td></td></tr>
<tr><td colspan="2"></td><td colspan="2"></td><td></td></tr>
<tr><td colspan="2"></td><td colspan="2"></td><td></td></tr>
<tr><td>实施
过程</td><td colspan="5"></td></tr>
<tr><td>成果
展示与
分析</td><td colspan="5"></td></tr>
<tr><td>总结
反思</td><td colspan="5"></td></tr>
</table>

17.7　考核评价

<table>
<tr><td colspan="5">任务评价考核评分表</td></tr>
<tr><td>姓名</td><td></td><td>任务名称</td><td colspan="2">智能机器人颜色识别与物块分拣</td></tr>
<tr><td>序号</td><td>考核项目</td><td>评分标准</td><td>扣分及扣分依据</td><td>得分</td></tr>
<tr><td rowspan="5">1</td><td rowspan="5">红色物块识别（40 分）</td><td>1. 正确调节相机，获取清晰图像（10 分）</td><td></td><td></td></tr>
<tr><td>2. 完成红色物块的颜色抽取（10 分）</td><td></td><td></td></tr>
<tr><td>3. 完成形态学处理（5 分）</td><td></td><td></td></tr>
<tr><td>4. 完成 BLOB 分析（5 分）</td><td></td><td></td></tr>
<tr><td>5. 根据图像效果酌情扣分（10 分）</td><td></td><td></td></tr>
<tr><td rowspan="5">2</td><td rowspan="5">红色物块分拣（50 分）</td><td>1. 完成标定转换（10 分）</td><td></td><td></td></tr>
<tr><td>2. 完成运动到点（10 分）</td><td></td><td></td></tr>
<tr><td>3. 完成吸盘开关（5 分）</td><td></td><td></td></tr>
<tr><td>4. 机器人分拣出红色物块（15 分）</td><td></td><td></td></tr>
<tr><td>5. 完整完成工作任务（10 分）</td><td></td><td></td></tr>
<tr><td rowspan="4">3</td><td rowspan="4">职业素养（10 分）</td><td>1. 遵守课堂纪律，无安全事故（4 分）</td><td rowspan="4"></td><td rowspan="4"></td></tr>
<tr><td>2. 工位保持清洁，物品整齐（2 分）</td></tr>
<tr><td>3. 操作规范，爱护设备（2 分）</td></tr>
<tr><td>4. 自觉服从指导教师安排（2 分）</td></tr>
<tr><td rowspan="2">4</td><td rowspan="2">违规扣分</td><td>1. 机器人与其他设备碰撞（每次扣 5 分）</td><td rowspan="2"></td><td rowspan="2"></td></tr>
<tr><td>2. 设备损坏（扣 20 分）</td></tr>
<tr><td colspan="2">总分</td><td colspan="3"></td></tr>
</table>

17.8　任务拓展

如何实现 3 种不同颜色物块的颜色识别与物块分拣？

任务 18 智能机器人模板匹配与物块分拣

【学习目标】

1. 了解机器视觉模板匹配；
2. 了解模板匹配的分类；
3. 能完成机器人对不同形状物块的分拣任务；
4. 培养独立思考能力和团队合作意识。

【重点难点】

能完成机器人对不同形状物块的分拣任务。

18.1 思维导图

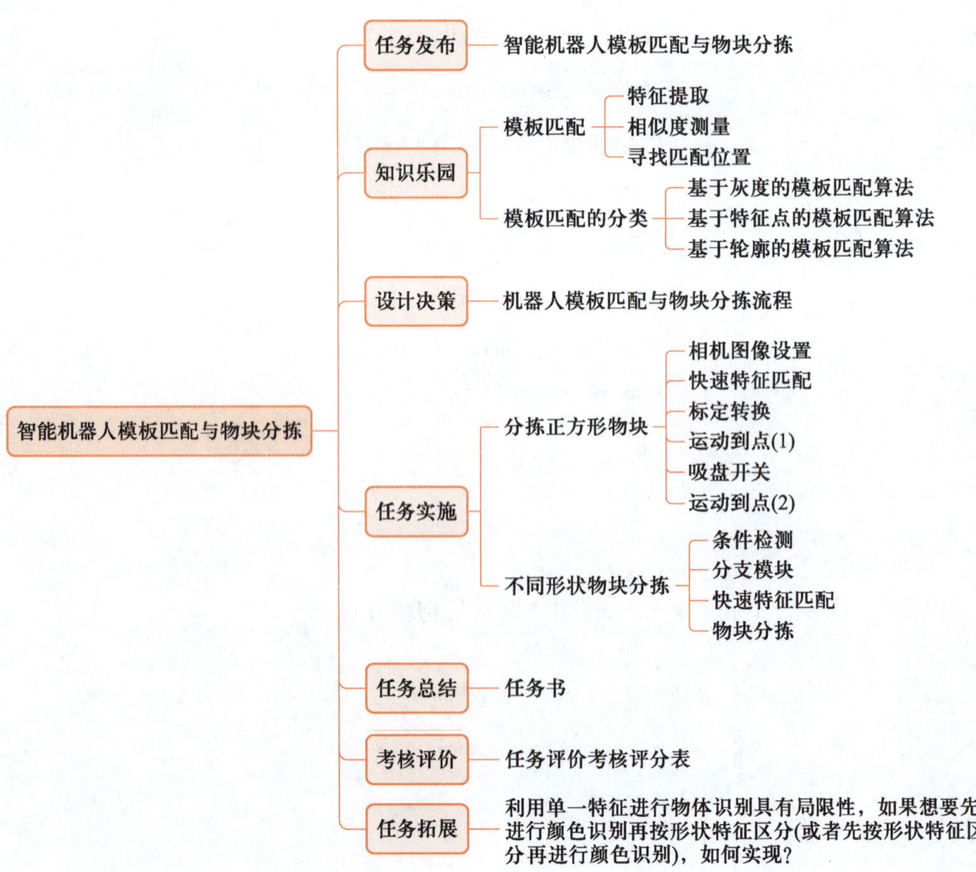

18.2　任务发布

微视频：智能机器人模板匹配与物块分拣任务发布

任务名称	智能机器人模板匹配与物块分拣
任务内容	机器人不仅能够进行颜色识别，还能够通过模板匹配识别物体。本任务要求利用机器人视觉系统检测不同外形轮廓的物块，根据物块的不同形状对物块进行分类
运行环境	

18.3　知识乐园

模板匹配方法的来源可以追溯到早期的模式识别领域，其基本思想源自对人类视觉系统的观察和模拟。模板匹配是计算机视觉和图像处理领域中的一种经典方法，用于在图像中寻找和识别特定的模式或对象。

一、模板匹配

微视频：模板匹配

模板匹配的算法原理是通过创建一个或多个模板图像，用模板图像遍历被测图像，通过相似性度量计算，实现对被测图像中目标的识别。模板匹配的核心包括以下三部分。

（一）特征提取

特征提取是模板匹配最为关键的内容，可提取的图像特征可以包括颜色、纹理、平面空间对应关系、外形或者其他统计特征。图像特征提取与表达是模板匹配的基础。

（二）相似度测量

从图像中提取的特征可以组成一个向量，两个图像之间可以通过定义一个距离或者相似性的测量度来计算相似度。

（三）寻找匹配位置

模板匹配就是用模板图像在待匹配图片中进行遍历，通过选择一定的匹配方式能够得到每个起始像素点的匹配值，最终匹配值最大的位置就是匹配位置。

二、模板匹配的分类

微视频：模板匹配的分类

（一）基于灰度的模板匹配算法

图像的像素值能在一定程度上反映出图像的灰度特征信息，由此衍生了一种对图像灰度值进行匹配计算的算法，原理是根据图像的灰度特征对目标进行灰度值计算进而匹配识别。这种方法对光照较为敏感，当环境中光照不均匀时，会造成相机采集到的图像灰度值分布不均匀。

（二）基于特征点的模板匹配算法

图像中目标的任意特征信息都能用点集的形式描述出来，基于特征点的模板匹配算法就是将模板图像中目标的特征点信息提取出来封装为模板，模板匹配时通过将模板中的特征点与被测图像中的特征点进行距离计算，完成对目标的识别，如图 18-1 所示，常用的算法有 SIFT、Harris、SURF 等。该算法的复杂性较高，实时性较差，并且容易受到噪声、目标工件划痕等干扰因素影响，并不适合工业应用。

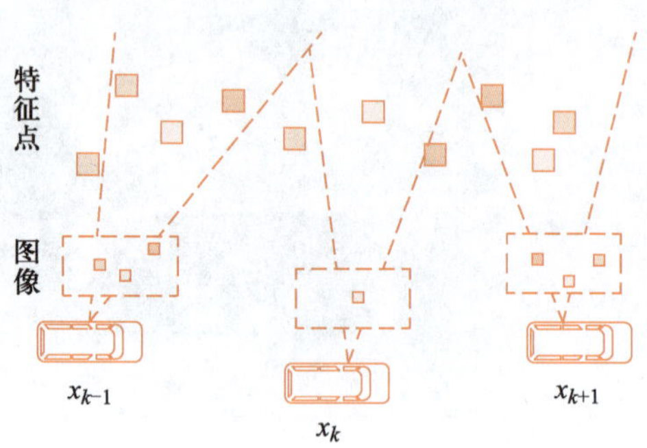

图 18-1 基于特征点的模板匹配算法

（三）基于轮廓的模板匹配算法

图像中的目标物体都具有相应的轮廓形状特征，基于轮廓的模板匹配算法就是根据目标的边缘轮廓信息建立模板，将模板图像与被测图像进行相似性度量计算，实现目标的匹配识别，如图 18-2 所示。此方法主要分为两个步骤：轮廓特征信息提取和轮廓特征匹配。轮廓特征信息提取较为依赖效果较好的边缘提取算法；轮廓特征匹配主要计算模板图像与被测图像的相似度值，值越大，匹配度越高。基于轮廓的模板匹配算法需要不同种类的目标有明显的轮廓形状特征，这样计算速度快、鲁棒性好。

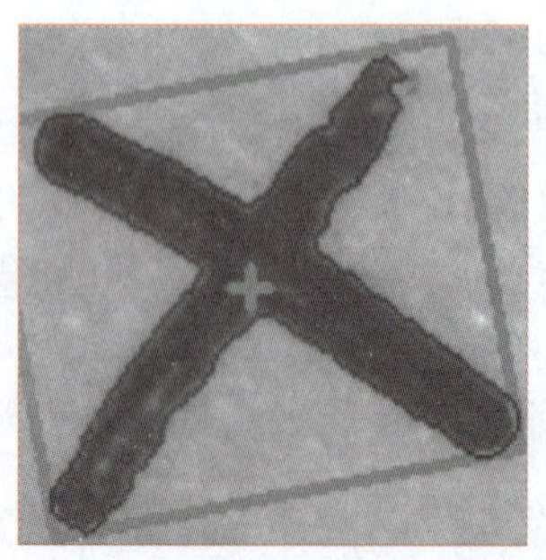

图 18-2 基于轮廓的模板匹配算法

18.4 设计决策

本任务利用模板匹配功能识别物块形状，由机器人将不同形状特征的物块按类分拣。通过工业相机采集图像，创建目标形状特征模板，依据手眼标定文件实现位置标定转换，完成分拣任务。机器人模板匹配与物块分拣流程如图 18–3 所示。

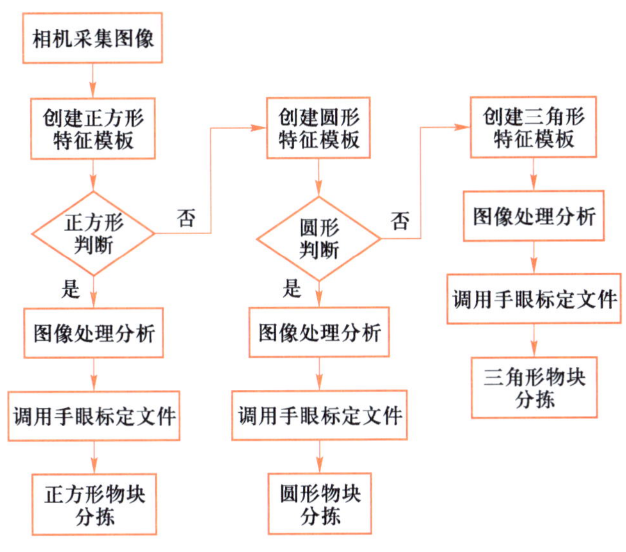

图 18–3　机器人模板匹配与物块分拣流程

18.5　任务实施

一、分拣正方形物块

（一）相机图像设置

微视频：智能机器人模板匹配与物块分拣任务实施

选择“采集”项目中的“相机图像”。双击“0 相机图像”，在弹出的对话框中设置相机属性，选择相机“Hikvision MV-CE050-30UC(00D81492218)”，“像素格式”选择“MONO8”，“触发源”选择“SOFTWARE”，如图 18–4 所示。相机采集图像如图 18–5 所示。

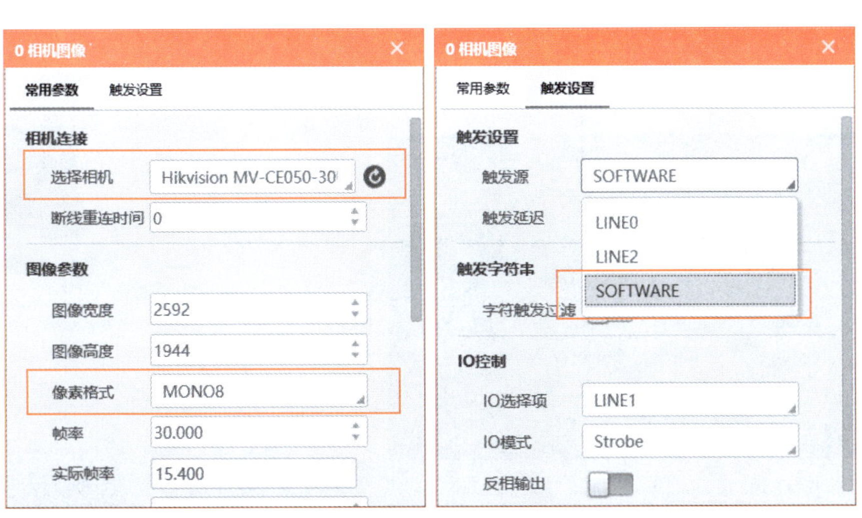

图 18–4　相机图像设置

图 18–5　相机采集图像

快速特征匹配不能对彩色图像进行处理，只能对灰色图像或二值化图像进行处理，所以图像格式为 MONO8，相机采集图像为灰度图像。

（二）快速特征匹配

选择“定位”项目中的“快速特征匹配”。双击“1 快速特征匹配”，在弹出对话框的“基本参数”选项卡下，“输入源”选择“0 相机图像. 图像数据”，“ROI 创建”选择矩形绘制，在图像显示区域绘制矩形 ROI 区域，需要覆盖住视觉检测区域。

在“特征模板”选项卡下单击“创建”，利用特征匹配创建特征模板。在“模板配置”对话框中，单击“创建矩形掩膜”按钮，拖动鼠标生成矩形掩膜覆盖图像边框，再单击“生成模型”按钮生成特征模板，返回“1 快速特征匹配”对话框，单击“确定”按钮使用模板，如图 18–6 所示。

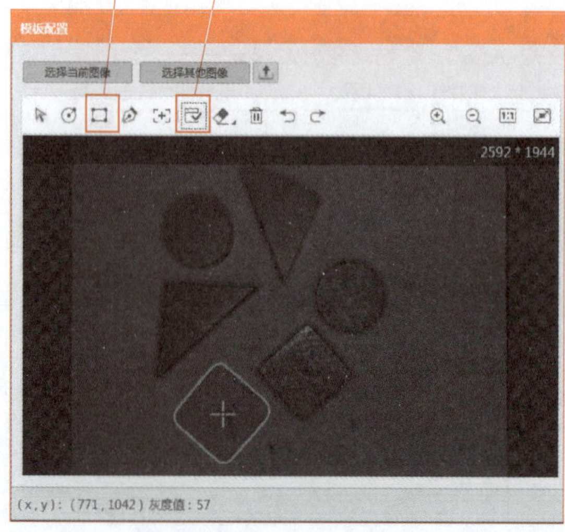

图 18–6　快速特征匹配设置

注意

绿色矩形掩模需完全框住矩形边框。

(三) 标定转换

选择“标定”项目中的“标定转换”。双击“2 标定转换”,在弹出对话框的“基本参数”选项卡下,“图像点”选择“1 快速特征匹配”→“匹配框”→“匹配框中心”,“标定文件”选择手眼标定时生成的标定文件,文件格式为 .iwcal,如图 18–7 所示。

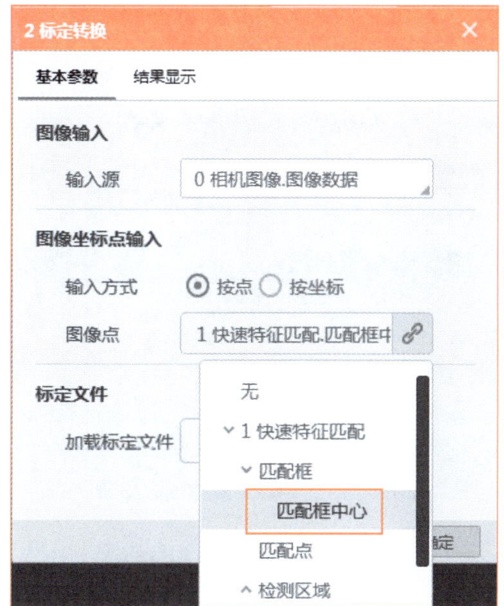

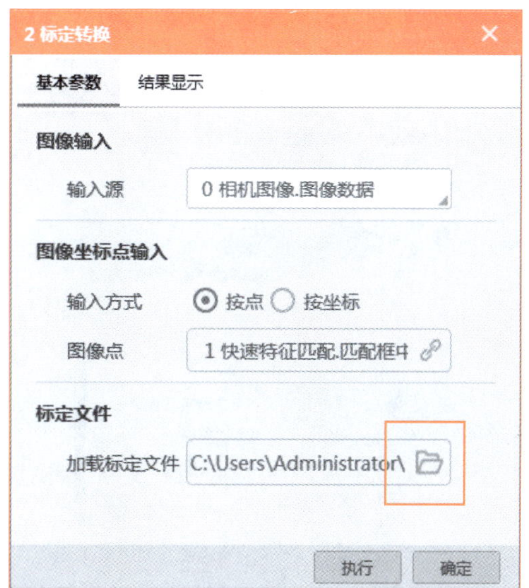

图 18–7　标定转换设置

(四) 运动到点(1)

选择“机器人命令”项目中的“运动到点”。双击“3 运动到点”,在弹出对话框的“基本参数”选项卡下,“运动模式”选择“JUMP”,“X”选择“2 标定转换”→“输出点”→“标定物理坐标 X”,“Y”选择“2 标定转换”→“输出点”→“标定物理坐标 Y”,“Z”选项输入拾取目标高度值,“R”选项输入拾取目标角度值 0,如图 18–8 所示。

(五) 吸盘开关

选择“机器人命令”项目中的“吸盘开关”。双击“4 吸盘开关”,在弹出对话框的“基本参数”选项卡下,“是否开合”设置为“开启”,即吸盘开始工作,吸取正方形物块,如图 18–9 所示。同理可完成“6 吸盘开关”的设置,“是否开合”设置为“关闭”,放下正方形物块,关闭吸盘。

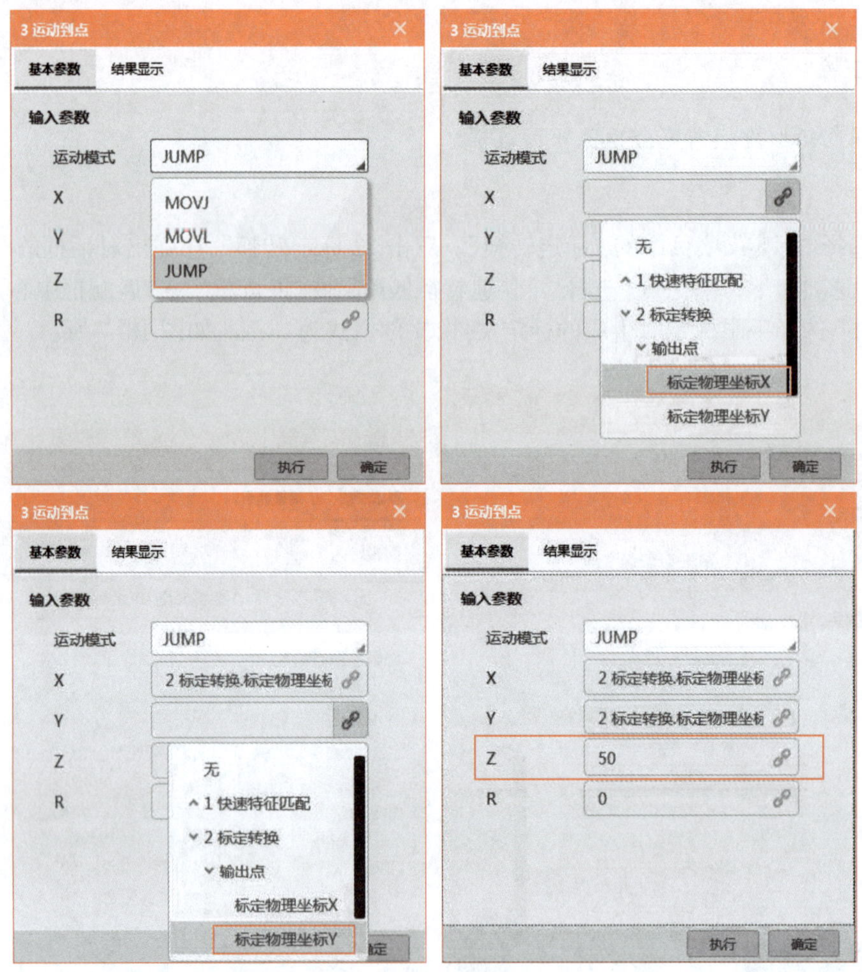

图 18-8　拾取位置坐标设置

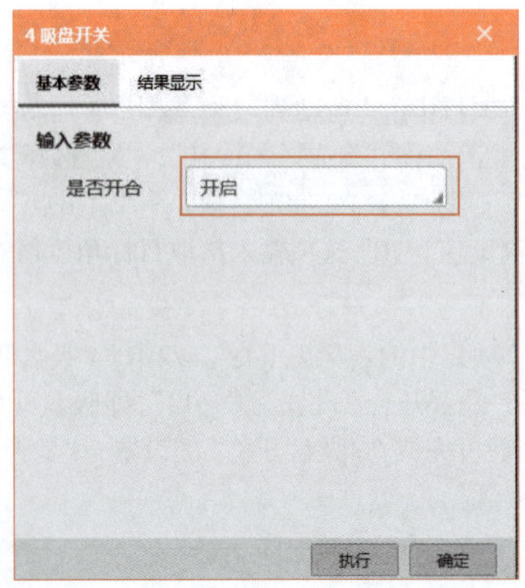

图 18-9　吸盘开关设置

（六）运动到点（2）

双击“5 运动到点”，在弹出的对话框中设置物块放置点的坐标，根据实际放置的位置坐标填写，如图 18-10 所示。

机器人正方形特征模板匹配与物块分拣方案流程如图 18-11 所示。

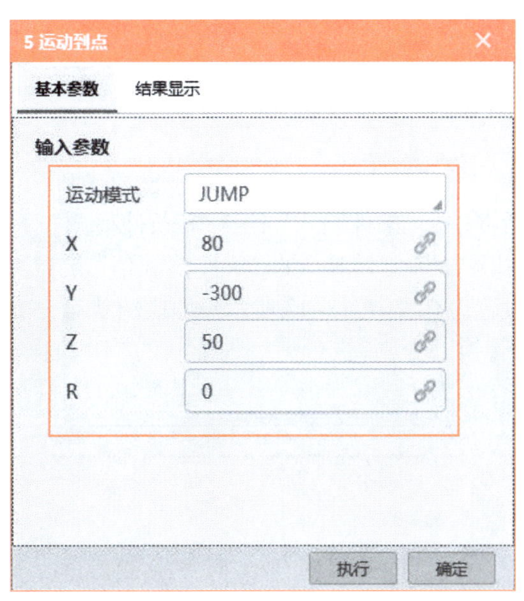

图 18-10　放置位置坐标设置

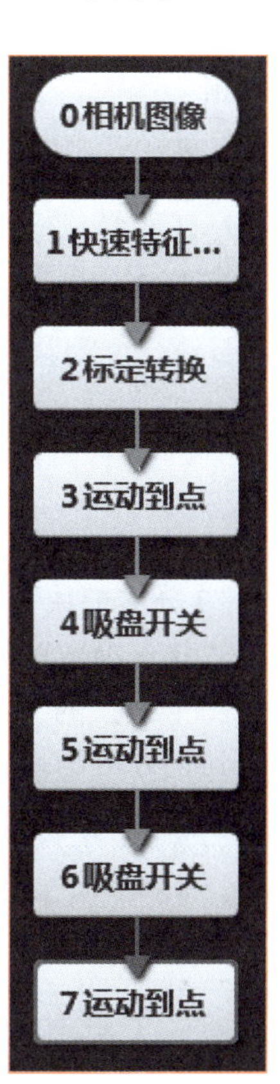

图 18-11　机器人正方形特征模板匹配与物块分拣方案流程

二、不同形状物块分拣

（一）条件检测

选择“逻辑工具”项目中的“条件检测”，对是否识别到正方形物块进行检测。条件检测模块可根据情况进行删除或添加，若只需要识别一个物体特征，则无须添加条件检测模块；若涉及选择判断，则可添加条件检测模块进行判断。

双击“8 条件检测”，在弹出对话框的“基本参数”选项卡下，“条件”选择“1 快速特征匹配”→“匹配状态”，“有效值范围”设置为 1.000~1.000，如图 18-12 所示。若在有效值范围内，结果为 OK；反之则为 NG。

（二）分支模块

选择“逻辑工具”项目中的“分支模块”，分支模块与条件检测模块配合使用，用于对条件检测模块的检测结果进行分类处理。

图 18-12　条件检测模块设置

双击“9 分支模块”，在弹出的对话框中，“条件输入”选择“8 条件检测”→“模块状态”，“分支参数”选择“按值索引”：“2 标定转换”的“条件输入值”设置为 1，“10 快速特征匹配”的“条件输入值”设置为 0，如图 18-13 所示。即模块状态为 1 时，表示检测到正方形物块，执行“2 标定转换”；否则，执行另一种形状的“10 快速特征匹配”。

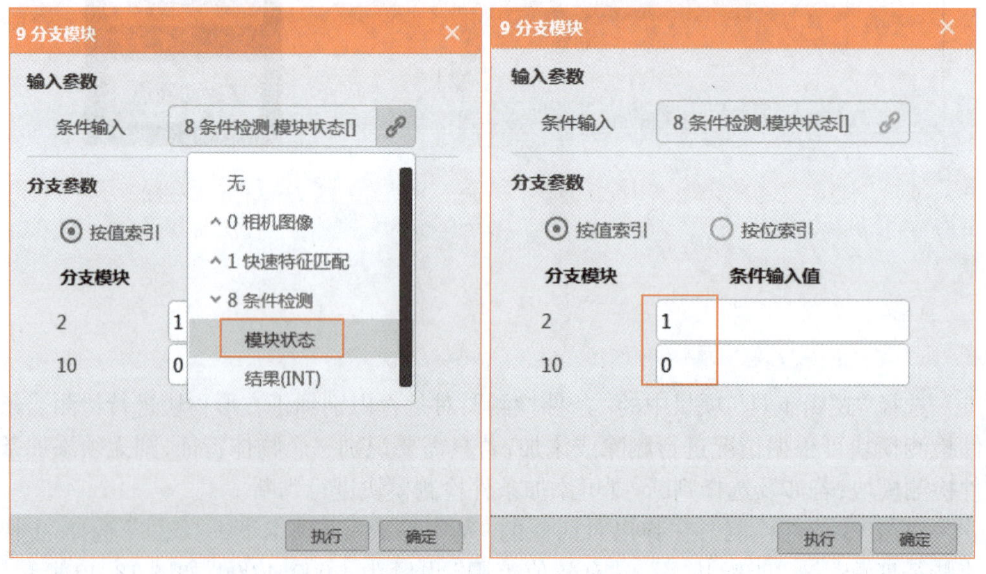

图 18-13　分支模块设置

（三）快速特征匹配

选择“定位”项目中的“快速特征匹配”，创建另一分支的圆形特征模板，如图 18-14 所示。

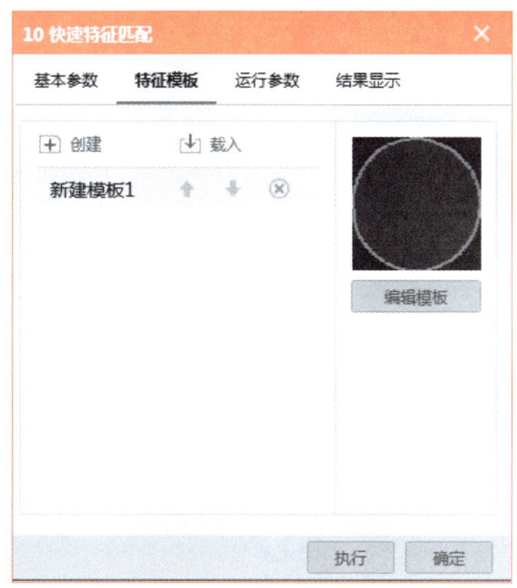

图 18-14　创建圆形特征模板

（四）物块分拣

建立 3 种不同形状物块的机器人模板匹配与物块分拣方案流程，如图 18-15 所示。

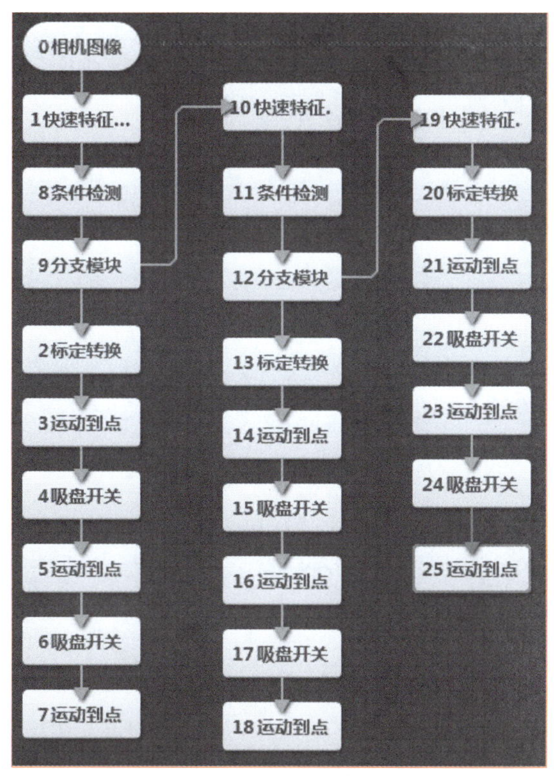

图 18-15　3 种不同形状物块的机器人模板匹配与物块分拣方案流程

微视频：智能机器人模板匹配与物块分拣任务实施效果演示

18.6 任务总结

任 务 书

<table>
<tr><td>情境五</td><td colspan="3">独具慧眼——智能机器人垃圾分拣</td><td>任务名称</td><td colspan="3">智能机器人模板匹配与物块分拣</td></tr>
<tr><td>班级</td><td></td><td colspan="2">姓名</td><td></td><td colspan="2">学号</td><td></td></tr>
<tr><td>日期</td><td></td><td colspan="2">地点</td><td></td><td colspan="2">指导教师</td><td></td></tr>
<tr><td>任务目标</td><td colspan="7"></td></tr>
<tr><td rowspan="5">主要设备、仪器、工具清单</td><td colspan="2">名称</td><td colspan="3">型号</td><td colspan="2">数量</td></tr>
<tr><td colspan="2"></td><td colspan="3"></td><td colspan="2"></td></tr>
<tr><td colspan="2"></td><td colspan="3"></td><td colspan="2"></td></tr>
<tr><td colspan="2"></td><td colspan="3"></td><td colspan="2"></td></tr>
<tr><td colspan="2"></td><td colspan="3"></td><td colspan="2"></td></tr>
<tr><td>实施过程</td><td colspan="7"></td></tr>
<tr><td>成果展示与分析</td><td colspan="7"></td></tr>
<tr><td>总结反思</td><td colspan="7"></td></tr>
</table>

18.7　考核评价

任务评价考核评分表				
姓名		任务名称	智能机器人模板匹配与物块分拣	
序号	考核项目	评分标准	扣分及扣分依据	得分
1	正方形物块识别与分拣（40 分）	1. 正确调节相机，获取清晰图像（10 分）		
		2. 正确匹配正方形物块（10 分）		
		3. 机器人正确分拣出正方形物块（15 分）		
		4. 根据实际情况酌情扣分（5 分）		
2	其他 2 种形状物块识别与分拣（50 分）	1. 正确匹配圆形物块（10 分）		
		2. 机器人正确分拣出圆形物块（10 分）		
		3. 正确匹配三角形物块（10 分）		
		4. 机器人正确分拣出三角形物块（10 分）		
		5. 完整完成工作任务（10 分）		
3	职业素养（10 分）	1. 遵守课堂纪律，无安全事故（4 分）		
		2. 工位保持清洁，物品整齐（2 分）		
		3. 操作规范，爱护设备（2 分）		
		4. 自觉服从指导教师安排（2 分）		
4	违规扣分	1. 机器人与其他设备碰撞（每次扣 5 分）		
		2. 设备损坏（扣 20 分）		
总分				

18.8　任务拓展

利用单一特征进行物体识别具有局限性，如果想要先进行颜色识别再按形状特征区分（或者先按形状特征区分再进行颜色识别），如何实现？

任务19 智能机器人垃圾识别与分拣

【学习目标】

1. 了解垃圾分类的意义；
2. 了解机器人垃圾分拣；
3. 能完成机器人垃圾识别与分拣；
4. 提高垃圾分类投放的意识，积极践行绿色环保理念。

【重点难点】

能完成机器人垃圾识别与分拣。

19.1 思维导图

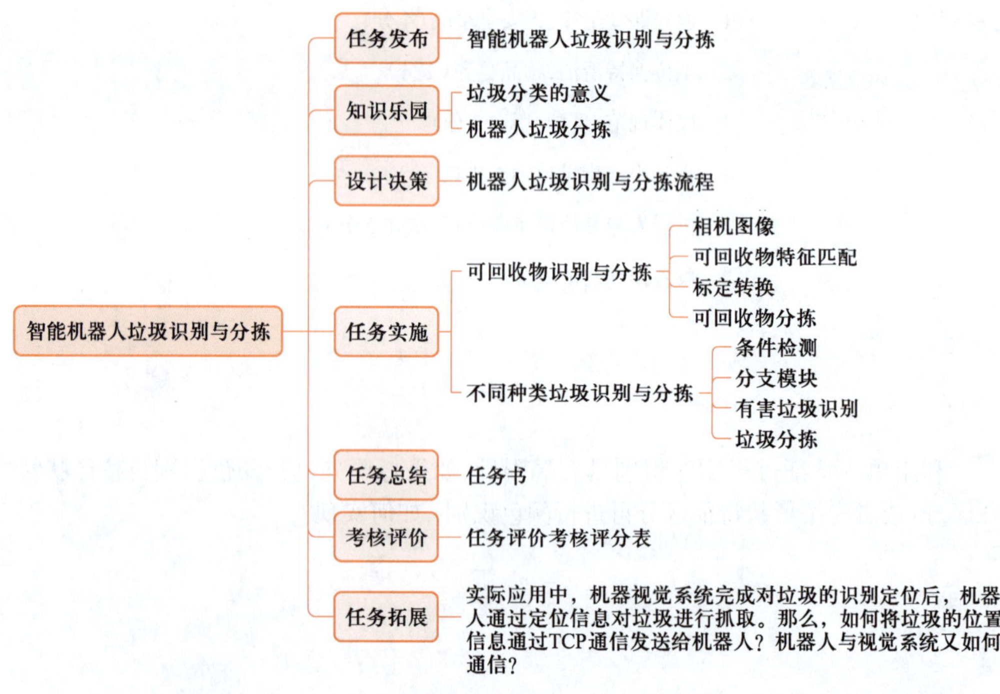

19.2　任务发布

微视频：智能机器人垃圾识别与分拣任务发布

任务名称	智能机器人垃圾识别与分拣
任务内容	机器人视觉系统实现垃圾分类智能化最基本的技术是完成垃圾图像的自动分类，利用图像识别、图像处理等技术进行智能识别与分析，完成垃圾的正确投放与处理。本任务要求通过视觉系统分析出垃圾种类后，联动机器人自动捡拾，减少人力劳动
运行环境	

19.3　知识乐园

一、垃圾分类的意义

微视频：垃圾分类的意义

有人曾说过："世界上没有垃圾，只有放错地方的宝藏。"这句话强调的是垃圾分类的重要性，当垃圾分类成为一种习惯，我们也就挽回了那些即将流失的资源。既然是放错地方的宝藏，通过有效分类管理，就可以发掘和发挥垃圾最大的价值。垃圾分类的意义主要有以下几点。

① 减少环境污染：有效减少废弃物的产生，减少垃圾对环境的污染，提高环境质量。

② 节省土地资源：通过垃圾分类，减少填埋和堆放垃圾的数量，从而节省土地资源。

③ 促进再生资源的利用：通过垃圾分类，可以将废弃物中的可回收物质重新利用，如回收废纸、废塑料、废金属等，从而促进资源的有效利用。

④ 减轻环卫工人的工作强度：通过垃圾分类，可以降低环卫工人的工作难度，提高工作效率。

⑤ 减少二氧化碳的排放：合理的垃圾归类，可以更大程度地提高垃圾回收利用的比例，从而减少原材料的需求，减少二氧化碳的排放，同时也可以改善空气质量。

总之，垃圾分类对于保护环境、节约资源、提高生活质量具有重要意义。

素养园地

生活垃圾分类和处理设施是城镇环境基础设施的重要组成部分，是推动实施生活垃圾分类制度，实现垃圾减量化、资源化、无害化处理的基础保障。加快推进生活垃圾分类和处理设施建设，提升全社会生活垃圾分类和处理水平，是改善城镇生态环境、保障人民健康的有效举措，对推动生态文明建设实现新进步、社会文明程度得到新提高具有重要意义。

环境对每个人都是平等的，我们应理解、领悟、认同并践行一个“环境人”的责任与使命，将个人置身于环境保护体系中，树立环保领域的主人翁意识、责任意识以及法治意识。

拓展阅读：“十四五”城镇生活垃圾分类和处理设施发展规划

二、机器人垃圾分拣

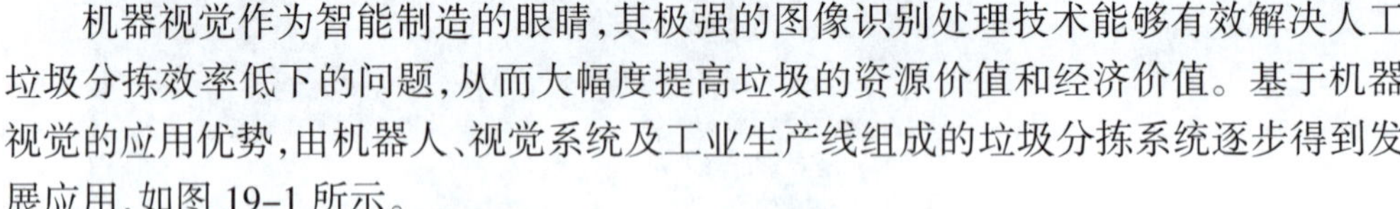

机器视觉作为智能制造的眼睛，其极强的图像识别处理技术能够有效解决人工垃圾分拣效率低下的问题，从而大幅度提高垃圾的资源价值和经济价值。基于机器视觉的应用优势，由机器人、视觉系统及工业生产线组成的垃圾分拣系统逐步得到发展应用，如图 19–1 所示。

微视频：机器人垃圾分类

图 19–1　机器人垃圾分拣

智能垃圾分类设备打破了传统的垃圾回收方式。纵观市面上现存的智能垃圾分类设备，主要以垃圾智能回收箱为主，依托互联网、大数据、物联网等技术，可完成识别、自动称重、平台管理、数据检测等功能。而智能分类机器人在此基础上进行了技术创新与完善，从垃圾处理源头出发，自主完成垃圾的捡拾与分类，能够降低人工捡拾的危险性，提高分拣效率。对于垃圾分类而言，目前所具备的图像识别技术已经能够满足大类的分选，在智能技术不断更新换代的今天，智能分拣机器人将是今后的发展趋势。

拓展知识

按照国家发展改革委、住房城乡建设部发布的《生活垃圾分类制度实施方案》，垃圾可分为四大类：可回收物、有害垃圾、厨余垃圾和其他垃圾，如图 19–2 所示。可回收物主要包括废纸、废塑料、废玻璃、废金属和废布料等；有害垃圾含有对人体健康有害的重金属、有毒的物质或者对环境造成现实危害或者潜在危害的废弃物，包括废电池、废荧光灯管、废温度计、废油漆、废药品及其包装物等；厨余垃圾包括剩菜剩饭、骨头、菜根菜叶、果皮等食品类废物；其他垃圾包括除上述几类垃圾之外的砖瓦陶瓷、渣土、卫生间废纸、纸巾等难以回收的废弃物及尘土、食品袋（盒）。

图 19-2　生活垃圾分类

19.4　设计决策

机器人垃圾分类的自动化主要由视觉识别和机器人分拣两部分完成，本任务的视觉识别通过视觉系统识别和分析垃圾的外观特征来实现。创建生活垃圾特征模板，搭建分支模块多分支检测，加载手眼标定文件实现位置标定转换，完成垃圾分拣任务。机器人垃圾识别与分拣流程如图 19-3 所示。

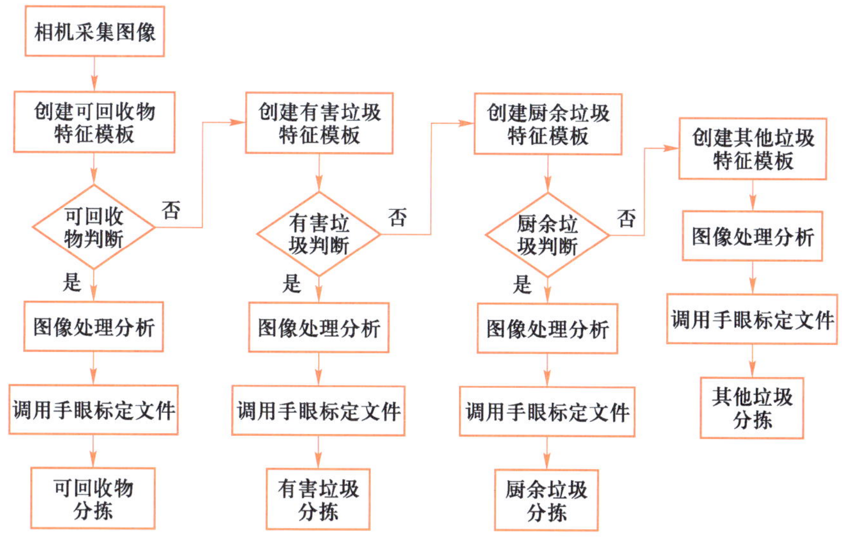

图 19-3　机器人垃圾识别与分拣流程

19.5 任务实施

微视频：智能机器人垃圾识别与分拣任务实施

一、可回收物识别与分拣

（一）相机图像

选择“采集”项目中的“相机图像”。双击“0 相机图像”，在弹出的对话框中设置相机属性，选择相机“Hikvision MV-CE050-30UC(00D81492218)”，“像素格式”选择“MONO8”，“触发源”选择“SOFTWARE”，如图 19-4 所示。若图像亮度不够，可适当增大曝光时间。

图 19-4　相机图像设置

（二）可回收物特征匹配

选择“定位”项目中的“高精度特征匹配”。为提高程序的可读性，可将“高精度特征匹配”模块重命名为“可回收识别”。双击“1 可回收识别”，在弹出对话框的“基本参数”选项卡下，“输入源”选择“0 相机图像. 图像数据”，手动绘制 ROI 区域。

在“特征模板”选项卡下单击“创建”，利用特征匹配创建特征模板。在“模板配置”对话框中，单击“创建多边形掩模”按钮，依据可回收物的外观特征，依次单击，特征掩模完成后双击结束。在对话框右下角配置参数，根据实际情况设置适当的粗糙尺度和对比度阈值，单击“生成模型”按钮生成特征模板，如图 19-5 所示。

在“1 可回收识别”对话框的“结果显示”选项卡下，打开“数量判断”选项，如图 19-6 所示。

说明

此处采用高精度特征匹配，其提取的边缘特征更精细，匹配精度更高，但是运行速度比快速特征匹配慢些。

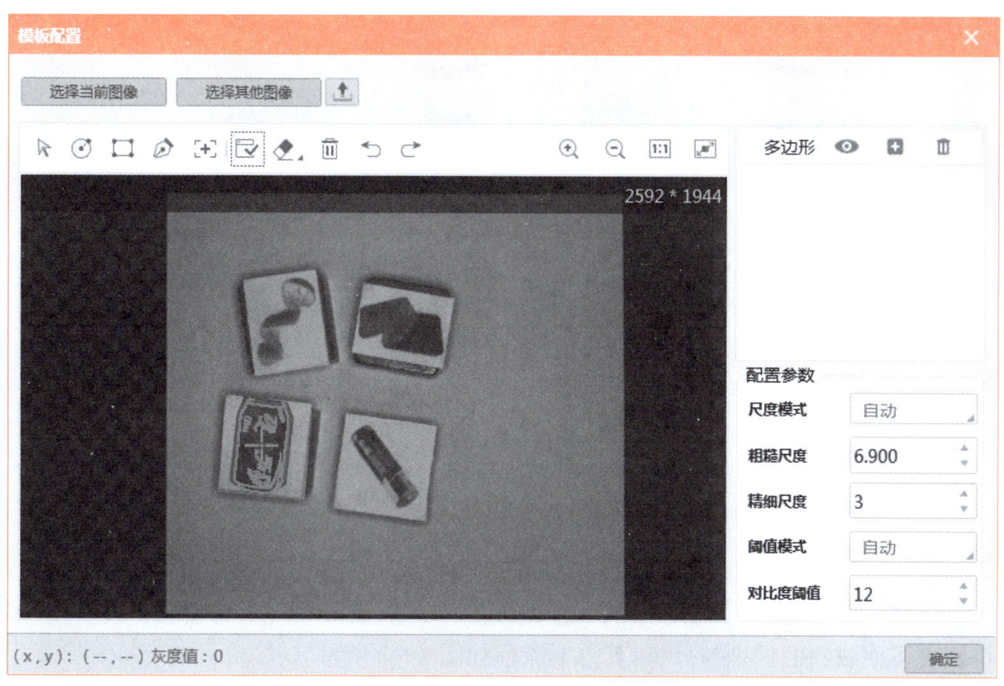

图 19-5　可回收垃圾特征模板

图 19-6　结果显示设置

（三）标定转换

选择“标定”项目中的“标定转换”。双击“2 标定转换”，在弹出对话框的“基本参数”选项卡下，“图像点”选择“1 可回收识别”→“匹配框”→“匹配框中心”，“标定文件”选择手眼标定时生成的标定文件，如图 19-7 所示。

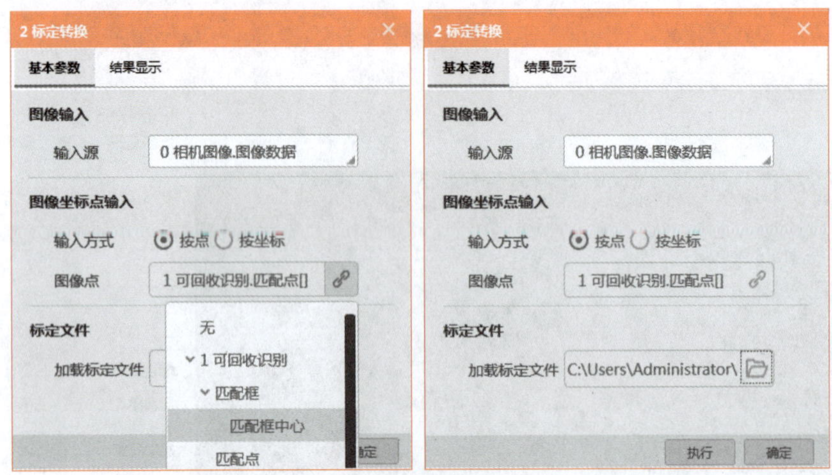

图 19-7 标定转换设置

(四) 可回收物分拣

选择“机器人命令”项目中的“运动到点”与“吸盘开关”,依次完成相关设置,即可实现可回收物的识别与分拣,其方案流程如图 19-8 所示。

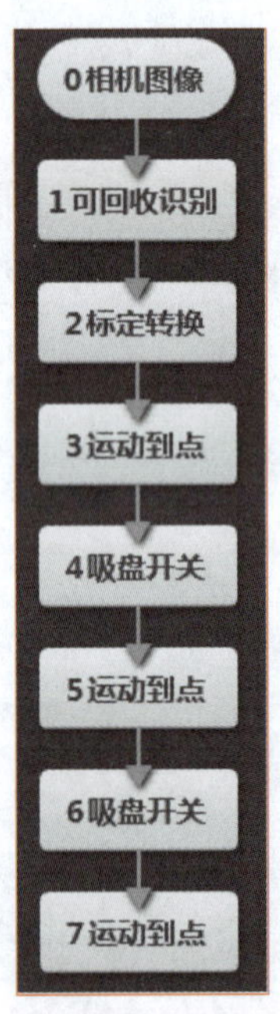

图 19-8 可回收物识别与分拣方案流程

二、不同种类垃圾识别与分拣

(一) 条件检测

选择“逻辑工具”项目中的“条件检测”,并重命名为“判断”。双击“8 判断”,在弹出对话框的“基本参数”选项卡下,“条件”选择“1 可回收识别”→“匹配状态”,“有效值范围”设置为 1.000~1.000,如图 19-9 所示。若在有效值范围内,结果为 OK;

反之则为 NG。

图 19-9　判断模块设置

（二）分支模块

选择“逻辑工具”项目中的“分支模块”，并重命名为“可回收分拣”。双击“9 可回收分拣”，在弹出的对话框中，“条件输入”选择“8 判断”→“模块状态”，“分支参数”选择“按值索引”：“2 标定转换”的“条件输入值”设置为 1，“10 有害识别”的“条件输入值”设置为 0，如图 19-10 所示。即模块状态为 1 时，表示检测到可回收物，执行“2 标定转换”；否则，执行“10 有害识别”。

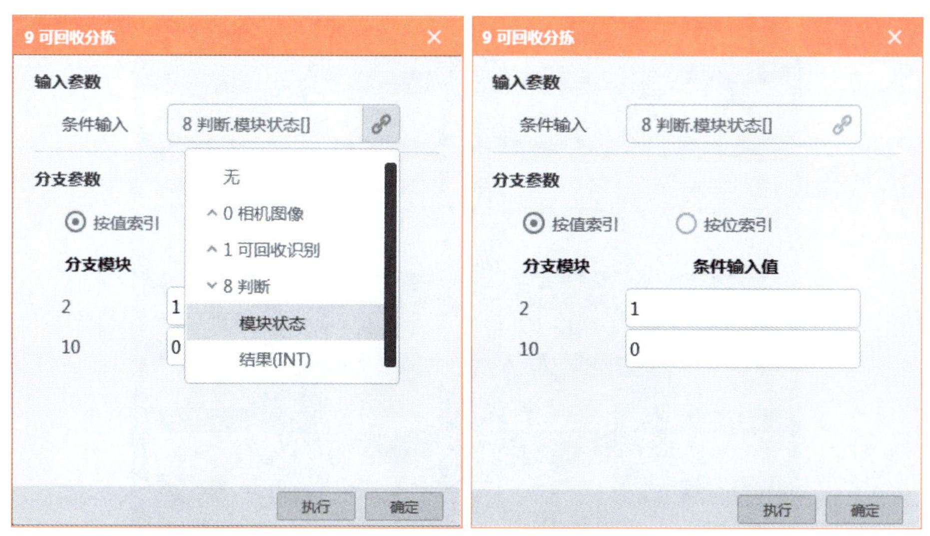

图 19-10　可回收分拣模块设置

（三）有害垃圾识别

选择“定位”项目中的“高精度特征匹配”，并重命名为“有害分拣”，创建有害垃圾的特征模板，如图 19–11 所示。

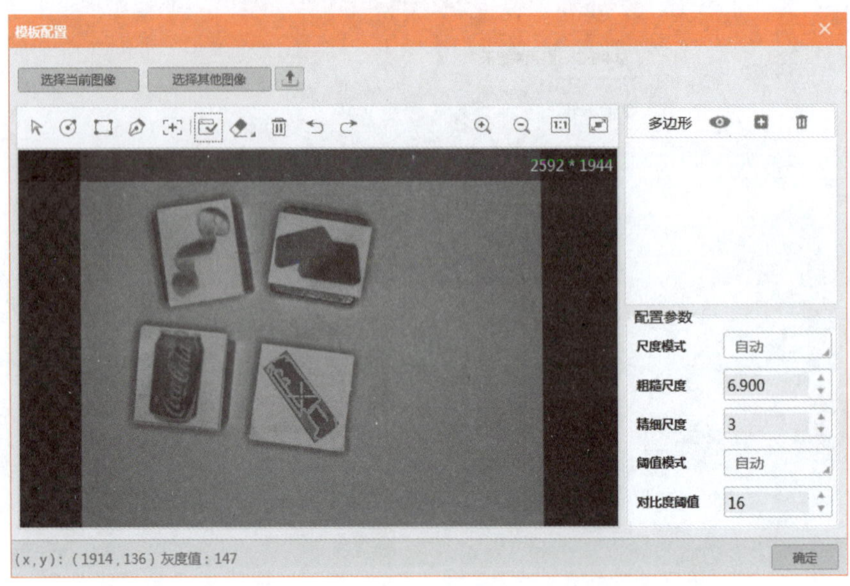

图 19–11　创建有害垃圾特征模板

（四）垃圾分拣

建立 4 种不同类型垃圾的机器人垃圾识别与分拣方案流程，如图 19–12 所示。

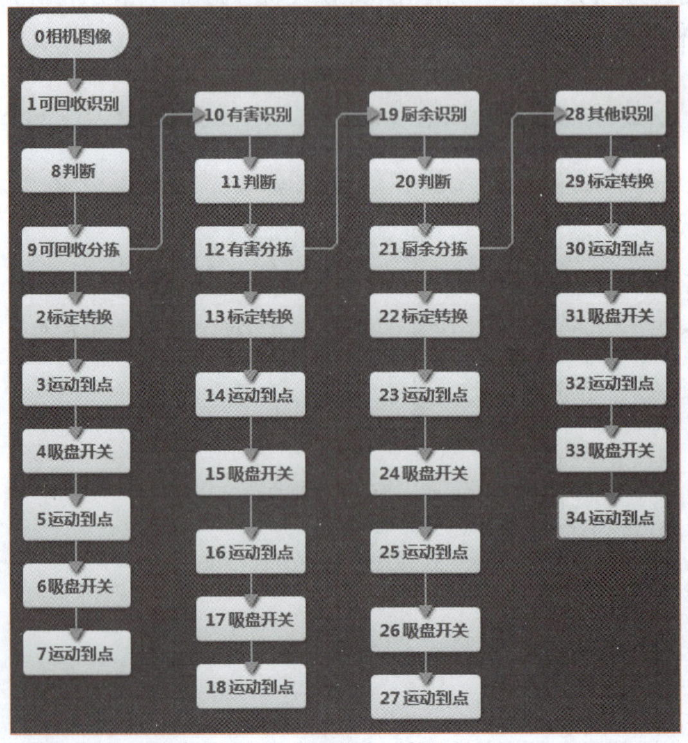

图 19–12　4 种不同类型垃圾的机器人垃圾识别与分拣方案流程

微视频：智能机器人垃圾识别与分拣任务实施效果演示

19.6　任务总结

任　务　书

<table>
<tr><td>情境五</td><td colspan="2">独具慧眼——智能机器人垃圾分拣</td><td>任务名称</td><td colspan="2">智能机器人垃圾识别与分拣</td></tr>
<tr><td>班级</td><td></td><td>姓名</td><td></td><td>学号</td><td></td></tr>
<tr><td>日期</td><td></td><td>地点</td><td></td><td>指导教师</td><td></td></tr>
<tr><td>任务
目标</td><td colspan="5"></td></tr>
<tr><td rowspan="5">主要设备、
仪器、工具
清单</td><td colspan="2">名称</td><td colspan="2">型号</td><td>数量</td></tr>
<tr><td colspan="2"></td><td colspan="2"></td><td></td></tr>
<tr><td colspan="2"></td><td colspan="2"></td><td></td></tr>
<tr><td colspan="2"></td><td colspan="2"></td><td></td></tr>
<tr><td colspan="2"></td><td colspan="2"></td><td></td></tr>
<tr><td>实施
过程</td><td colspan="5"></td></tr>
<tr><td>成果
展示与
分析</td><td colspan="5"></td></tr>
<tr><td>总结
反思</td><td colspan="5"></td></tr>
</table>

19.7 考核评价

任务评价考核评分表					
姓名		任务名称	智能机器人垃圾识别与分拣		
序号	考核项目	评分标准	扣分及扣分依据	得分
1	可回收物识别与分拣（30分）	1．正确建立可回收物识别与分拣方案流程（10分）		
		2．能匹配出可回收物（10分）		
		3．机器人正确分拣出可回收物（10分）		
2	其他3种垃圾识别与分拣（60分）	1．能匹配出有害垃圾（10分）		
		2．机器人正确分拣出有害垃圾（10分）		
		3．能匹配出厨余垃圾（10分）		
		4．机器人正确分拣出厨余垃圾（10分）		
		5．能匹配出其他垃圾（10分）		
		6．机器人正确分拣出其他垃圾（10分）		
3	职业素养（10分）	1．遵守课堂纪律，无安全事故（4分）		
		2．工位保持清洁，物品整齐（2分）		
		3．操作规范，爱护设备（2分）		
		4．自觉服从指导教师安排（2分）		
4	违规扣分	1．机器人与其他设备碰撞（每次扣5分）		
		2．设备损坏（扣20分）		
总分				

19.8 任务拓展

实际应用中，机器视觉系统完成对垃圾的识别定位后，机器人通过定位信息对垃圾进行抓取。那么，如何将垃圾的位置信息通过TCP通信发送给机器人？机器人与视觉系统又如何通信？

参考文献

[1] 苏琳,宋宇翔,胡洋. Python程序设计基础[M]. 北京:清华大学出版社,2022.

[2] 郑鹏飞,张永卫,黄大岳. 机器视觉系统应用(初级)[M]. 北京:机械工业出版社,2023.

[3] 张春芝,石志国. 智能机器人技术基础[M]. 北京:机械工业出版社,2020.

[4] 何琼,楼桦,周彦兵. 人工智能技术应用[M]. 北京:高等教育出版社,2020.

[5] 深圳市越疆科技有限公司. 智能机械臂控制与编程[M]. 北京:高等教育出版社,2019.

[6] 刘韬,葛大伟. 机器视觉及其应用技术[M]. 北京:机械工业出版社,2019.

[7] 王万良. 人工智能通识教程[M]. 2版. 北京:清华大学出版社,2022.

[8] 北京赛育达科教有限责任公司. 工业机器人应用编程(ABB)·中级[M]. 北京:高等教育出版社,2020.

附录 1　积木搭放任务纸

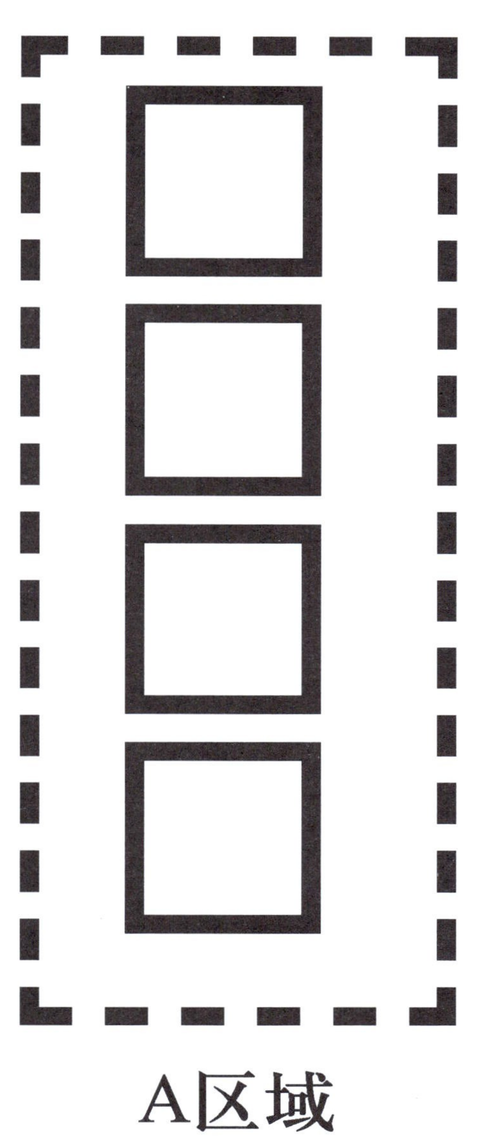

A区域

B区域

智能机器人

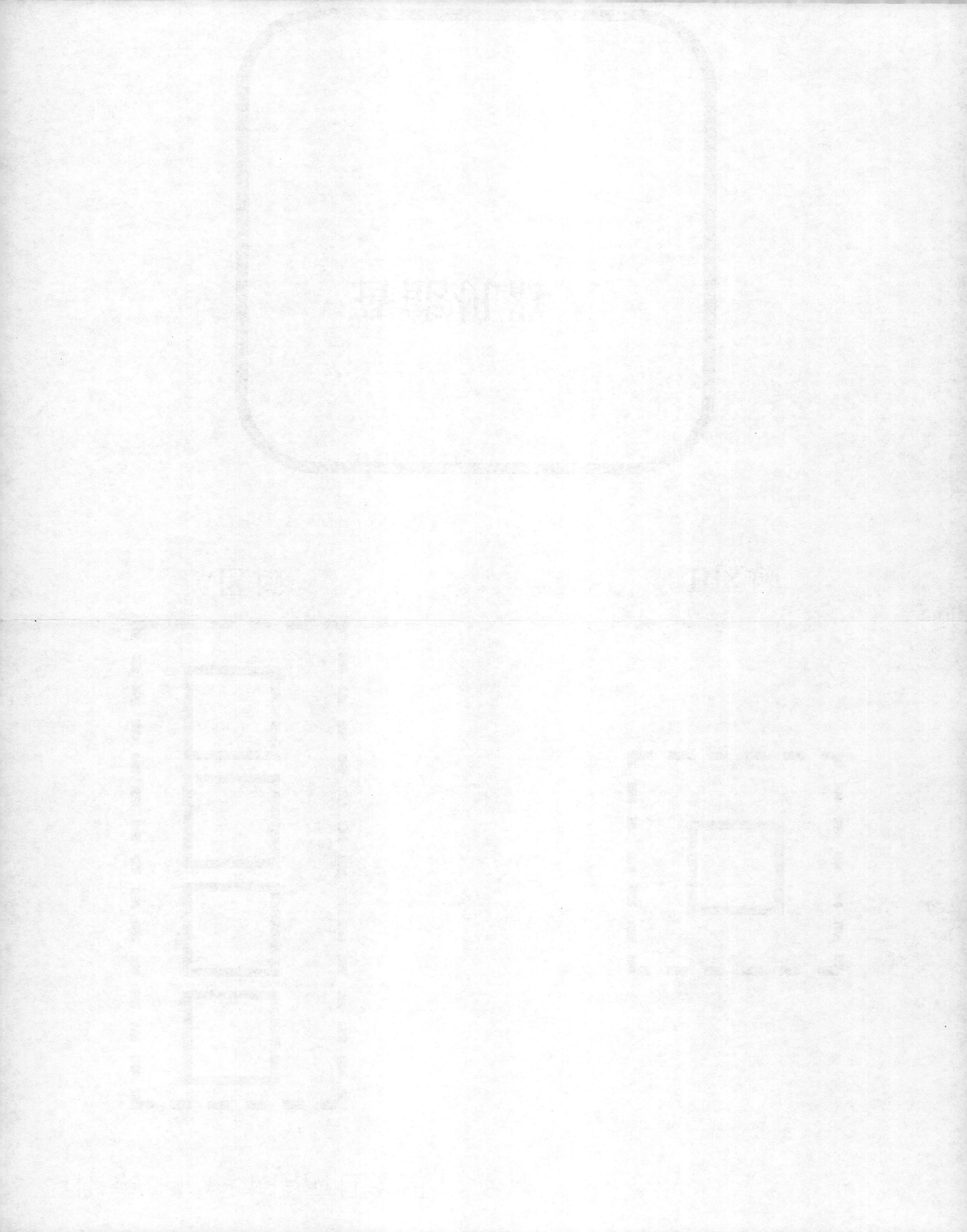

附录 2　积木移动任务纸

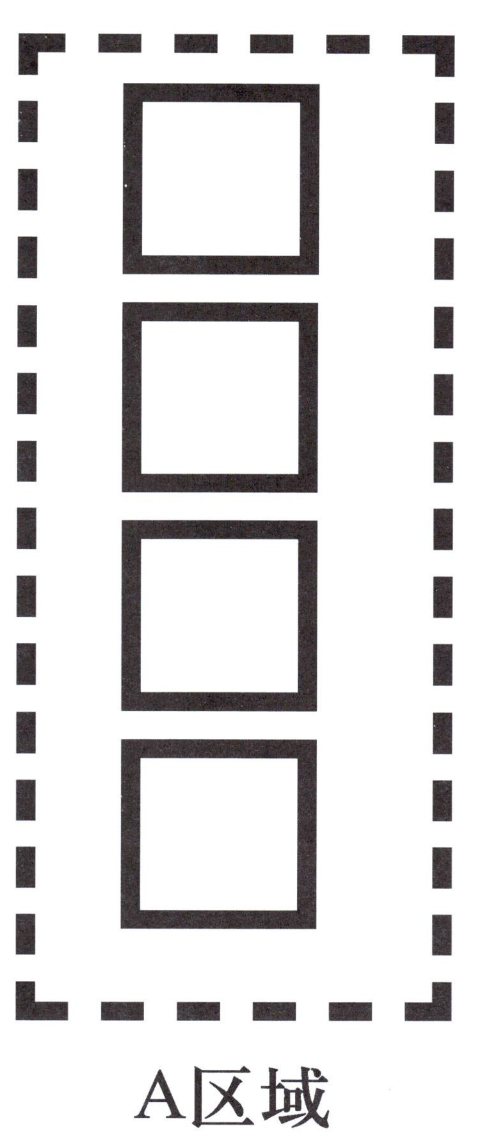

附录 3　钢琴弹奏任务纸

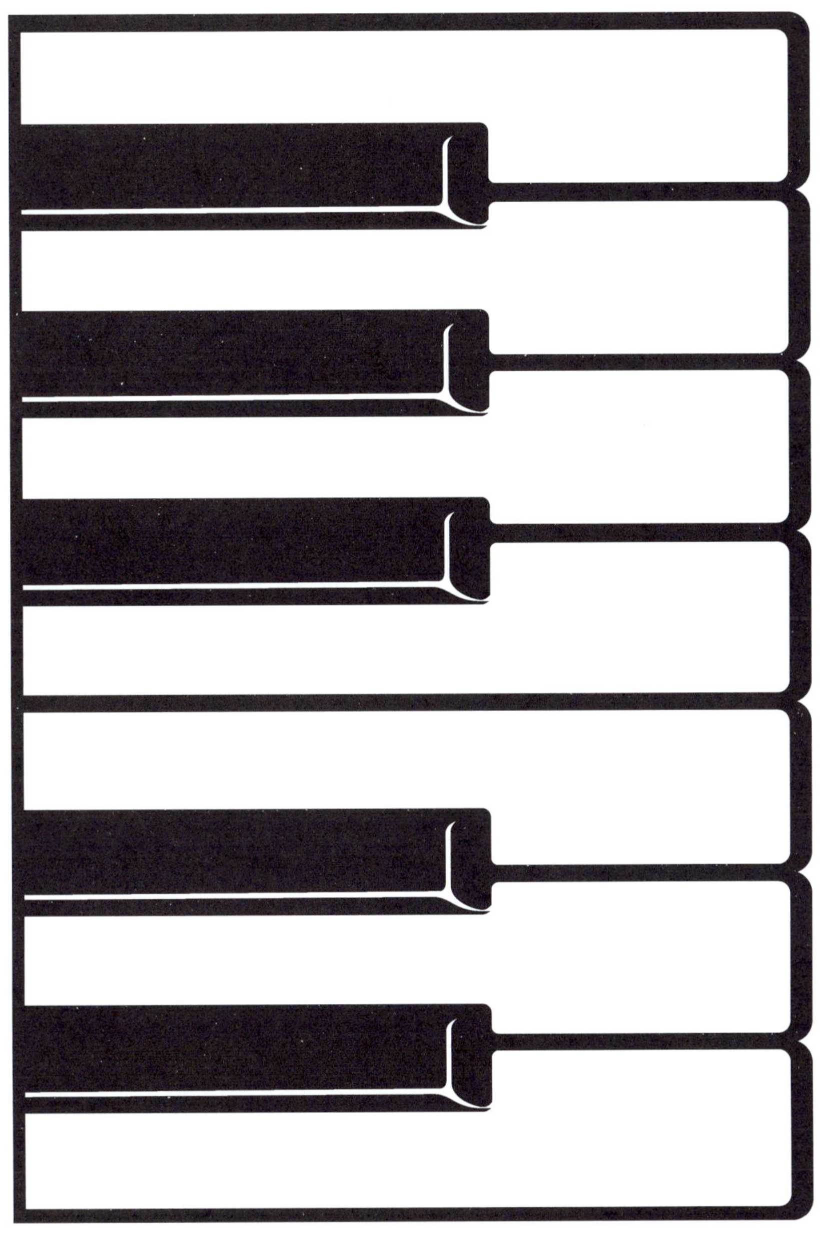

●体系化设计 ●模块化课程
●项目化资源

高等职业教育
智能制造专业群
新专业教学标准课程体系

机械设计方向专业

机械设计与制造 / 机械制造及自动化 / 数字化设计与制造技术 / 增材制造技术

机械制造工艺
机械 CAD/CAM 应用
工装夹具选型与设计
生产线数字化仿真技术
产品数字化设计与仿真

增材制造技术
产品逆向设计与仿真
增材制造设备及应用
增材制造工艺制订与实施

自动化方向专业

机电一体化技术 / 电气自动化技术 / 智能机电技术

机械产品数字化设计
可编程控制器技术
机电设备故障诊断与维修
电机与电气控制
自动控制原理

机电设备装配与调试
运动控制技术
自动化生产线安装与调试
工厂供配电技术
工业网络与组态技术

专业群平台课

机械制图与计算机绘图
机械设计基础
公差配合与测量技术
液压与气压传动
工程力学
工程材料及热成形工艺

电工电子技术
电气制图及 CAD
智能制造概论
工业机器人技术基础
单片机应用技术
传感器与检测技术
金工实习

机器人方向专业

工业机器人技术
智能机器人技术

工业机器人现场编程
智能视觉技术应用
工业机器人应用系统集成
协作机器人技术应用

工业机器人离线编程与仿真
数字孪生与虚拟调试技术应用
工业机器人系统智能运维
智能机器人技术及应用

数控模具方向专业

数控技术
模具设计与制造

数控机床故障诊断与维修
数控加工工艺与编程
多轴加工技术
智能制造单元生产与管理

冲压工艺与模具设计
注塑成型工艺与模具设计
注塑模具数字化设计与智能制造

工业网络方向专业

工业互联网应用
智能控制技术

制造执行系统应用（MES）
工业网络技术
工业数据采集与可视化
工业互联网平台应用

工业互联网基础
工业互联网标识解析技术应用
工业 App 开发

郑重声明

读者意见反馈

为收集对教材的意见建议，进一步完善教材编写并做好服务工作，读者可将对本教材的意见建议通过如下渠道反馈至我社。

咨询电话　400-810-0598

反馈邮箱　gjdzfwb@pub.hep.cn

通信地址　北京市朝阳区惠新东街4号富盛大厦1座

　　　　　高等教育出版社总编辑办公室

邮政编码　100029

资源服务提示

授课教师如需本书配套教辅资源，请登录“高等教育出版社产品信息检索系统”（https：//xuanshu.hep.com.cn/）搜索下载，首次使用本系统的用户，请先进行注册并完成教师资格认证。

高教社高职工科分社电板块教材服务中心：gzdz@pub.hep.cn